人类信息传播与社会大众文化研究

李 微 李 璐 陈连军 著

哈尔滨工业大学出版社

内容简介

本书是一本有关传播学和大众文化学的专著，书中借鉴了大量国内外的最新研究成果，对信息传播时代大众文化发展的多种样态进行了详细解析，其中有关拉斯韦尔的线性传播模式、人类信息传播的基本类型、社交媒体传播简史、文学与影视、畅销书、流行音乐等的内容，都是作者多年教学和科研的结晶。

全书观点新颖，论述细致，表述流畅，通俗易懂，可以作为高等院校通识教育和新闻传播学专业的辅助教材，也可供对大众文化研究感兴趣的研究者和读者参考。

图书在版编目(CIP)数据

人类信息传播与社会大众文化研究/李微，李璐，陈连军著. —哈尔滨：哈尔滨工业大学出版社，2023.6(2024.6重印)

ISBN 978-7-5767-1096-0

Ⅰ.①人… Ⅱ.①李… ②李… ③陈… Ⅲ.①传播媒介-影响-社会生活-研究 Ⅳ.①G206.2 ②C913

中国国家版本馆 CIP 数据核字(2023)第 211213 号

HITPYWGZS@163.COM
13936171227

策划编辑	李艳文　范业婷
责任编辑	孙　迪　马　媛
出版发行	哈尔滨工业大学出版社
社　　址	哈尔滨市南岗区复华四道街 10 号　邮编 150006
传　　真	0451-86414749
网　　址	http://hitpress.hit.edu.cn
印　　刷	哈尔滨市石桥印务有限公司
开　　本	787 毫米×1092 毫米　1/16　印张 15.5　字数 305 千字
版　　次	2023 年 6 月第 1 版　2024 年 6 月第 2 次印刷
书　　号	ISBN 978-7-5767-1096-0
定　　价	88.00 元

(如因印装质量问题影响阅读，我社负责调换)

前　言

　　这本二十年磨一剑的著作终于与读者见面了。2003年,我大学毕业时初次接触传播学教学工作,一切都重新开始。2013年,在我教授传播学课程十年之后,回到母校,拜访当年的恩师,向恩师汇报我授课的情况。恩师用真挚、赞赏的口吻对我说:"好好干,这么年轻就能教这门课,不简单。"在这之后,恩师的话一直鞭策我至今。

　　二十年的时间,我将自己的青春和梦想全部付诸教育教学工作,这当中因为工作调整,我曾担任应用心理学专业教师一段时间,本以为就此要与传播学告别了,所以当时含泪将全部教学资料打包收了起来。可没到一个月,我就又欣喜若狂地重新开了包。自此,心理学帮助我从另外一个视角重新打开了传播学大门,我开始进行传播学、心理学、文学、影视学、大众文化学、美学等的融合研究。

　　2021年,我和我的教学团队一举攻克了许多教研和科研项目,为庆祝我们的连连告捷,最后大家决定将研究成果与更多的读者分享,于是就有了这本著作。

　　这本著作分上、下两编。上编依据拉斯韦尔程式,向初次接触传播学的读者介绍了传播学基本情况。因此,对于传播学较为熟悉的读者可略过这一部分。下编内容较杂,但形散而神不散,是我们这些年教学和科研的结晶,充分反映了信息传播时代,大众文化借助传播学的东风乘风破浪发展的情形。

　　在撰写著作的过程中,得到了两位团队成员李璐、陈连军的鼎力支持,我也从他们身上学到了许多东西。

　　信息时代是一个怎样的时代?传播学在这样的时代背景下如何立足?随着大众文化多样性的发展,人们接触大众文化的方式发生了什么变化?在课堂上,教师应如何与时俱进不断更新教学案例,满足当代大学生日益发展的信息需求?带着这许许多多的疑问,我们擦亮眼睛,理清思路,一起踏上人类信息传播与社会大众文化发展的研究之路。

　　感谢正在阅读这本书的读者,感谢给予我们启发的各学科领域的专家。这本著作不仅仅是我们三个人的成果,更是所有喜欢传播学的同人共同的心愿。

由于我们能力有限、经验欠缺,这本著作还可能存在一些不足,敬请各位读者批评指正。

李 微
2023 年 5 月 30 日于哈尔滨

目　　录

| 上编 | 1 |

第一章　无处不在、无时不有的传播 …………………………………… 3
第二章　新闻有"术"，传播有"学" …………………………………… 6
第三章　传播者 ………………………………………………………… 11
　　第一节　传播者概述 ……………………………………………… 11
　　第二节　传播者分类 ……………………………………………… 12
　　第三节　传播者特点 ……………………………………………… 16
　　第四节　传播者权利 ……………………………………………… 17
　　第五节　传播者赢效因素 ………………………………………… 17
　　第六节　守门人理论 ……………………………………………… 20
　　第七节　未来社会的传播者 ……………………………………… 21
第四章　传播与符号 …………………………………………………… 23
　　第一节　罗兰·巴尔特和《符号学原理》 ……………………… 24
　　第二节　日常生活中的符号解读 ………………………………… 24
　　第三节　语言符号与非语言符号 ………………………………… 28
　　第四节　符号和意义 ……………………………………………… 31
　　第五节　名人"符号学"探究 …………………………………… 32
第五章　传播媒介 ……………………………………………………… 34
　　第一节　传播媒介的发展历史 …………………………………… 34
　　第二节　传播媒介的构成要素 …………………………………… 34
　　第三节　传播媒介的媒介形态 …………………………………… 35
第六章　受众 …………………………………………………………… 42
　　第一节　20世纪90年代我国受众身份的变迁 ………………… 42
　　第二节　信息时代社会转型带来的受众身份变迁 ……………… 43
第七章　大众传播效果研究 …………………………………………… 45
　　第一节　议程设置功能理论 ……………………………………… 45
　　第二节　"沉默的螺旋"理论 …………………………………… 53

下编 ……………………………………………………………………………… 63

第八章　人类信息传播的基本类型 ………………………………………… 65
　　第一节　人内传播 …………………………………………………… 65
　　第二节　人际传播 …………………………………………………… 68
　　第三节　群体传播和组织传播 ……………………………………… 70
　　第四节　大众传播 …………………………………………………… 72

第九章　从纸莎草到自媒体——社交媒体传播简史 ……………………… 74
　　第一节　西塞罗和纸莎草 …………………………………………… 74
　　第二节　罗马时期的《每日纪闻》 ………………………………… 75
　　第三节　谷登堡的印刷机 …………………………………………… 76
　　第四节　弥尔顿的《论出版自由》 ………………………………… 77
　　第五节　近代资产阶级报刊"粉墨登场" ………………………… 77
　　第六节　征收知识税 ………………………………………………… 78
　　第七节　报纸如何成为"生活必需品" …………………………… 79
　　第八节　记者"登堂入室"成为第四等级 ………………………… 80
　　第九节　空中的"神秘电波" ……………………………………… 81
　　第十节　新型社交媒体的快速发展 ………………………………… 82
　　第十一节　数字时代人们怎样读书 ………………………………… 84

第十章　传播学、心理学与文学的融合发展 ……………………………… 87
　　第一节　传播学与心理学的密切关系 ……………………………… 87
　　第二节　心理学与文学的"疏离"关系 …………………………… 87
　　第三节　传播学与文学的互动关系 ………………………………… 90

第十一章　新闻传播美育如何传承美、传播美 …………………………… 92
　　第一节　美育的重要地位 …………………………………………… 92
　　第二节　高校新闻传播美育教育现状 ……………………………… 93
　　第三节　探索高校新闻传播美育改革途径 ………………………… 94
　　第四节　小结 ………………………………………………………… 98

第十二章　信息时代的视觉传播艺术发展 ………………………………… 99
　　第一节　信息时代的视觉艺术发展之路 …………………………… 99
　　第二节　几种主要的视觉艺术"设计品" ………………………… 101
　　第三节　视觉艺术设计的信息接收者 ……………………………… 103
　　第四节　视觉艺术设计的媒介发展之路 …………………………… 103

第十三章　进入信息传播时代文学与影视的双向赋能 …………………… 106

  第一节 文学作品是影视创作的重要源泉·············· 106
  第二节 以茅盾文学奖获奖作品为例,看文学与影视交融共生 ······ 106
  第三节 进入信息传播时代······················ 108
  第四节 我国网络文学搭乘影视顺风车加速快跑············ 109
第十四章 我国主旋律影视艺术传播文化品鉴················ 112
  第一节 电影艺术发展源起······················ 112
  第二节 我国电影事业走向成熟···················· 112
  第三节 影视艺术题材丰富,表现形式多样··············· 113
  第四节 我国主旋律影视艺术发展概况················ 114
  第五节 主旋律影视作品蓬勃发展——以"我和我的……"系列电影为例
       ··· 115
  第六节 主旋律影视作品创作规律·················· 117
  第七节 电视艺术发展概况······················ 119
第十五章 电影艺术的时空传播美······················ 128
  第一节 电影艺术的美学特征····················· 129
  第二节 电影艺术的时间美······················ 134
  第三节 电影艺术的空间美······················ 139
  第四节 电影艺术的时空组合美··················· 144
  第五节 小结·························· 152
第十六章 大众流行文化之畅销书文化现象解读·············· 154
  第一节 我国畅销书发展历史概述·················· 154
  第二节 解析21世纪我国畅销书文化传播现象············ 157
第十七章 大众流行文化之漫画与大众传播发展研究············ 166
  第一节 继往开来:百花竞放的中国漫画(1976—1994年)······· 166
  第二节 "5155工程"时期的中国"新漫画"(1995—1999年)····· 169
  第三节 市场化时期的中国原创漫画(2000—2005年)········ 171
  第四节 初露端倪的"中式漫画"(2006年至今)··········· 173
  第五节 我国成功举办种类繁多的动漫活动·············· 175
  第六节 信息化时代背景下发展起来的中国原创漫画·········· 179
第十八章 大众流行文化之流行音乐传播与发展研究············ 182
  第一节 中国流行音乐发展简史··················· 182
  第二节 流行音乐传播与大众文化发展相伴相生············ 189
  第三节 歌以咏志——历史时刻的音符记忆·············· 192

第四节　从传播学视角解析中国流行音乐发展之路……………194
第十九章　"十七年"抗战文学文化传播现象探究…………………196
　　第一节　"十七年"抗战文学中人的成长现象出现的原因………196
　　第二节　"十七年"抗战文学中人的成长模式……………………206
　　第三节　比较视野中人的成长问题…………………………………217
　　第四节　对"十七年"抗战文学中人的成长问题的评价…………224
第二十章　新、旧革命历史小说中英雄人物形象的传播技巧………233
　　第一节　有关"革命历史小说"和"新革命历史小说"的界定…233
　　第二节　新、旧革命历史小说中英雄人物的传播技巧分析………233
　　第三节　新、旧革命历史小说积极传播的时代美学意义…………235
参考文献……………………………………………………………………237
后记…………………………………………………………………………240

上 编

第一章　无处不在、无时不有的传播

"纵观一生,我们都离不开传播,都在接受传播。我们利用它作为个人的雷达,既寻找新鲜事物,也寻求保证和指引,借以了解我们与社会的关系;凭借传播,我们向他人确认自己的身份,确定我们对社会关系的了解。"

——[美]威尔伯·施拉姆、威廉·波特:《传播学概论(第二版)》

"无处不在""无时不有"出自《穷通刍论·论"忧患"》:"人生之忧,无处不在;人生之患,无时不有。"在这里我们把"无处不在""无时不有"挑出来和"传播"联系在一起。古往今来,并非只有我们这样做,很多人把"无处不在""无时不有"和各种表示美好的词语连接在一起。

传播到底是怎样无处不在、无时不有的?我们先来举个熟悉的例子,例如打电话。两部手机相距千万里却能进行实时通话,声音的传输原理即当你对着手机说话时,手机麦克风会立即收集你的声音,此时麦克风借助类似于人耳的传感器发生微弱振动,并将这种振动转换成电信号。然后,手机里的采样芯片和模拟数字转换器会将电信号转换成数字信号,数字信号就是人们非常熟悉的0和1,若干个0和1记录下打电话人的音量、音调、音色等。随后这些信息通过手机内部的天线以电磁波形式向外发射。接下来手机信号将会被附近信号最强的基站接收。一般情况下,运营商网络覆盖的区域都是以六边形进行划分的,每个六边形区域内都建有一个基站,因为它们整体看上去就像一个蜂窝,所以又被人们称为"蜂窝网络",平时上网开启的蜂窝数据就是这个蜂窝网络。所有的基站通过光纤电缆进行连接,光纤通常铺设在地下或海底,从而实现全国乃至全球互联。

了解这些基本原理后,再回到手机信号发射到基站这一步。当基站接收到打电话人的手机信号,会立即将其转换为高频光脉冲,紧接着这些光脉冲会再次被传送到接收塔下面的收发箱里,经过进一步处理,信号会被极速转送到移动交换中心,这是运营商在城市建立的核心机房。由于一切信息都是互通的,并且是实时更新的,所以不论用户在哪,移动交换中心都能快速找到用户当前的位置。有了这个庞大体系的支撑,在拨出号码的那一刻,系统就会瞬间通过移动交换中心锁定对方所在的城市及最近的基站,接下来基站会向对方发送呼叫请求。一旦对方接听电话,接下来打电话人讲话的数字信号就会顺着移动交换中心和对方所在的城市的基站进行传输,对方手机会将这些数字信号再次转换为声音信号并通过扬声器播放,这就是"千里传音"的全过程了。

有的人可能会问,我们现在使用的 5G 网络也是蜂窝网络吗? 5G 指的是第五代移动通信技术,是目前最新的一种移动通信技术,5G 网络同样属于数字信号蜂窝网络。

因为谈到了 5G 这个话题,笔者在此推荐一部好看的电视剧,通过本剧人们可以真切感受到 5G 和人工智能带来的便利。2022 年热播的电视剧《我们这十年》,讲述了 2012 到 2022 年 11 个不同行业中平凡奋斗者的故事。《未来已来》这个故事讲述的是两代科研工作者磨合互补、攻坚克难,实现技术突破,让中国标准得到世界认可的感人故事。

我们一起来回顾其中的几个精彩片段。

片段一:主人公樊星第一次光顾"中国智造",一个名叫小靓的智能机器人为樊星送来咖啡,还机灵地说:"美女,你可以笑一下吗? 咖啡忘记加糖了,因为你笑起来很甜。"重头戏继续进行,小靓和樊星聊起高考时的数学得分,小靓说:"樊星数学得 150 分,是因为樊星只值 150 分,而小靓得 150 分是因为卷面只有 150 分。樊星得 150 分是樊星的荣幸,小靓得 150 分是 150 分的荣幸。"初次见面,智能机器人完胜数学小天才。

片段二:非洲原始部落的村民性命堪忧,中国科学家通过移动通信紧急调集无人机,从两百千米外及时送来救人的血浆,这一善举打动了部落首领。从此,以技术为名的"通天塔"让地球村村民再次团结在一起。

片段三:笔者认为这个故事最感人的片段莫过于结尾。剧中女儿用人工智能技术重现逝世的母亲,她将母亲生前的照片、视频、声音录入数据库,通过增强现实(Augmented Reality,AR)眼镜实现了增强现实。逝世的妻子重新站在沈屹面前。"老沈你回来了?""好久不见!""我一直都在啊!"那一刻的感动使所有观众坚信,科技的发展很快就可以弥补我们的某些遗憾。

看到这里,读者可能会觉得这是一个关于技术的故事,与传播无关,接下来笔者将用一个著名的数学模式解析疑惑。1948 年,美国的两位信息学者香农和韦弗在《通信的数学理论》一书中提出了"数学模式"。这个模式提出以后,不仅通信领域将其视为珍宝,在它的基础上展开了大量科学研究,就连传播学学者也认为这是解析人类信息传播的极好的模式,这个模式至今在传播学理论中仍占据重要地位。

香农和韦弗的"数学模式"对于传播学的贡献主要有两个:一是它提出了传播的负功能——"噪声"对于信号的干扰所造成的不稳定,以及所传信息与所收信息之间的差别；二是之后麦奎尔和温德尔提出的"传播失败的一个共同原因，在于传播者那一头不能认识到发出的信息与接收的信息并不总是相同的"。"噪声"这一概念很好理解，信号传输过程中的各种干扰因素都可被视为"噪声"。

这里主要谈谈第二个贡献。各种信号在传输过程中确实不能保证"原汁原味"地传输信息，这里面既有技术问题，还有"你"的问题。技术问题交给技术人员，我们只解决"你"的问题。我们列举生活中的几个传播学实例。"你"在单位接到领导电话，领导向"你"布置一项非常重要的工作，"你"在接听电话的同时认真记录，最后重复领导的指示，直至领导满意地挂断电话。这表明"你"是一个职场达人，因为"你"实现了有效沟通。再比如，一对情侣在电话里互诉衷肠，女孩心思细腻，男孩憨厚淳朴。男孩问女孩："你过生日想要什么礼物？"女孩回答："我只要你对我好！"有过恋爱经历的人都知道女孩说的话不仅仅表达这一层意思，所以光靠传输的信息并不完全奏效，生活中的"你"需要更多的"画外音"和"提示语"才能有效应对生活中更多的传播情境。

为了更好地理解传播学，欢迎读者和笔者一起走进人类信息传播与社会大众文化研究。

第二章　新闻有"术",传播有"学"

> "对我们而言,传播是自然而然、必不可少、无所不在的活动。我们进入传播关系,乃是因为我们想要与环境尤其与人的环境建立联系。"
>
> ——[美]威尔伯·施拉姆、威廉·波特《传播学概论(第二版)》

最近重温了一本"藏"书,是人民日报社社长庹震的著作《怎样当记者》。这本著作是庹震早年间任《经济日报》总编辑时工作心得的总汇。书由若干个片段组成,每个片段都是一线记者深深的工作感悟。读到其中一个小段落"如何当读者"时,笔者突然想到一个问题,近些年正是因为传播学为新闻学奠定了坚实的理论基础,才转变了人们一直认为新闻有"术"无"学"的观念。

在这本书中,庹震写道:"记者当读者,与一般的人当读者,有相同的一面,也有不相同的一面。相同的一面,是读者的角色一样,看标题看文字,了解天下大小事,这没什么区别。不同的一面,是一般人看了报道仅仅是为了'知道'天下发生了什么,而记者还有一个需要,就是为了自己成为更加善于写报道而能让广大读者'知道'天下还要发生什么事的人,因而,要读得更细心,更认真,不仅'看热闹'更要'看门道'。""记者必须同时是一个优秀的读者,这样才会有助于成为优秀的记者。""记者作为读者,目的很明确,一为了向同事同行学习,为了自己业务水平的长进;二为了做到知己知彼,使自己的新闻工作时刻处于主动地位;三为了提高自己的文化素质,使自己的知识基础更加厚实。"

作为传播学教师,笔者还想"画蛇添足"地再补充几句。默顿在《角色丛:社会学理论中的问题》一文中曾指出:"角色丛(the Role-Set)的意思是指那些由处在某一特定社会位置的人们所形成的各种角色关系的集合……因此,特定社会身份所包含的不是一个角色而是一系列相互关联的角色,这使居于这个社会地位的人同其他各种不同的人联系起来。"如果你了解这个传播学知识,就知道笔者想要补充的内容是什么了。庹震在他的《怎样当记者》一书中,只是泛泛谈到了究竟应该怎样做一名好读者,却没有讲出其中的更多深意。"记者和读者到底哪里不一样?""记者究竟如何当好读者?"……面对这些问题,传统的新闻工作者也许会给出像庹震一样的答案,但作为传播学者,传播学为我们打开了一扇不一样的大门。

用传播学理论中的"角色丛"理论解析这些问题,答案是这样的:某人(记者)其实担当着一丛角色,在家里他是父母的儿子、妻子的丈夫、子女的父亲;在单位他是报社职工、部门主任,具有高级职称;在社会上他是人们爱戴的事实报道者、真相揭露者。每一个对待生活和工作认真负责的人都想努力扮演好这些角色。虽然不可能平均用力、全力出击,但什么时候应该扮演什么样的角色,一般人还是能处理好的。以庹震在著作中讲到的内容为例,我们想象一下,如果你阅读其他媒体的新闻作品,会不会在心里这样想:"这段写得不错,文字简练,评述到位。""这个记者我认识,上次我们一起采访过。""这个新闻在哪里发生的?我怎么不知道?我得好好看看""这个版面版式新,有创意,我得好好研究研究。"……这时你的身份仅仅是读者吗?我想不是的,这时候的你可能变成了编辑、某人的朋友、排版员、普通市民等。如果我们每一次阅读作品的时候,都能进行这样的心理对话,让我们身负的每一个角色充分发表意见,我们怎么可能"读"不出真正有用的东西呢?

传播学在 20 世纪 70 年代后期引入中国,经历了 40 多年的发展变迁,带给新闻学界最大的好处是增加了理论铺垫,让新闻学理论越来越厚实。

探究传播学的源头,我们知道传播学是 20 世纪 30 年代以来跨学科研究的产物,诞生于美国,众多学科,诸如政治学、经济学、人类学、社会学、心理学、哲学、语言学等都曾为其供给"养分"。1997 年,新闻传播学被设置成为国家一级学科,传播学成为其下与新闻学并列的二级学科之一。传播学是研究人类一切传播行为和传播过程发生、发展的规律,以及传播与人和社会的关系的学问,是研究社会信息系统及其运行规律的科学。

近 20 年来,我国近百所高校开设传播学专业,而开设传播学课程的学校更是数不胜数。在高等教育阶段,一般是在学生已经学习了有关新闻传播学的各种基础课程,对于新闻学和传播学有了一些基本的感性认识之后,才学习传播学课程。但是当学生系统学习传播学理论时,他们还是会发现"传播"是个既时尚又实在,既熟悉又陌生,既千姿百态又奥妙无穷的新事物。学生们瞪大的眼睛和渴望的目光,是学好这门课程的强大推动力。

传播学是随着我国改革开放的进程兴起的,20 世纪 70 年代末,传播学刚刚进入我国便引起新闻学界的普遍关注和极大兴趣,特别是其宽阔的理论视野、独特的理论视角和新颖的理论体系,对传统新闻学研究产生了强烈冲击。

此后,研究传播学便成为越来越多新闻学者的共同兴趣,其中尤以理论探讨、舆论调查、受众分析、效果研究等为人们所青睐。传播学是适应现代社会发展需要而产生的一门新兴学科,它虽说只有近百年的发展历史,在我国开展传播学教学与研究也只有40多年的时间，可是现在已经呈现出百花齐放、枝繁叶茂的繁荣景象，它是我国改革开放和思想解放的时代产物。

传播学的兴起和盛行，一方面固然对新闻学形成某种互补之势，另一方面也使以往新闻教育的"理论与实践"的张力在新的层面上得以进一步凸显。在国际传播学界，传播学研究包罗万象，既涉及诸多纯学理的探讨，也包括大量应用性内容。

由于传播学是一个"舶来品"，所以我们将其拿来用时，既要具有世界的眼光与胸怀，同时还要明白，它必然存在与我国新闻传播实践相融合的问题。例如，教师为学生讲授加拿大传播学学者麦克卢汉著名的传播理论——"媒介即讯息"时，由于其属于反常立论，学生不太容易理解，所以教师需要改变以往的教学方式，尝试探索新的教学路径。媒介与讯息本来是完全不同的两码事：媒介是传播信息的工具，正如车辆是运输货物的工具一样；而讯息则是媒介传播的内容，就像货物是车辆装载的内容一样。假如承认媒介就是讯息，而不是传播讯息的工具，那么也必然要承认车辆就是货物，而不是运输货物的工具。因此，教师在教学过程中，需要通过不断的阐释、不断的举例让学生学会转变思维，最终才能更好地理解麦克卢汉不过是为了凸显媒介巨大的影响力，才尝试应用这种较为少见的立论方式。钱锺书先生在接受电视剧《围城》剧组采访时，也曾再三引述麦克卢汉的这个理论，足以说明这个理论的重要性。如果在教学过程中，教师再进一步结合我国著名学者朱光潜的观点——"变化了形式，就等于变化了内容"，鼓励学生在对比中学习，学生就能更好地体会中西文化的异曲同工之妙了。

传播学是一门交叉学科，它与行为科学——诸如社会学、心理学、政治学、语言学、符号学等，信息科学——诸如信息论、控制论、系统论、数学、统计学等，都有学术渊源。传播学思想体系庞杂，林林总总，不一而足。要想系统学习传播学，需要对传播学的整体框架具有宏观了解，因此这门学问的广度、深度和难度可见一斑。学习这门知识，一方面要确保坚持正确的世界观、人生观、价值观，另一方面还要下得了苦功夫，在传播的含义、结构、模式、功能、内容、媒介、受众、效果和研究方法等诸多方面——开展学习。

传播学是一门思辨性很强的学科，它与新闻学、广告学、公共关系学等学科不同，它不是服务于某一具体传播环节的应用学说，而是站在更高层面，从全局和整体上对传播现象及传播活动进行提炼、升华和总结的理论范畴。我们知道，理论越是达到高级层次，其抽象的程度越高。为了能使学生更好地消化理解传播学知识，教师在授课时既要居高临下，又要深入浅出。教师要善于把抽象的问题具体化,把理论的问题形象化,同时还要使传播案例新鲜化。例如,在讲授传播的效果时,可借用20世纪30年代电影的蓬勃发展、40年代美国政治选举的民意调查、50年代第二次世界大战纪录片的广泛传播、70年代电视事业的大踏步前进和21世纪融媒体的跨越式发展等这些新鲜有趣的内容,讲授新知识。

新闻媒介传播大量的经济信息,成为完善社会化大生产的过程中不可或缺的重要环节。因此,传播学这门学科也蕴含着一定的"经济色彩",传播学教学和科研过程中应时刻关注传播学的经济价值和经济意义。例如,教师在讲授"二级传播理论"时,可结合保险推销现象,一方面,强调人际传播的亲身传播效应;另一方面,可进一步帮助学生观察社会生活中的经济现象。

最近几年,线上、线下混合式教学成为教学研究与实践活动的一种新探索,混合式教学的目的是最大限度提高人才的质量,从而更好地达到培养人才的目标。教育部加大力度建设线上、线下混合式精品课程,既反映了我国高等教育的发展前沿,也体现出高等教育的发展趋势。此外,混合式教学项目的研究成果能否得到有效推广和应用,也直接体现出课程建设的成果质量和建设水平高低。目前,我国新闻传播类课程中有上百门课程加入线上、线下混合式教学项目的建设中,为全方位培养人才起到了非常重要的辅助作用。

在建设线上、线下混合式精品课程的过程中,教师作为课程的施教者和管理者,在录制在线开放课程的时候,必须极大提升课程思政建设能力。教师要将立德树人教育理念深深植入教学过程中,切实承担起教书育人的使命担当。相关教育部门也应正确把握在线开放课程授课教师的课程思政建设表征,通过教师工作胜任力的具体结构,总结其能力提升的目标维度,进而提出高校教师能力提升的具体策略,这一点对于全面提升高校教师的思想政治素养具有重要的现实意义。

人文素质集学科知识、思维方法、文化理念与民族精神于一体,其内涵与人的精神为同一维度。"以人为本"的教育理念深入解读了人文素质中"人"的价值,并从一个更高的角度阐释了"以人为本"的教育理念与提高大学生人文素质之间的关系。专业化的人才培养模式应当与塑造和提升人文素质一起,共同成为培养社会主义事业建设者和接班人的双翼。

传播学类课程作为高等院校的基础理论课程,其学科内容和学科理论与时代衔接的紧密性决定了这类课程在教学改革中具有尝试性与先锋性。随着高等院校学科内容的不断完善和内涵式发展的深化改革,在应用型人才培养模式推进过程中,传播学类课程的教学改革一定会如其课程品格一样在开放与多元中走向创新。

此外，基于应用型人才培养模式的传播学类课程教学改革，需要打破传统教学弊端，积极引入现代化教学手段，利用聚合理念及线上、线下多种交流互动平台，构建起一个融学习、实践、交流与考核于一体的开放性教学空间，在提升大学生人文素养的前提下培养学生成才，开阔应用型人才培养模式下传播学类课程教学改革新视野。

第三章 传播者

"拉斯韦尔'5W'模式的提出在传播学史上具有重要意义,这个模式第一次将人们每天从事却又阐述不清的传播活动明确表述为由五个环节和要素构成的过程,为人们理解传播过程的结构和特性提供了具体的出发点。实际上,后来大众传播学研究的五大领域就是沿着'5W'模式的这条思路形成的。"

——郭庆光《传播学教程(第二版)》

从第三章开始到第七章,分别对应传播学研究中的控制研究、内容分析、媒介分析、受众分析、效果分析。

第一节 传播者概述

传播者是传播活动的发起人和传播内容的发出者,是位于传播起点的个人、组织和社会的统称。传播者不仅决定着传播活动的存在和发展,而且决定着信息内容的质量和数量、流量和流向,以及传播内容对人类社会的作用和影响。

大多数对传播学感兴趣的人都是从传播者开始,进而对信息传播活动展开研究和探讨的。对于普通读者来讲,在进入信息时代之前,最熟悉的传播者莫过于报社的记者、编辑,电视台的编导等,但进入信息时代,当网络深深地浸润到我们的日常生活中的时候,传播者也发生了颠覆性变化。每个在网络上传播信息的人都是传播者。所以尽管只跨越了二十年,但对于传播者,普通读者需要了解的层面就又多了一个,要探讨个人和组织两个层面的内容。

之所以我们在探讨信息传播和大众文化前要从传播者讲起,是因为传播者在传播学研究史上是公认的传播活动的发起者,它的起源还要从拉斯韦尔说起。

拉斯韦尔被传记作家形容为"行为科学中的达尔文",他对于传播学的最主要贡献在于1948年发表了《社会传播的结构与功能》一文。在这篇文章中,拉斯韦尔明确提出了传播过程及其五个基本构成要素,因为这五个要素——"Who—Says What—In Which Channel—To Whom—With What Effect"中的核心单词都以"W"开头,所以后人简称这个模式为"拉斯韦尔'5W'模式",这个模式简明清晰,是研究传播过程的经典模式。

传播者位于传播链条的首发位置,虽然在施拉姆和奥斯古德的循环模式中,传播者和接收者随时都有可能发生位置的改变,但在单向的信息传播链条上,传播者的位置是无人可以撼动的,尤其是在大众传播时代。谈到大众传播过程中的传播者,人们往往会如数家珍般把大众传统媒介统统搬出来,但随着信息时代的来临,大众传播者身份正在悄然发生改变。

　　在以往的新闻传播学课堂上,教师和学生提及最多的大众传播媒介往往是报纸、广播、电视,却忽视了"真正的"消息来源。"真正的"消息来源其实是通讯社,在我国最重要且最大的通讯社是新华通讯社,简称新华社。

　　进入信息时代,为了更好地适应二次元时代的新闻发布,新华社于2018年8月24日入驻抖音平台,发布第一条抖音作品,现已拥有6 000多万粉丝,发布作品10 000多件,单条抖音作品最高点赞量超百万。近些年,抖音等短视频平台接纳了不少像新华社这样的官方媒体入驻,这些官方媒体账号传播的各类时政新闻,正好可以和普通传播者上传的生活化视频形成互补。

　　此外,当我们在百度图片里搜索图片时,如果看到图片右下角有蓝色标志"新华网"字样,表明这类图片为新华网发布的图片,具有很强的新闻价值,时效性也较强。新华网对新闻图片的运用强调独家策划和专题报道两种形式,并开设专门的"图片"频道,每日发布的各式图片可以满足大部分受众获取信息的需求。

第二节　传播者分类

　　对于表述、传播知识和思想感情等精神内容的传播者,我们可以将其划分为普通传播者和职业传播者两类角色。

　　在日常生活和工作中,我们每个人都扮演着普通传播者的角色。这个角色对于我们来讲,没有压力,可以率性而为,想传即传,想止即止。自从有了微博、微信、QQ等社交软件,由单个个体发出的信息,即使以秒计算也是数不胜数的。人们每天几乎把一大半时间花在了浏览微博和微信朋友圈上。作为普通传播者,不需要经过专业培训,也不需要赋予其特定职位,只要能够进行信息传递,就完成了"职责"。

　　职业传播者是社会发展到一定阶段的产物,这类群体需要进行专门的职业训练与教育,还有专门的职业道德规范。在我国,商朝出现的专司卜筮、记事的卜、史等官职就是早期的职业传播者。像孔子、孟子、荀子等这样的思想家,苏秦、张仪等这样的游说之士,都是专司传播并以此谋生的职业传播者。由此可见,职业传播者这类角色在我国的发展历史可谓源远流长。

此外,在文学作品和影视作品中,职业传播者的形象也是鲜明立体的,如阿来的代表作《尘埃落定》,后被改编成同名影视剧,在社会上广泛传播,小说中的书记官——翁波意西也是一名职业传播者。

在今天,有资格被称为职业传播者的职业群体更是多种多样,其组织形式也是五花八门。传统媒体中的记者、编辑、导播、导演、播音员、主持人等都是职业传播者;作家、自由撰稿人、编剧等是新兴的职业传播者;教师、学者等是专司知识和文化传播的职业传播者;等等。

职业是社会为其成员提供的表现其价值的场所和位置,"在其位,谋其政",身处某一职业或职位,因其贡献大小和劳动多少给予报酬又是现代社会发展和进步的标志。在职业传播者中,传统媒体的职业传播者尤其引人注目。在我国,20世纪八九十年代,一提到"记者",老百姓都能说出几个人名——敬一丹、水均益,等等;一提到"主持人",更能说出一长串耳熟能详的名字——倪萍、李瑞英、李修平,等等。

记者是广义上的新闻工作者,是指可以在各种场合、各种领域进行新闻采访和报道的新闻工作人员,他们的工作范围极其广泛。战地记者是在战争、冲突或灾难等危险环境中进行新闻报道的专业人员,他们通常会前往战场、难民营、医院等危险区域,以第一视角或观察员视角记录和报道新闻事件。战地记者的工作非常危险,需要具备巨大的勇气和专业的素养,同时还需要适应极端的生存环境和生活条件。

2003年3月20日,伊拉克战争爆发,中央电视台记者水均益不顾安危,写好遗书,成为冲锋一线的战地记者,只为给我国观众带回最及时、最精准的信息。现在在网络上仍可以看到当年水均益在战场上发回的现场报道。

当然,在战场出生入死的也有巾帼英雄。洪漫是新华社的一名记者,她的新闻作品《子弹冒着火光在我眼前横飞》荣获新华社2007年优秀新闻作品奖和首都女记协第十一届好新闻奖,另外其还有多组照片荣获新华社摄影部表扬好稿。

从1983年第一届中央电视台春节联欢晚会播出至今,在几十年的时间里,春节联欢晚会作为我国最大型的综艺节目之一,每年都吸引着全球亿万观众在同一时间聚首观看。一提到春晚主持人,在20世纪90年代,倪萍可谓家喻户晓。

倪萍1990年进入中央电视台,曾先后主持了13届中央电视台春节联欢晚会。她在第一次主持春节联欢晚会的时候曾发生过一次春晚舞台上最严重的直播"事故",最后倪萍凭借惊人的临场应变能力将这场"事故"化险为夷。1991

年倪萍第一次主持中央电视台春节联欢晚会,当年的春晚加设了一个新环节,就是宣读世界各国各地区各群体向春晚发来的贺电,由于时间仓促,倪萍上场前未来得及检查贺电内容,当她上场后打开这四张"贺电"准备宣读时,却发现是四张白纸。倪萍当场吓出了一身冷汗。但她很清楚这个时候不能乱,否则将是一场重大的直播事故。万分紧急之下,倪萍深吸了一口气,硬着头皮直接编了整整四封"贺电"。从不同的国家到不同风格的贺词,倪萍出口成章没有留下一丝破绽。凭借这次堪称天花板级别的救场,倪萍奠定了在中央电视台的地位。

社会越是进步,公众对职业传播者的期望也就越高。在这种情况下,职业传播者只有经过严格的职业教育,拥有一定的专业知识和职业技能才能被称为称职的职业传播者。在西方国家,人们对记者的期望甚高,称他们为"无冕之王"。"无冕之王"这一提法最早出现在19世纪的英国,当时《泰晤士报》被称为英国上流社会的舆论权威,报纸主笔辞职后常被吸纳进内阁,地位很高,于是人们就称这些报纸主笔为"无冕之王"。后来这一称呼逐渐引申为虽没有一定官职却具有较强影响力的人,记者的职业身份非常符合这一说法。

在西方,还有人将记者称为"第四等级"。第四等级是西方社会对新闻记者的一种称谓,显现了新闻媒体和记者特殊的社会地位。18世纪英国议会在贵族、僧侣、平民的议席远处设置了记者旁听席,称他们为重要的第四等级。

在我国,记者等职业传播者被称为党和政府的耳目喉舌,"耳目喉舌"论也成为对我国社会主义新闻事业性质、地位、作用的通用表述。

随着时代的发展变化,如今人们又希望记者成为信息生态环境的"保护者",知识经济时代的"传播者",观察外界环境变动的"瞭望者"……这些描述和期望都不同程度地触及了职业传播者的职业本质和职业要求,同时也反映出随着时代的发展变化,职业传播者所扮演的角色正在不断发生变化。

二十几年前,一提到职业传播者,人们都会想到"记者""编辑""主持人""导演"等。现在再提到职业传播者,人们第一时间想到的恐怕却是各种"网红",以及直播带货销量榜的榜首人物。二十几年的时间改变了过去几百年奠定的传播基础。

《百家讲坛》是中央电视台科教频道于2001年7月9日开播的一档讲座式栏目,栏目宗旨为建构时代常识,享受智慧人生。从2006年开始,《百家讲坛》改变以往的制播方式,陆续邀请了几位"名角"出场,乘着"国学"走红的东风,这个节目一下子火爆全网。

《百家讲坛》先后推出了王立群主讲的《汉代风云人物》、纪连海主讲的《正说清朝二十四臣》等一系列重磅选题,一批"文化名人"随之进入人们视野。他们能为人们所熟知,除了他们所具有的学术功底之外,也离不开中央电视台这个平台的强大助推和互联网的广泛普及。

由此可见,普通传播者也能成为职业传播者,在其中,大众传播媒介的强大助推力量是成功的诀窍。

另一场"巨变"有点儿"无厘头"——新东方英语教师转行成了带货主播,而且迅速火遍全网。

2021年10月25日晚,新东方在线在港交所发布公告称,将停止经营中国内地义务教育阶段学科类校外培训服务。2021年11月15日,新东方发布公告称,公司计划于2021年底前停止全国所有学习中心的K-9学科辅导服务。

但新东方并没有因此一蹶不振,很快,它就为全国人民亮出了一张新王牌。2021年12月28日,新东方上线直播带货平台"东方甄选",12月28日8点,俞敏洪在抖音举行首场农产品直播带货。在这之后,2022年6月,新东方在线旗下"东方甄选"的董宇辉直播带货火爆全网,在社交媒体引发广泛热议,还顺便带动了新东方在线股价连连上涨。以董宇辉为代表,新一代"有内容"的主播成为直播带货的"常青树",在一定程度上赋予了带货主播这个新职业更加丰富的精神价值,也给已经固化的直播带货形式打开了新思路。

进入信息时代,"普通传播者"摇身一变成为"职业传播者"——自媒体,其产生的传播效果不亚于传统的大众传播媒介。

自媒体的出现颠覆了传统传播,为更多年轻人提供了展示自我的机会。自媒体是否流行主要取决于他们在社交媒体上的活跃程度、作品内容质量和受众吸引力等因素,许多自媒体因其独特的个性魅力、才华横溢或创新思维,收获网友的广泛赞誉和热烈追捧,甚至成为行业内的领军人物。自媒体的兴起源自人们对新鲜事物的好奇,他们可能是我们身边的任何一个普通人,除了会创作短视频,还会在社交媒体上分享自己的日常和生活经历,让网友更深入地了解他们的故事。自媒体的成功需要独特的创意和持续的努力。此外,他们也需要不断改进自己的技能,提升自己的影响力和品牌价值,更需要时刻保持谦逊和感恩的心态。所以,自媒体不只是一个概念,更是一种生活方式和生活态度,是一种能够让人们展现自我,开启新世界的机会。

时代变化了,社会发展了,职业传播者也从报纸、广播、电视走向了手机。不论从哪儿走到哪儿,有一点从未发生改变,那就是传播影响力,这可能是职业传播者的撒手锏吧!如今很多自媒体火了之后开始接受培训,并有专门的团队辅助其进行直播,慢慢地把各种广告和直播带货加入进来,甚至这样的培训机构和网络课程也着实火了一把。

新生事物是互联网时代发展进步的产物，自媒体的发展既受益于互联网和社交媒体的快速发展，也反映出消费者对个性化、情感化的内容需求的增加。消费者可以通过对自媒体的关注获取购物建议和产品信息，同时也可以享受更加个性化和精准的服务与体验。

然而，自媒体也存在一些问题，面临一些挑战，如一些人为了追求更高的曝光率和经济收益，进行夸张或虚假宣传；一些商家也可能存在不正当竞争或消费欺诈等问题。因此，相关部门需要加强对自媒体的监督和管理，切实保障消费者权益和市场秩序。

第三节　传播者特点

如果将传播者置于拉斯韦尔的线性传播模式中加以分析，我们可以看到信息传播就像接力赛，一则信息传至受众往往需要许多人参与其中，每个人都可能在其中加进一些合意的或舍弃一些违意的内容。例如，我们在各种团体活动中常玩的"传话游戏"——一个原本简单的信息，经过若干人传递，最后可能就变了意思，甚至出现驴唇不对马嘴的情况。如果提高难度，传递一些拗口的词句，出错的概率就更大了。

作为传播者，很多人都想在自己所处的关口发挥"控制功能"，由此决定信息传播的质量、形式和数量。当我们对传播者进行观照和分析的时候，我们发现各具特色的传播者身上还是具有许多相似点的。

第一，不论在哪个国家，大众传播者都具有代表性，他们所发布和传播的信息不可避免地都代表了一定阶级、集团和组织的利益。

西方国家的政党政论报刊由来已久。从 1640 年英国资产阶级革命开始，国会派和保皇派就分别创办了属于自己的报刊。18 世纪上半叶是英国政党报刊最为辉煌的时期。

1775 年美国爆发独立战争，几乎所有报纸立即划分成立场鲜明的"效忠"派和"爱国"派，美国报刊进入政党报刊时期。

第二，虽然大众传播者的代表性制约了职业传播者的言行，但他们仍有较大的自由驰骋空间，对一些事件的处理具有传播自主权。例如面对同一突发事件，不同的媒体可能选取不同的报道角度进行报道；已经定稿的新闻稿件，播音员在播报时也可能通过语调、语气、音量、节奏等加入一些属于自己的"观点"。

第三，对于职业传播者来说，专业性是其立业之本。依据最新统计数据，每年我国新闻传播学专业毕业生规模为 2 万~2.5 万人，男女比例为男生占 21%，女生占79%,文理科生比例为文科生占84%,理科生占16%。全国就业率区间为85%~90%。在大学本科阶段学习过程中,新闻传播学专业学生要学习二三十门新闻传播学专业知识,还要掌握一定的实践技能。由于新闻传播工作是综合性较强的工作,因此教师在对学生进行培养时,不仅要重视理论知识与实践技能的培养,还要培养学生具备迅速适应社会环境的能力。在融媒体时代,教师在对学生进行新闻传播学教学活动的同时,还应不断丰富教学内容及教学手段,紧跟行业发展动态,适应国际潮流。因此,如何加强新闻传播学的专业性是未来我国新闻传播教育改革的重要前提。

第四,大众传播工作是一项集体协作的劳动成果,尤其在传统媒介中,分工协作已经成为保障工作效率的重要手段。如今进入新媒体时代,自媒体盛行,大多数成名的自媒体背后都有多频道网络(MCN)的大力支持,这些孵化公司对具有知名度的自媒体进行包装和策划,帮助他们提高粉丝量,并将粉丝流量变现的能力提升到最大化。在信息时代,自媒体不再需要单打独斗,其身后自有团队和公司为他们打理一切,团队作战已成为大势所趋。

第四节 传播者权利

传播者的权利,是通过斗争逐步得到的。在人际传播时期,人们争取的是在广场、讲坛等公共场所发表意见的权利;进入印刷传播时代,由于统治阶级对出版物实行管制,人们开始争取表达自由的权利;电子媒介出现后,人们很快认识到非常有必要提出一种更加明确和更加广泛的权利,即"通过任何媒介并不顾国界,搜索、接收和传播消息、情报和意见"的权利。今天,传播者的权利可能又向前迈进了一大步——承认人类的自由传播权。

《多种声音,一个世界》中曾明确提出:"Strengthen Independence and Self Reliance(加强信息传播的独立自主性)。"

第五节 传播者赢效因素

传播者如何才能更好地进行传播,以达到一个满意的传播效果,常为人们津津乐道。信息传播的目的在于使受众在态度、行为、情感等方面产生传播者所期望的变化。那么,传播者应该具有怎样的传播特质才能达成这些传播效果呢?

第一,传播者需要具有权威性。传播者具有权威性是指在信息传播过程中,传播者因为其身份、地位、知识、经验等方面的优势,能够对受众产生影响和引导。当然,这种影响和引导可能是正面的,如传递正确的知识和价值观,也可能是负面的,如散布虚假信息和谣言。因此,传播者只有既具备专业知识和技能,又能保持客观、公正、真实的态度,以及良好的道德品质和社会责任感,才能赢得受众的信任和尊重,并发挥其权威性作用。

心理学中有一个著名的"权威效应"实验,即当受众认为某位传播者拥有专业知识、地位或权力时,他们更容易接受并相信该传播者的观点和建议。这种效应常被用来研究人类认知和判断的心理机制。在第一个实验中,被试者们被告知他们是在与一位著名的德国化学家进行交流(其实所谓的化学家只不过是一位普通的德语教师),在实验中,他们频频接受这位"专家"的暗示,面对无色无味的蒸馏水,却都说自己嗅到了一股强烈的气味。这表明人们往往倾向于相信那些自认为比自己有能力且更权威的人。

在第二个实验中,被试者们面对一张洁白无瑕的纸,在强烈灯光的照射下,他们都相信了"著名眼科大夫"的话,一致"看见了"那张纸的中间有个黑色斑点。在心理学中,这种现象被称为"错觉验证",即人们往往会相信自己的观点是正确的,即使这些观点是基于虚假的信息或错误的假设。

这两个实验提醒我们要警惕权威效应的存在,不要轻易相信别人的观点,要通过自己的思考和判断做出决策。同时,也提醒我们在进行知识传播时,应着重培养批判思维和科学精神,避免滥用权威地位。

第二,传播者应具有可信性。可信性是指传播者具有使受众认可和信赖的一系列特质。古人云:"诚信者,天下之结也。""人而无信,不知其可也。"古代先哲认为诚信是人类社会中最重要的道德准则之一,缺乏诚信会导致社会秩序混乱、人际关系破裂。其实,在现代社会,诚信依然是一种重要的价值观念和行为准则,一个诚实守信的人往往会受到社会的尊重和信任,而一个不讲诚信的人则会失去人们的尊重和信任,甚至还会受到法律的制裁。在商业领域,诚信更是至关重要。一家企业如果缺乏诚信,不仅会失去客户的信任,还可能面临声誉受损、经济受损等严重后果。相反,如果一家企业能够保持诚信,积极履行社会责任,就能够赢得客户的信任和支持,进而实现可持续发展。所以,无论是个人还是企业,都应始终保持诚信,遵守承诺,不欺骗他人,以建立良好的社会形象和个人信誉。

还记得人们耳熟能详的"狼来了"的故事吗?还记得"周幽王烽火戏诸侯"的故事吗?这些故事告诫人们,撒谎会失去别人的信任和支持,最终会导致自己的失败和悲剧。因此,我们应该保持诚信,不说谎话,努力赢得别人的尊重和信任。

第三，传播者还应具备接近性。接近性是指传播者在籍贯、专业、个性、情趣、距离等方面与受众接近或相似的特质。在现代社会，人们越来越依赖社交媒体和互联网等渠道获取信息，因此，作为传播者，要想让自己的信息被更多人看到和接受，就需要具备接近性。传播者可以通过各种渠道与受众进行互动，如发布内容、评论和点赞等，与受众建立良好的关系，让受众感受到亲近和信任，那么他们就很有可能欣然接受传播者传递的信息。如一位知名博主在社交媒体上发布了一篇有趣的文章，如果他的粉丝们觉得这篇文章很有价值，就会点赞、评论或分享给他其他粉丝。这样一来，这篇文章就会被更多的人看到和传播，从而扩大影响力。同时，传播者还需不断学习和提高自己的技能和知识水平，以提供更有价值和吸引力的内容，吸引更多受众关注和支持。

"老乡见老乡，两眼泪汪汪"是一种最为常见的情感表达，这种现象源于人类社会中的群体归属感和接近性。在现代社会，由于人员的流动性增加，很多人离开自己的家乡到外地或外国生活、工作、学习等。这时，当他们在"异地"遇到老乡时，就会感觉特别亲切和温暖，从而产生"老乡见老乡，两眼泪汪汪"的现象。根据伯恩与纳尔逊等人的实验，传受双方认定彼此具有接近性，就会产生传播者的讲话内容容易被接受者接受和认同的现象。伯恩与纳尔逊还认为，态度的类似程度与好感之间是一种正数直线上升的关系，即相似性越增加，对其好感的程度越高。

此外，作为传播者，要想让自己的信息被更多人接收和认可，还可以通过积极参与社交活动，关注受众的需求和兴趣等方式来实现。

第四，传播者应具有熟知性。在传播活动中，传播者多露面、增加与受众接触的次数和信息互动的频率，就会使受众产生"熟人"印象，形成亲近的倾向。

美国及世界上很多国家实行总统制，美国的总统选举每4年举行一次。这个历时230多年的总统选举制度，起始于1788年夏天。随着新罕布什尔州成为第九个审批通过《美利坚合众国宪法》的州，美国要进行的第一件大事就是选举，选出一位行使政权的总统。在接下来230多年的时间里，历任总统几乎都采用如下方式进行政治宣传。

（1）电视广告。这是最常见的一种宣传方式。候选人会在电视上播放广告，以展示自己的政治观点、政策立场和个人形象，吸引选民关注。

（2）电台广播。候选人也会在电台进行广播宣传，以覆盖更广泛的听众群体。

（3）网络宣传。当美国有了信息高速公路以后，候选人会利用社交媒体和其他在线平台宣传自己的政治观点、政策立场和竞选活动。这种宣传方式可以迅速传播信息,并与选民进行实时互动。

(4)竞选集会。候选人会在各个州举行竞选集会,向选民介绍自己、阐述政见,争取支持。

(5)邮件传单和电话营销。如果不具备充裕的时间条件,候选人还会通过邮寄传单和打电话给潜在选民的方式进行宣传。这种方式虽然成本较高,但能够有效接触到特定选民,让特定选民感受到候选者竟是如此了解自己,从而产生信任感。

(6)媒体采访。当然,候选人采用最多的曝光方式就是接受各种媒体采访,包括电视、报纸、电台等的采访,以便向更广泛的受众传递信息。

正是通过以上一系列增强熟知性的方式,美国的民众可以更深入地了解候选人的政治观点、政策立场、演讲风格等信息,有些人还会主动关注候选人的社交媒体账号,以便及时了解他们的最新动态。许多社会组织和民间团体会举办选民教育活动,旨在帮助更多选民更好地了解候选人和总统选举的相关知识与程序。民众也会通过与朋友、家人讨论候选人和选举问题,更全面地了解候选人的政治观点和政策立场,并从不同的角度来看待这些问题。

第五,传播者还应具备悦目性。传播者应具备悦目性,是因为视觉是人类最主要的感官之一,视觉效果好的内容更容易吸引人们的注意力和兴趣。

以下是一些可以让传播内容更具悦目性的技巧。

(1)使用高质量的图像和视频素材,确保它们清晰、明亮、色彩鲜艳,并具有良好的分辨率和帧速率。

(2)选择合适的字体和配色方案,以确保内容易于阅读且视觉上令人愉悦。

(3)使用动画和交互元素增加内容的趣味性和互动性。

(4)确保内容的结构清晰,布局合理,易于浏览和理解。

(5)利用音频效果增强内容的情感共鸣和吸引力。

总之,传播者应注重视觉传播效果,通过使用高质量的素材和技术手段提高传播内容的悦目性,从而吸引更多的受众。

第六节 守门人理论

说起守门人理论,得先理清它的起源。"守门"一词,最早见于勒温的《群体生活的渠道》一文。1932年勒温应波林之邀赴美国任斯坦福大学访问教授。6个月任期结束,因逃避纳粹执政者对犹太人的迫害,他被迫于1933年从德国赴美国定居,1940年他成为美国公民。由于他在社会心理学研究领域的卓越贡献,1945 年起他受聘于麻省理工学院任教。当时的他并不是麻省理工学院的"当红研究者",所以资助项目多半轮不到他做,直到有一天有一个关于动物内脏的项目无人可做,这才轮到他。

在第二次世界大战期间,优质的猪肉、牛肉都被供应到前线,所以美国政府只好鼓励不上战场的民众多多食用动物内脏,在这之前,美国民众是不吃这些东西的。勒温带领学生针对这一宣传活动进行研究,却意外有了重大发现。他们发现家庭主妇扮演着犹如"守门人"的角色,除非家庭主妇决定将动物内脏推销给她的家人,否则,她的家人是不可能吃到这种食物的。后来,勒温又发现在日常生活中,像家庭主妇这样的"守门人"随处可见,如推销员、电视节目主持人、保险经纪人等。基于勒温的研究,人们开始关注这类特殊人群,守门人理论也在这之后引起越来越多研究者的关注。20 世纪 60 年代之后,众多学者加入守门人理论研究当中,研究成果也越来越多。

在新媒体当红的今天,人们又将守门人理论应用到短视频平台、游戏平台等众多新媒体平台及日常生活中。现在,人们对守门人理论的认识主要是,在信息传递和沟通过程中存在着这样一些人或机构,他们会拦截、过滤和审查信息,以确保信息的准确性、合法性和安全性,这些人或机构被称为"守门人"。

"守门人"可以是政府机构、媒介组织、社交媒体平台、网络安全监管部门等,其职责是保护受众免受虚假信息、恶意攻击、低俗内容等的危害。

然而,守门人理论也存在一些争议。一些人认为,"守门人"可能会滥用权力,限制言论自由和新闻自由,甚至可能存在政治偏见或利益驱动;另一些人则认为,"守门人"的存在是必要的,可以保障公共利益和社会稳定。总之,守门人理论是一个较为复杂的话题,需要未来有更多研究者倾注心血进行研究。

第七节　未来社会的传播者

随着人工智能(AI)技术的不断进步,人工智能已经走进我们的生活,并为我们带来更多的便捷和更高的效率。2021 年南昌市"两会"期间,全媒体机器人闪亮登场,并对参会的人大代表进行了现场采访。

马斯克曾说:"我们需要万分警惕人工智能,它们比核武器更加危险。"俄罗斯网红机器人小 P 多次从实验室越狱,美国两台聊天机器人忽然用起了自创的语言开始交流。其实早在 1997 年,人工智能革命就已经开启,"深蓝"计算机击败了当时排名世界第一的国际象棋冠军,虽然当时人类断言人工智能无法在更复杂的围棋上赢过人类,但仅仅过了 20 年,阿尔法狗就以 3∶0 的战绩战胜了排名世界第一的围棋手柯洁。试想，当人工智能达到奇点，拥有自己的意识时，人类还有能力支配它们吗？

在新闻传播领域，在AI、大数据等技术的支持下，从用户生成内容（UGC）、专业生产内容（PGC）到人工智能生成内容（AIGC），媒体内容形态不断丰富，内容生产结构不断打破，内容质量和传播效率大幅提升。许多新闻媒体开始采用AI记者撰写的稿件和制作的视频。相比传统的新闻报道，AI记者凭借强大的计算和分析能力，可以更加精确地收集和整理新闻素材，同时也可以快速生成新闻稿件。它们通过自然语言处理技术，将各种文本信息转化为可读语言，从而提高新闻报道的质量和效率。此外，AI记者还可以进行实时的新闻监测，自动筛选出最新、最具有价值的新闻资讯，为受众提供快速、可靠的信息服务。

现阶段，一方面，AI记者依然需要人类记者的辅助和指导；另一方面，人类记者也可以通过对机器学习算法进行优化和调整来提高新闻报道的准确性和可信度。在不久的将来，随着科技的不断发展，AI记者将会越来越多地涉足新闻报道领域，为受众提供更加高效、准确和及时的新闻报道。

第四章 传播与符号

"符号是人类传播的要素,独立于传播关系的参加者之间。"
——[美]威尔伯·施拉姆、威廉·波特:《传播学概论(第二版)》

"在语言学中,所指的性质引起人们讨论其'现实性'程度的问题,而一切讨论都一致关心这一事实:所指不是'一桩事物',而是该'事物'的心理表象。"
——[法]罗兰·巴尔特《符号学原理》

关于传播符号,许多学科如美学、语言学、逻辑学、心理学等都从不同视角或不同层面开展过层出不穷的研究。在近一个世纪的研究过程中,大致进行了3个层面的研究,一是涉及符号构成的形式层面研究,二是涉及符号内涵的意义层面研究,三是涉及符号理解的解释层面研究。

近些年开展的符号学研究主要集中在以下5个方面。

(1)符号学的理论基础和方法论。符号学研究的理论基础和方法论一直是符号学研究的重要方向,随着符号学研究不断深入发展,符号学的理论基础和方法论也不断得到更新和完善。其中,语言学、认知科学、计算机科学、哲学等学科的发展对符号学的理论基础和方法论研究具有重要影响。

(2)符号的多样性和复杂性。符号学研究的对象涉及各种不同类型的符号,包括语言符号、图像符号、音乐符号、表情符号等,近些年随着新媒体"登堂入室",声光符号和图示符号也成为重要的研究对象,这些符号的多样性和复杂性需要符号学研究者不断进行深入探索和研究。

(3)符号的社会学意义和文化影响。符号学研究不仅关注符号的语言和文学意义,还关注符号在社会和文化生活中的作用和影响。符号学研究者通过分析符号的社会背景和文化背景,共同探究了符号的社会学意义和文化影响。

(4)数字符号学和新媒体符号学。随着数字技术和新媒体技术不断发展,数字符号学和新媒体符号学成为符号学研究的新发展方向。数字符号学研究数字媒体中的符号现象,新媒体符号学则更关注新媒体环境下符号的发展和变化。

(5)符号学与其他学科的交叉研究。符号学与其他学科的交叉研究也是近年兴起的一个重要研究方向。目前,符号学与社会学、人类学、文化学、传播学、心理学等许多学科交叉融合,有许多学者从不同角度另辟蹊径对其开展科学研究。

第一节 罗兰·巴尔特和《符号学原理》

在当代符号学研究领域,罗兰·巴尔特的名字是人们所熟知的。他的高知名度,一方面,来源于他新颖独到的符号学思想;另一方面,来源于他运用符号学视角解析了纷繁复杂的文化传播现象。

罗兰·巴尔特是法国著名的后结构主义者与文学批评家。在传播学研究中,罗兰·巴尔特也卓有贡献,他留给世人的符号学理论,开创了研究社会、历史、文化、文学深层意义的结构主义和符号学方法,其丰富的符号学研究成果具有划时代意义。

其实,在西方符号学理论研究进程中,有两位非常著名的研究者,一位是语言学家索绪尔,另一位是逻辑学家皮尔士,他们两位在19世纪末创建了西方符号学,之后引领全世界许多国家的研究者纷纷从语言学、逻辑学、心理学、哲学、美学等不同领域开展研究。到20世纪60年代,各国的符号学研究终于汇聚成一股国际潮流。就在第一届国际符号学大会召开之际,罗兰·巴尔特的著作《符号学原理》及时出版。对于从未参加过国际学术交流活动的巴尔特而言,他之前一直是自己闷头做研究,较少和外界"接触"。罗兰·巴尔特独辟蹊径地将符号学方法自觉地运用于文学和文化现象的批评过程中,并将语言学理论和符号学理论进行归纳,提出有关符号学研究的新的原则和方法。这本书一经出版,其影响力竟然超过了许多著名的语言学家和符号学家的作品。如今,这本书出版已经半个多世纪了,但对于今日的符号学研究依然具有特殊的启示性意义。

第二节 日常生活中的符号解读

在日常生活中,符号作为一种表达方式,具有特定的语言和文化意义。有时,在特定的社会背景和文化语境中还具有特定的代表性和象征性。符号既可表达大多数人都能理解的情感和心理意义,也可只对个人生活产生特殊意义。

1. 中国的"福"文化

中国的"福"文化源远流长,中国人喜欢"福",过年时家家户户都要贴"福",新年到"福"也到,"福"字传承的是中华民族的祈福心理,"福"字背后折射的是中国传承千年的"福"文化,这种文化心理世世代代影响着华夏儿女。数千年来人们对"福"的追求生生不息,人人都在祈福盼福,为的就是能够过上幸福安康、和和美美的好日子。在中国人心里,"福"不仅是一个吉祥字,还是所有美好事物的集合。

"福"是一个汉字符号,在汉字演变历史中,"福"也曾经历过许多形式变化,但其寓意却没有发生较大改变。在人类的信息传播活动中,"福"作为一个符号现象,无论是对于信息的传播者还是接受者而言,都具有约定俗成的共通的意义空间,人们在"福"的基础上建构了许多美好寓意。

2008 年,在北京举办的第 29 届夏季奥林匹克运动会,对于中国人而言具有重要意义,它是中国走向世界的里程碑,也是中国实现现代化建设的重要契机。北京奥运会综合展示了中国的政治、经济、科技、文化等各方面实力。通过举办奥运会,中国在国际上的形象得到了极大提升,也为中国走向世界舞台提供了更加广阔的空间。北京奥运会的成功举办让中国人民感到非常自豪,在奥运会期间,中国代表团取得了优异成绩,不仅彰显了中国运动员的实力,也激发了全国人民的爱国热情和民族自豪感。为了举办奥运会,北京市对城市基础设施进行了大规模建设和改造,包括修建新的地铁线路、建设新的体育场馆、改善空气质量等。这些工程不仅提升了北京市的城市形象,也为市民生活带来了实实在在的改观。北京奥运会的成功举办推动了中国体育事业快速发展。

在 2008 年北京奥运会上,奥运吉祥物"福娃"备受世人瞩目。北京奥运会吉祥物"福娃"是五个具有中国特色的娃娃,分别是贝贝、晶晶、欢欢、迎迎和妮妮。每个"福娃"的颜色都对应着奥运五环的一个颜色,也代表着一个愿望。中国传统文化是通过标志或符号来表达愿望的。福娃的"福"字就来源于中国源远流长的"福"文化。当然,每个"福娃"也都具有各自独特的设计寓意和取名缘由。

这五个"福娃"在 2008 年北京奥运会期间担任了很多重要角色,包括在开幕式上表演,在奥运村内担任接待员等,它们成为北京奥运会的重要符号标志和文化遗产,受到广大中国人民和世界各地人们的喜爱和尊重。

支付宝"集五福",是另一个来源于中国"福"文化的产物。2016 年春节期间支付宝上线了一个互动小游戏,其本意是吸引更多用户使用支付宝软件,没想到的是,如今过年"集五福"竟成为一种新民俗,这个活动也成为春节期间影响最广泛的文化现象之一。

2. "囍"字的"前世今生"

"囍"是中国传统吉祥图案,是由两个喜字组成的特殊符号。在古代婚礼中,通常会剪出大红双喜字贴于中堂,寓意婚姻中男女双方共同迎接喜庆的一天。相传"囍"这个字符背后还有一个有趣的故事。话说23岁的王安石赴京赶考,途经马家镇,当时天色已晚,他便决定留在镇上歇息。饭后闲来无事,他上街游逛。一个大户人家的宅院外挂着的走马灯分外耀眼,王安石走近细看,只见灯上写着"走马灯,灯马走,灯熄马停步"的对子,他觉得十分有趣,便默默记了下来。第二天在考场上王安石如有神助,顺利完成答卷。主考官邀其面试,指着飞虎旗说:"飞虎旗,旗虎飞,旗卷虎藏身。"王安石脑中马上闪现出那副走马灯对联,便顺利对上"走马灯,灯马走,灯熄马停步"。考试结束,王安石再次回到马家镇,向马员外拜谢,马员外看到王安石春风得意的样子,甚是满意,便决定把女儿嫁给他。结婚当天,喜气洋洋,正当一对新人拜天地时,有人报信说王安石金榜题名,真是喜上加喜,于是王安石带着三分醉意挥毫泼墨,在红纸上写下一个大大的双喜字,并随口吟道:"巧对联成双喜歌,马灯飞虎结丝罗。"从此"囍"字便在民间传播开来。

近年稻田画盛行,2016年四川省绵阳市三台县三元镇,在金灿灿的油菜花田里制作了一幅约2 000平方米的紫色的"囍"字稻田画,不仅成功吸引了游客的目光,还增加了当地乡村旅游的吸引力。这个"囍"字稻田画设计得非常巧妙,紫色的背景与金色的字体相得益彰,寓意喜庆和幸福。同时,这幅稻田画还采用了现代化技术手段,如灯光、音响等,为游客提供了更加丰富的旅游体验。"囍"字稻田画项目促进了当地旅游业发展,将农业生产与旅游业相结合,既提高了农民的收入和生活质量,也保护和传承了中国的传统文化与民俗风情。

3. 用数字作画

2023年初,香港设计大师靳埭强贺新春的一幅作品,就是用数字2和3勾勒出了一只憨态可掬的小兔子,简朴素雅,妙不可言。用数字作画是一种简单又有趣的创意艺术形式,通过简单的数学计算和图形变换创作出独特的数字艺术作品,充分发挥了人们的创造力和想象力。如今,还有艺术家尝试将数字艺术作品与高新科技相结合,利用计算机技术、人工智能技术和数字化媒介创作出越来越多样的数字绘画、数字雕塑、数字影像等艺术精品,实现了艺术创作的智能化、互动化、跨界融合和可持续发展。既为更多的艺术家提供了更加广阔的创作空间和表现形式,同时也给观众带来了更加丰富多彩的艺术体验。

靳埭强是我国著名的艺术家和设计大师,他的作品涵盖了绘画、雕塑、装饰艺术等多个领域。他的艺术设计作品具有强烈的个性和创新性,通过融合多种艺术形式和技术手段,展现了他对生命、自然、城市、时间等主题的深刻思考和不断探索。

4. 我国商标设计发展之路

我国商标设计发展之路可以追溯到 20 世纪初,当时的商标设计还比较简单和传统,主要以汉字、图案和文字组合为主。20 世纪 50 年代至 70 年代,我国的商标设计主要以国有企业和政府机构为主,设计风格较为中性和保守。20 世纪 80 年代末期至 90 年代初期,随着市场经济的逐步建立和深入发展,我国的商标设计开始走向多元化和个性化。许多新兴企业和品牌开始注重商标设计的创新性,并以此吸引更多消费者和占有市场份额。进入 21 世纪,我国加入世界贸易组织,我国的商标设计越来越受到重视,并逐渐走向国际化和差异化。同时,我国政府也出台了一系列相关政策和法律法规,加强对商标设计的管理和保护,促进了我国商标设计的健康发展。目前,我国的商标设计经历了从传统到现代、从单一到多元、从国内到国际的发展历程。未来,随着我国经济的不断发展和全球化进程的不断深入推进,我国的商标设计将会更加多样化、国际化和创新化。

下面就让我们一起来欣赏几个实例。

(1)中国铁路路徽。1949 年 1 月,中国人民革命军事委员会铁道部成立,5 月发出通知在全国征集路徽图样。1949 年 10 月 1 日,中华人民共和国成立。同日,中央人民政府铁道部成立。1950 年 1 月 22 日,《人民日报》发布铁道部公告,确定采用陈玉昶设计的路徽图案。中华人民共和国铁路路徽由"工人"二字形象、火车头与铁轨的横切面融合而成。路徽以红色为背景图案,以白色为徽标颜色,醒目突出,非常符合当时的时代特色。设计师匠心独运,将"工人"两个汉字进行了艺术加工处理,合二为一,构成火车头和铁轨形象。"工人"点明铁路的行业属性,即铁路是属于工人阶级的,而工人阶级又是国家的主人,洋溢着铁路工人当家做主的自豪感和责任感。同时,这一路徽也寓意着广大铁路工人乃至全国人民勇于战天斗地,不畏艰难险阻,欲与天公试比高,歌颂了中国工人阶级改造自然的力量和顽强不屈的精神。2012 年 9 月,铁道部推出"掌上 12306"手机购票业务,继续沿用该徽标,只不过加上了蓝色背景和"中国铁路"字样。

(2)中国银行行标。中国银行行标于 1986 年经中国银行总行批准正式使用,该行标是由靳埭强设计的,采用了古钱与"中"字为基本形。古钱图形是圆与形的框线设计,中间方孔,上下加垂直线,成为"中"字形状,寓意天方地圆,经济为本。行标简洁稳重,易识别,寓意深刻,颇具中国风格。图形整体采用红色作为前景色,文字采用黑色字体,配与白色背景,红、白、黑三色相辅相成,视觉上具有冲击感,让人过目难忘。

(3)北京大学校徽。北京大学校徽采用我国传统的瓦当形象,"北大"两个篆字上下排列。1917 年,时任北京大学校长蔡元培邀请鲁迅先生设计北京大学校徽。20世纪80年代,在鲁迅先生设计的校徽的基础上,出现了蓝、红、黄等不同颜色,以及具有细微差别的不同版式。北京大学校徽突出了"以人为本"的理念,以大气、简洁的形式诠释着北京大学的过去、现在与将来。

5. 影视剧中的"符号意象"解读

在近年出现的主旋律影视剧中,"红旗意象"被创作者广泛采用。

(1)2017年吴京执导的电影《战狼2》上映,其中吴京以臂为杆,高举五星红旗穿过战区的场景表达了电影一个非常重要的主题——爱国主义。由吴京饰演的退役军人冷锋为了保护自己的同胞,甘冒生命危险,奋勇抗敌。他在战斗中表现出的英勇无畏精神,深深地感染了观众,也让观众深刻认识到爱国主义精神的重要性。在影片临近结束的时候,冷锋举起中国国旗,目光坚毅、神情庄重地穿过战区,护送同胞和难民到达安全地点。那一刻,我们深切体味到中国军人身上流淌着的保家卫国的热血与正气,而且,也深深地为祖国拥有千百万个如冷锋般的好男儿而自豪。正因为他们怀有一腔热血,精忠报国,才使我们过上了今天这样幸福的生活。

(2)2019年《我和我的祖国》的"前夜"片段。共和国开国大典前夜,为保障开国大典上国旗顺利升起,电动旗杆设计者林治远(黄渤饰)争分夺秒排除万难,用一个惊心动魄的未眠之夜确保天安门广场升起第一面五星红旗时"万无一失"。高扬的旗帜是一个国家高昂的精神和尊严,开国大典的这面五星红旗代表了中华人民共和国成立这件开天辟地的大事,这面红旗顺利升起显得特别庄严,丝毫不得马虎。旗帜是精神,是主义,是信仰,旗帜上画着图腾飘扬在城墙之上就意味着"守猛莫敢犯也"。红旗又是中国革命的颜色,从井冈山"山下旌旗在望,山头鼓角相闻",到中央苏区"山下山下,风展红旗如画",从两万五千里长征"六盘山上高峰,红旗漫卷西风",到开国大典上的第一面五星红旗升起,"红旗意象"潜移默化地渗透到中国革命和民族命运的塑造过程中,体现着强烈的革命精神,同时还是中国革命文化的重要组成部分。所以电影开场的第一个故事,首先为观众亮出了红旗,利用"红旗意象"确立了电影主题。

第三节　语言符号与非语言符号

在我们的日常生活中,符号仅仅是表意的一个工具,或者说是一种凭借,只有凭借这一"工具",我们才能传递许多意蕴。人类拥有世界上最完备的符号体系,这是人与动物的根本区别之一。人类创造的符号体系可具体划分为语言符号和非语言符号两种。语言符号是人类进行沟通和交流的主要工具,它们使得人们可以在不同的时间、地点和环境中进行信息传递，既增强了人们的沟通能力，又扩大了人们的交流范围。非语言符号，如表情、动作、服饰、物品等，也是人类沟通和交流的重要工具，它们可以传递更多有关情感、情绪、态度和价值观念等方面的信息。语言符号和非语言符号都是社会生活中不可或缺的重要符号体系。

1. 语言符号

语言符号是人类的重要标志，是一切传播的核心。没有它，就没有人类的今天，人类复杂的思维过程也就无法记录下来，文化之火也就不可能传承下来。

符号学研究者推断，在人类进化的早期阶段，人类通过口头传播信息进行氏族部落，以及人与人之间的沟通和交流。随着时间的推移，劳动使人的手和脚产生了不同分工，于是人类开始使用工具刻画文字或符号用以记录和传递信息，这种信息传递方式使得人类沟通变得更加高效和准确。虽然只是简单的有关生产和生活的交流，可人类终于可以解放大脑进行更高级的思考和探索了。也正是因为人类开始利用语言和文字（图画）传递信息，才使得人类文明和文化之火得以传承、发展。目前，关于原始人类如何使用语言传递信息的具体方式，尚无确凿证据，但一些学者推断，原始人类可能已经学会利用声音、手势、图示及面部表情等进行交流。例如，他们可能通过发出特定的声音或做出特定的手势传达某种特定的信息或情感。这种非语言交流方式在人类进化史上曾起到非常重要的作用，不仅有助于人类更好地适应环境，还有助于人类更好地建立社会关系，进而建立社会。虽然我们无法确定原始人类是如何使用语言符号和非语言符号传递信息的，但我们可以肯定的是，这种沟通和交流方式对人类社会的进化和发展具有重要意义。

普通语义学认为，语言具有 3 种特性。

语言的第一个特性是语言是静态的，现实是动态的。巴金先生的《海上的日出》按日出前、日出时、日出后的顺序重点描绘了海上日出的几种不同景象，展现了海上日出这一伟大奇观。文章的语言非常优美："有时天边有黑云，而且云片很厚，太阳出来，人眼还看不见……后来太阳才慢慢地冲出重围，出现在天空，甚至把黑云也染成了紫色或者红色。这时候发亮的不仅是太阳、云和海水，连我自己也成了明亮的了。"这个片段堪称中国近现代散文佳作中的极品，然而即使像巴金先生这样的文坛泰斗，运用的语言再优美，也无法百分百复原海上日出时的所有美好景象，所以我们说语言的第一个特性就是语言是静态的，现实是动态的，我们无法用语言描述所有动态过程。

语言的第二个特性是语言是有限的，现实是无限的。每年都有一些新兴的网络热词充斥在人们的生活中。如今不用每年盘点,即使每月盘点,我们都能发现月月有新词产生。信息时代信息更迭速度加快,已经成型的语言体系当真有点儿"撑不上"的架势。

语言的第三个特性是语言是抽象的,现实是具体的。例如,当我们说出"这是一个红苹果"时,其实我们已经舍弃了苹果的大小和形状。学习过程中,如果恰巧需要读一些理论性较强的著作,你会发现,一个理论可能需要十句话来解释,有时还未必解释得清。因为现实是无限具体的,可语言却正在走向它的反方向。

在使用语言的过程中,我们要牢记语言的上述3个特性。但有些情况却是"在所难免",如遭遇"死线上的抽绎"。"死线上的抽绎"是约翰逊提出的一种语用毛病,它是指语言被捆死在某一条抽绎水平线上,结果不是由于语言被固定在高水平线上,人们难以理解,就是由于语言被限定在低水平线上,人们不得要领。

我们大多数人在学写作文时都曾被教师批评:"你的作文像流水账。"很多年过去了,直到今天我们才明白,"流水账"其实就是"死线上的抽绎",即我们的语言被限定在一定的低水平线上。我们在作文里按照时间顺序完整记录一天的生活,这本没错,可无奈的是这一天的生活过于平淡,丝毫没有波澜,所以我们的作文就被捆在了低水平线上。

接下来再说说高水平线上的抽绎。你读过《作为意志和表象的世界》吗?你读过《社会契约论》吗?你读过《理想国》吗?你读过《纯粹理性批判》吗?你读过《形而上学》吗?如果都没有,那你可能无从体验什么是高水平线上的抽绎。那些理论性十足的读物恰恰就是高水平线上的抽绎的生动代表。

此外,在实际运用语言的过程中,随着形势的变化,还会产生出一些误用现象,如潜意识的投射。"外面太冷了!"表面上说的是温度,实际上说的却是讲话者本人的感受。我们每天要说多少句话,恐怕难以计数,这些话中又有多少给其他人留下这样或那样的心理暗示,恐怕也难以计数。我们看一些新闻的时候,每每看评论员发表评论,文章下方总是会出现一行小字:"此言论仅代表个人观点。"殊不知这种观点早已深深烙进观众心里,而且随着社会生活的延续,这样的观点还会一代传给一代,生生不息地传递下去。

2. 非语言符号

符号的另一个重要样态是非语言符号。提到非语言符号,恐怕很多人立刻就会想到微表情。微表情确实是非语言符号的重要组成部分。美国传播学学者雷·罗斯认为,在人际传播活动中,人们所得到的信息总量中,"只有35%的传播是用语言来进行的。你说话时,你提供的信息有65%是以语言之外的形式传递的"。美国心理学家梅拉宾也认为,面部表情最具信息冲击力,他为此还专门设计了一个信息冲击力计算公式:信息冲击力 $1 = 0.07 \times$ 言辞 $+ 0.38 \times$ 声音 $+ 0.55 \times$ 面部表情。许多时候,语言符号和非语言符号是相辅相成的,适当地运用非语言符号有助于实现良好的传播效果。

非语言符号最主要的特性是相似性。我们小时候都玩过的手影游戏就是这样,如果我们用手表现的动物形象一点儿都不形象,那玩这个游戏就没意思了。

当我们进行信息表述时,语言符号负责将事情讲清楚,非语言符号负责将事情讲生动,人们的声调、表情、手势等都可以起到恰当的补充作用,用以弥补语言的"苍白"。

除此之外,还有一类非语言符号不容小觑,那就是人们的外貌和衣着。在进行人际交往和群体传播的过程中,很有可能是你的外貌和衣着"出卖"了你。人的外貌和衣着不仅体现着人的个性,甚至还会影响人的行为模式,一件得体的衣服、一种稳重的装扮会让别人对你产生更好的第一印象。

在国外的心理学研究中还有两项内容也被划归到非语言符号中,这就是触摸行为以及人与人之间的空间距离。触摸作为传播的一种象征性手段,可以用来表述和说明相互作用的性质。很多心理学家通过控制实验研究法得出结论——适当地增加一些接触行为,可以更有效地进行信息沟通。和亲密的接触行为相对应的是人与人之间的安全距离,因为"空间真的会说话"。

第四节　符号和意义

通过前文阐述,我们已经对符号非常了解了,接下来我们要说说符号和意义的关系。意义是一个非常抽象的概念,在不同的学科领域有不同的定义,在日常生活中也有多种多样的理解。人类在传播活动中交流的一切精神内容,包括意向、意思、意图、认识、知识、价值、观念等,都包含在意义的范畴之中。在人类的社会生活中,意义是普遍存在的。大到历史事件、自然现象、科学理论、文化产品,小到一句话、一个动作、一个表情,甚至一个眼神,无不具有一定的意义。我们无法想象一个没有意义的社会。在人类文化学家眼里,符号和意义是一对重量级研究对象。

我们上历史课的时候,一定学习过"时局图",该图生动形象地表现了19世纪末(中日甲午战争后)中国面临的被帝国主义列强瓜分的严重危机。在"时局图"中熊代表俄国,犬代表英国,蛤蟆代表法国,鹰代表美国,太阳代表日本,香肠代表德国,这些符号生动形象地反映了封建帝国沦为半殖民地半封建国家的历史现实。如果不对这样的图片进行符号解析,恐怕很多人不会了解其中蕴含的真正意义。

第五节　名人"符号学"探究

名人"符号学"将名人视为符号或象征,探究其在社会文化中的意义和影响。这里所谓的名人可以是任何领域具有广泛影响力或较高知名度的人,如演员、歌手、运动员、政治家、科学家等。

名人"符号学"通常包括对名人的符号形象、符号意义、符号使用和符号变化等开展的研究和分析。名人"符号学"研究的目的是探究名人在社会文化中的表现,这种研究方法可以帮助受众更好地了解名人在我们的社会文化中所扮演的角色,以及他们的行为对受众产生的影响。

里约热内卢奥运会开幕式即第31届夏季奥林匹克运动会开幕式于2016年8月5日在马拉卡纳体育场举行,开幕式当天,中国有1.66亿观众通过中央电视台收看了开幕式。可令人猝不及防的是,在里约热内卢奥运会之后的赛事时间里,某演员的一纸离婚声明引爆整个网络,令观众视线转向。在这之后,该离婚事件持续发酵好几个月。

黑格尔说:"存在即合理。"演员的娱乐新闻盖过时政新闻的绝不止这一实例。所谓的名人文化成为当代社会文化的核心绝非偶然,因为当代名人文化具有符号化和产业化特征。于是,有研究者从符号学视角研究名人现象,研究者认为名人现象不仅是娱乐圈与传媒界的事,更是一种文化动向和经济动向。

"名人"一词最早出自《吕氏春秋》:"不疾学而能为魁士名人者,未之尝有也。"《吕氏春秋》是战国时期秦国丞相吕不韦主持编写的一部著作,收录了当时的各家学说,这句话反映了《吕氏春秋》对学习和进取精神的重视。它强调只有通过勤奋学习和不断进取,才能成为真正的"魁士名人",也才能获得社会的认可和尊重。《墨子·修身》中又有:"名不徒生,而誉不自长。功成名遂,名誉不可虚假,反之身者也。"墨子是先秦时期墨家学派的创始人,这句话的意思是,名声和荣誉不会凭空产生,也不会自然而然地增长,只有通过实际的成就才能获得名声和荣誉。墨子的这句话强调了名声和荣誉的真实性和客观性,认为只有通过实际的努力,才能获得真正的名声和荣誉。同时,它也警示人们不要虚假地夸大自己的名声和荣誉,因为虚假的名声和荣誉终会被揭穿。

随着时代变迁,人们对成名的渠道和途径有了更多认识,今天的名人文化也完全不同于过去。现在的"名人"已经成为一个中性词,不管这人从事什么职业,只要有了名气就自称为"名人",有时甚至不顾名气是"香"还是"臭"。

进入 21 世纪,名人文化更被炒得沸沸扬扬,尤其是在消费社会的时代背景下,名人消费变成经济领域最有力的助推剂。成"名"变成了一个动态过程,从默默无闻到家喻户晓,以前借助大众传媒还有一个较长的发酵期,现在借助网络几乎可以是一夜之间的事。

美国 Higher Visibility 2022 年 8 月底公布的调查结果显示,在美国,每 4 个年龄在 16 岁至 25 岁之间的人中就有 1 个人希望成为 social media influencer(中文暂且译作"网红"或者"大 V")。中国的情况也相差无几。为什么现在越来越多的年轻人想要成为博主或网红,主要是因为这些职业可以带来较高的收入。

其实,认真分析年轻人的想法,我们发现"网红"只是他们想迅速变现的一条捷径,在有的年轻人看来,只要赚钱赚得快,当什么"名人"都无所谓。经济学中有个名词——"溢价",本是证券市场术语,指所支付的实际金额超过证券或股票的名目价值或面值。但老百姓更习惯于将其较为通俗地解释为"买贵了"。名人的名头到底值不值那些钱,仔细想来,就会产生"名人价值溢出"的意味。

第五章　传播媒介

"媒介的概念不像看起来那么简单。"
　　　　——[美]威尔伯·施拉姆、威廉·波特《传播学概论(第二版)》

在前面我们讲过，信息是物质过程的思想内容，符号是表达信息的外显形式，接下来要讲的媒介是负载符号的物质实体。

"传播媒介"仅从字面来看，就可以判定它是一个"居间工具"。作为工具，它一方面用来负载符号，另一方面用来传播信息。进入21世纪，"传播媒介"利用互联网络和数字技术得以飞速发展，更以锐不可当的发展趋势奔向未来。

第一节　传播媒介的发展历史

作为一个居间工具，传播媒介的发展历史源远流长。媒介一词曾见于《旧唐书·张行成传》："观古今用人，必因媒介。"在这里，媒介是指使双方发生关系的人或事物。

在英语中，媒介"midea"一词大约出现于19世纪末20世纪初，本义是指使事物之间发生关系的介质或工具。

在传播学者麦克卢汉笔下，"媒介即讯息"。麦克卢汉认为任何媒介都是人体某一部位的延伸。

第二节　传播媒介的构成要素

仔细剖析各种传播媒介，我们惊奇地发现，不论是笨重粗陋的金石碑刻，还是轻便精致的报纸杂志，不管其内容和形式如何变化，始终围绕3个元素构建自身。

第一个元素是物质实体。物质实体是传播媒介得以存在的首要因素，即使是数字媒介也具有一定的物质实体，只不过和其所承载的信息量相比，物质实体相对较小而已。在唯物辩证法中，物质是第一性的，是开展一切科学研究的基础。从古至今，物质实体的承载作用从未发生大的改变。《易经》："上古结绳而治,后世圣人易之以书契。"文字发明以后,人类社会进入文明时代,各种书写媒介先后被发现和发明。从唾手可得的树叶、石头、泥土到简单加工即可传于后世的龟甲兽骨、竹木简牍,如果没有这些媒介,远古人类就无法传承文明,无法做到"无远弗届"。所以,墨子认为:"又恐后世子孙不能知也,故书之竹帛,传遗后世子孙;咸恐其腐蠹绝灭,后世子孙不得而记,故琢之盘盂,镂之金石,以重之。"

符号是构成传播媒介的第二个元素。一般的物质实体如果没有负载符号,仍是普通的石头、木板、布帛、骨头,但却可能因为负载符号、传播信息而"身价百倍",具有史料研究价值。符号是传播媒介与其他物质实体相区别的重要标志。

信息是构建传播媒介的第三个元素。传播信息是传播媒介得以存在的最大价值,随着时间的发展、社会的进步,人们一直致力于研究如何利用最省力的方式传递最广泛的信息。

总之,物体实体、符号、信息是构建传播媒介的核心元素,它们相辅相成缺一不可,在几百万年的历史长河中,传承人类文明,传播人类文化。

通过以上分析,我们知道传播媒介其实就是指介于传播者与接受者之间用以负载、传递、延伸、扩大特定符号的物质实体,具有实体性、中介性、负载性、还原性和扩张性等特征。

第三节 传播媒介的媒介形态

接下来,我们了解一下人类文明发展史上几种重要的媒介形态的演变历史。

1. 书写媒介

书写媒介是人类最早使用的原始媒介,它与图画同生、与文字共进、与智能共演。早在公元前4000年到公元前3000年之间的美索不达米亚平原,原始人类就用泥板和削尖的芦苇秆或木棒记录信息。

在这之后,书写媒介经历了由重到轻、由粗到细、由硬到软的演变历程。在我国古代文明发展进程中,四大发明之造纸术为世界文明做出了积极贡献。其实早在蔡伦改进造纸术之前200多年,我国就有了西汉古纸。蔡伦只是古纸的改进者。蔡伦用树皮、麻头、破渔网等原料制作的纸,既节省费用,又程序简单,史称"蔡侯纸"。在蔡伦改进造纸术之前,达官贵人主要使用缣帛作为书写载体,普通百姓则使用竹木简牍作为书写载体。缣帛太贵,简牍又太笨重,西方人使用的书写载体——羊皮纸制作工序同样麻烦,不适合大量制作和日常使用。蔡伦改进的造纸术工艺简单,极易操作,造价也更低廉,所以很快得以推广。

蔡伦造纸术的原理：首先将破布、树皮、麻头、渔网等原材料切碎，经过漂洗再加入石灰水浸泡数天，用我们现在的工艺流程讲就是分解原材料纤维，然后经过高温蒸煮，将材料捣成稠浆，再将这些稠浆放入水池中用孔隙特别小的框架竹帘捞起；最后将竹帘晾晒取得的就是"纸"。

纸的发明使文字的大量传播变得简便易行。随着文明进程加快，造纸术被传到朝鲜、日本、印度、阿拉伯，后来又从北非传到欧洲，最后传遍全世界，这是中华民族对世界文明做出的巨大贡献。

在我国古代文明史中，较有代表性的书写媒介还有甲骨，这同样是中华民族对世界文明做出的巨大贡献。甲骨和甲骨文的发现应该说是我国现代考古学的一个先声。由发掘及对甲骨进行考证开始，现代考古学由即已生。甲骨文主要诞生在我国商代晚期。甲骨文的出土使研究者大为震惊，由此证实了中国五千年文明的真实性，并对商代历史的真实性得以完全确定。甲骨是用乌龟背部、腹部的壳和牛羊等动物的肩胛骨或腿骨等制作而成，主要是在商朝时期用以记事和占卜。甲骨文是我国历史上能够见到的最早的具有成熟体系的汉字，甲骨文又称"契文""甲骨卜辞""殷墟文字""龟甲兽骨文"，我国最大的博物馆——中国国家博物馆收藏有很多甲骨片。目前可以识别的甲骨文大约有 2500 字。殷商时期甲骨具有非常重要的功能，除了记事，就是用于占卜。人们将甲骨放置在火上烧，当甲骨遇热出现裂缝时，发出"卜"的一声，随即产生裂纹，人们就依据此时甲骨的裂纹进行占卜，预测凶吉。据说，商王非常热衷于利用甲骨进行占卜。

其实不仅仅是在我国古代，世界上任何一个国家在原始社会时期都曾有过发现和发明书写媒介的历史进程。西方社会最常见的书写媒介是羊皮纸。在我国的造纸术正式传到欧洲之前，欧洲国家主要使用羊皮纸进行书写。其实羊皮纸不是"纸"，而是经过加工的很薄很薄的羊皮。羊皮纸摸上去的感觉像皮革一样非常光滑，正、反两面均可用以书写文字。羊皮纸不易损坏，可以保存很长时间。但羊皮纸的缺陷也十分明显，因为过于光滑，所以不太容易在上面书写文字，而且时间久了文字会看不清楚，再加上羊皮也不是轻易可得之物，所以这种书写媒介在当时的欧洲社会并不普及。现在保存较为完整的用羊皮纸制作成的书籍非常珍贵。其实，即使在当时，这样的书籍也是非常昂贵的奢侈品。据传，古代欧洲国家的图书馆都用铁链将羊皮纸制作成的书籍锁在书架上，以此防止书籍丢失。直到中国造纸术传入欧洲，这种制作工艺麻烦又十分昂贵的羊皮纸才逐渐被淘汰。

书写媒介的发现和发明，使古人的智慧可以经由这样的媒介进行跨越时间和空间的传递，人们可以有更多的精力思考问题，所以书写媒介的发现和发明真正的意义是推动了人类文明的进步和发展。书写媒介又是很个性化的东西，从书写到信息传递，会受到很多限制，所以接下来流传于世的媒介主要用以解决古代书写媒介的局限性。

2. 印刷媒介

依次出现的非常重要的媒介是印刷媒介。印刷媒介的诞生同样离不开古代中国人民的智慧结晶——印刷术。印刷媒介就是将文字和图画等做成版，涂上油墨，然后印在古纸上。我国的印刷技术起源于公元前16世纪至公元前11世纪的印章媒介和公元3世纪的拓印媒介。

印章没有可以考证的详细的诞生时间。印章最早是以各种符号的形式出现的，经过漫长的发展，最后成熟于秦汉时期。印章在汉代用于官职的印信，也有个人的印信，此外还有佩戴和装饰等作用。印章发展至今主要是用于书画家落款后的嵌盖。商用印章不在此处赘述。从古至今，印章一直是文人心灵和思想的重要载体。宋元时期，印章逐渐由古代的印信发展为文人艺术。明清时期，印章更为讲究，成为书斋陈设的重要组成部分。作为文房雅物，印章以无声诉有声，宣文德于永恒。

几千年前，人们是如何将文物上的纹样信息清楚直观地进行保存的呢？又是如何将中华文明一代又一代进行传承的呢？这就是充满智慧和传奇色彩的非遗文化——拓印。拓印文化起源甚古，甚至比雕版印刷出现的时间还早。拓印艺术可称为国粹中的国粹，这项使世间万物的模样跃然纸上的古老文化在诸多中国传统文化技艺的传承中具有无可比拟的特殊地位。

但是在当时的历史条件下，印章和拓印获得的是黑纸白字的复本，人们更需要白纸黑字的复本，所以，印章媒介和拓印媒介启发人类发明了雕版印刷术，进而又发明了活字印刷术。

13世纪，我国的雕版印刷术随着丝绸之路传向西方。德国人约翰·谷登堡在1450年左右发明了铅活字印刷和手压印制设备。接着，铅活字印刷术流向意大利、瑞典、法国、荷兰、西班牙、英国等欧洲国家，然后向美洲地区扩散。印刷术的发明使人们可以大量且快速地复制信息，以便向大众进行信息传递。在古代，印刷术的流行使禁锢的精神得以传播，原先为封建统治者或奴隶主等垄断的文化知识开始四处扩散，新的思想和新的知识得以源源不断地流向四方，正如恩格斯所描述的那样，"禁锢在独卷手抄书内的思想，无法传扬到四面八方"，而在印刷术扩展以后，"欧罗巴吵吵嚷嚷""多么激动，多么震惊；熊熊的火焰，宛如狂飙，喷射而出……"。

3. 广播媒介

就像印刷媒介是对书写媒介的超越一样，广播媒介是对印刷媒介的超越。广播媒介是跨越国家和地区进行传播，且不受时间和空间限制的新型媒介。也正是从广播媒介兴起的那一天开始，真正意义上的大众传播开始了。广播的发明和技术进步密不可分，广播在第二次世界大战中得以广泛应用。

1939年8月31日晚，一支身穿波兰军服的德国党卫军，冒充波军，袭击了德国边境的格莱维茨电台，他们在广播里用波兰语辱骂德国，并丢下几具身穿波兰军服、实际上是德国囚犯的尸体。接着，全德国各大电台都广播了"德国遭到了波兰突然袭击"的消息。欧洲几大强国相继意识到，一切外交努力都付之一炬了。之后，希特勒下令进行代号为"惩罚"的军事行动，德国军队开始在波兰边境全线部署。9月1日凌晨4:45，德国在事先没有宣战的情况下，向波兰发起"闪电式进攻"，目标是摧毁波兰的指挥部、交通枢纽、基础设施及补给线，此举造成波兰军队整体瘫痪。9月3日，英法被迫对德宣战，第二次世界大战全面爆发。之后越来越多的国家加入战争行列。

1941年7月3日，斯大林向全体苏联人民发起战争动员演讲，借助广播媒介，他的声音传遍全苏联。在广播中，他称苏联人民为"我的兄弟姐妹"，他说："我们正在遭受希特勒的德国军队的攻击，敌人残酷无道，毫不留情，死亡的威胁笼罩着我们的国家。"在最紧急的时刻，他借助广播豪迈地说："德国法西斯军队真的不可阻挡吗？曾经，拿破仑的军队也被认为不可阻挡。但是，他们被打败了。"接着，斯大林下令，各大工厂，连同机器和工人都撤退到苏联东部的乌拉尔山区。他对农民下达指令："离开你们的小屋，离开你们的房子，毁掉一切！不把任何有用的东西留给法西斯，留给纳粹侵略者。"这就是斯大林的"焦土政策"。苏联地域辽阔，在战争的危急时刻，如果没有广播媒介，难以想象战争形势一时三变，苏联人民将受到怎样的侵害。

广播媒介除了在战争宣传中大显身手，在国家遭遇经济危机，以及其他重大灾害时也曾发挥过重要作用。"炉边谈话"是美国前总统罗斯福利用大众传播手段进行政治性公关活动的事例之一。

广播媒介作为电子传播的先行军，具有印刷媒介不具备的一系列优势。首先，它可以逼真地记录各种声音，做到真实准确地传递信息；其次，广播媒介传递信息的速度非常快，几乎可以与事件同步发生，由此借助无线电波的高速运行，无数听众有机会在同一时间聆听事件发展的进程；再次，广播媒介的传播范围"无远弗届"，无论你身处何方都能够接收到广播信号；最后，广播媒介是听众"最好的朋友"，而且是永远不会妨碍自己的朋友，广播是最好的伴声媒介，听众可以一边听广播,一边做别的事情。但广播媒介也存在一些缺点且难以避免,如广播声音稍纵即逝,无法重复,不易保存,而且听众只能被动收听节目,没有选择权,属于较为典型的线性传播模式。

4. 影视媒介

在广播媒介技术不断寻求进步的过程中,电影和电视媒介异军突起。电影与电视的技术原理不同,按理说应属于两类传播媒介,但鉴于两者声像兼备,具有双通道视听优势,所以此处将两者合在一起介绍。

1895年12月28日,法国人卢米埃尔兄弟在法国巴黎卡普辛路14号的大咖啡厅内公开放映了《火车进站》《工厂的大门》《水浇园丁》等10多部电影短片,这一天电影艺术正式诞生。在世界电影史上,早在1910年,电影理论家、意大利学者乔托·卡努杜就非常敏锐地把当时还远未从杂耍中摆脱出来的电影列为继音乐、诗歌(文学)、舞蹈、建筑、绘画、雕塑之后的"第七艺术"。1936年11月2日,英国首次开播黑白电视节目,这一天被称为电视的诞生日。鉴于电视与电影在许多方面非常接近,后来许多学者将两者合称为"第七艺术"。

有关影视媒介的详细内容,后文我们开辟了专章进行介绍,所以此处只简略介绍它们的媒介特点。影视媒介具有许多共同点。

首先,画面传播一看即懂,属于非常典型的"热媒介"(在麦克卢汉的《理解媒介》中,因为他擅长使用非常隐晦的暗喻和引语,所以很多读者对他的"热媒介"和"冷媒介"理论不甚了解)。为什么称影视媒介为"热媒介",是因为观众在观看影视节目时不需要耗费多大精力就可以看懂媒介传递的信息内容,获取信息非常省力,而且大多数内容不存在歧义,有些内容即使语言不通也可通过演员的动作或画面轻松获知,无须翻译,所以影视媒介一经诞生就迅速跨越了时空障碍和区域阻隔。

其次,影视媒介集声光电于一身,汇编演导于一体,聚眼耳脑于一瞬,给观众带来最"完美"的视听盛宴,是传统媒介中收听、收看效果最好的媒介形式。

最后,影视媒介传播范围广阔,观众人数众多,是网络媒介出现之前,最受观众欢迎的媒介形式。

但影视媒介也有自己的一些缺点,如存在不便重复,影响观众的逻辑思维,以及收听、收看需要接收设备,不能随时随地观看等缺陷。但随着新媒介技术的发展和信息传输设备的改进,传统影视媒介的许多缺点都得以进一步修正。

5. 互联网和各种新媒介

现在,最新的传播媒介莫过于互联网和各种新媒介。互联网始于1969年美国的阿帕网。20世纪90年代,在美国信息高速公路计划的影响下,互联网得以迅速发展。依据《第51次中国互联网络发展状况统计报告》，截至2022年12月，我国网民规模达10.67亿，较2021年12月增长3 549万，互联网普及率达75.6%，较2021年12月提升2.6个百分点。我国网民使用手机上网的比例为99.8%；使用电视上网的比例为25.9%；使用台式电脑、笔记本电脑、平板电脑上网的比例分别为34.2%、32.8%和28.5%。我国网络支付用户规模达9.11亿，较2021年12月增长781万，占网民整体的85.4%。

互联网络一经问世即备受青睐，尤其是进入21世纪，人们亲切地称这个时代为"信息时代"，以至于有人预言：以计算机为主体的电子报刊将取代普通报刊，新型网络媒介将取代传统的大众媒介。现如今，随着各种新技术的飞速发展，人工智能和大数据技术取得巨大进步。

ChatGPT是美国OpenAI研发的聊天机器人程序，于2022年发布。截至2023年2月，这款新一代对话式人工智能在全球范围内狂揽1亿用户，并成功从科技界破圈，成为历史上增长最快的消费者应用程序。2023年2月，据媒体报道，欧盟负责内部市场的委员蒂埃里·布雷东就"聊天生成预训练转换器"发表评论说，这类人工智能技术可能为商业和民生带来巨大机遇，但同时也伴随着风险，因此欧盟正在考虑设立规章制度，以规范其使用，确保向用户提供高质量、有价值的信息和数据。

2023年3月，全国人大代表、科大讯飞董事长刘庆峰提出："类ChatGPT可能是人工智能的最大技术跃迁，应当加快推进中国认知智能大模型建设，在自主可控平台上让行业尽快享受AI红利，让每个人都有AI助手。"

随着现代各种信息技术的飞速发展，网络媒介的外延已经大大拓展，涵盖人们日常所需的大部分内容——如手机、数字电视、平板电脑、数字摄影机等许多需要连接移动数据终端的产品。

因为网络媒介仍处于高速发展过程中，所以我们还不急于对它进行定性和评价，只需介绍一下现阶段它的发展特点即可。

首先，网络媒介具有高度综合性。它是将传统媒介和新媒介进行完美结合的产物，人们见到、听到、看到、用到的所有媒介，都被它很好地融合在了一起。它像一个巨大的熔炉，将所有媒介都整合到网络平台上，既同时收纳了传统媒介的优点，又有效规避了它们的缺点。

其次，网络媒介具有充分的交互性。奥斯古德和施拉姆在循环模式中曾经非常骄傲地将人际传播的过程用模型的形式进行表述。奥斯古德和施拉姆的循环模式强调社会传播的互动性，并把传播双方都看作传播行为的主体。后来，施拉姆又在《传播是怎样运行的》这篇文章中提出了大众传播过程模式。但是，这些传播模式只适用于传输范围较小的人际传播和传统的大众传播,并不适用于网络媒介。网络媒介的交互性是颠覆性的信息交互传输,在网络媒介中人和人之间是一种网状信息传输链条,其中,既有点、线,又有面,点、线、面又自觉构成"体",是一种全新的创造。

最后,网络媒介具有方便性和快捷性。通过网络传输信息不需要纸张,也不需要印刷、投递等环节,信息转换成数字信号后,借助网络进行传输,速度极快,而且没有地域和国界限制,是真正意义上的全球传播。随着信息的快速发展,身处地面的人们还能和宇航员进行视频连线,由此可见科技发展的成果。我国神舟飞船的多位宇航员就曾和地面控制中心顺利开展天地通话,而且画面清晰、信号稳定。较早期,宇航员在太空中与地球进行通话,主要方式是通过卫星发送和接收无线电波。随着科技的发展,现在,宇航员在空间站通过以太网交换机组成的网络系统和地面进行实时联系。有时,人们还会看到宇航员通过社交平台发布信息,但这其实是宇航员通过计算机将电子邮件发送给地面工作的通信团队,再由他们帮忙上传到社交平台。

我国的航空航天和通信技术越来越精进,现在又推出了"天宫课堂"。"天宫课堂"是为发挥中国空间站的综合效益推出的首个太空科普教育品牌。"天宫课堂"结合载人飞行任务,贯穿中国空间站建造和在轨运营系列化推出,由中国宇航员担任太空教师,以我国青少年为主要授课对象,采取天地协同互动方式开展。目前,"天宫课堂"已成为我国太空科普教育的国家品牌。

第六章 受众

"受众爱好的变化值得给予更多的研究。"

——[美]威尔伯·施拉姆、威廉·波特:《传播学概论(第二版)》

受众是位于信息传播链条上的一个非常重要的角色或环节,虽然在100年前,研究者们并未认为受众有多重要,但在市场经济体制下,不单是研究者意识到受众地位的重要性,就连商家也意识到受众地位的重要性。因为伴随时代变迁,受众已经不是原来的受众了,受众摇身一变成为"消费者+受众""公民+用户"。

第一节 20世纪90年代我国受众身份的变迁

我国的受众调查研究是从改革开放初期起步的,1982年的"北京地区读者、听众、观众调查"(简称为"北京调查"),被视为我国受众调查的起点,而受众身份的变迁则主要发生在20世纪90年代。在这一历史时期,党的十四大确定建立社会主义市场经济体制,在这样的背景下,媒体在变革时自然也要依循市场发展规律,所以受众被普遍视为媒体产品的消费者。

如报业市场,20世纪90年代经过一段时间的筹备之后,一批报刊纷纷开始了"扩版"热潮,从《光明日报》《环球时报》这样的全国性报纸,到《北京晚报》《北京青年报》《南方周末》《深圳商报》《新晚报》《生活报》这样的地方性报纸,争先恐后地扩充自己的版面,有时适逢节假日,还出版纪念特刊。这些报纸急于扩充版面,其实是回应广告商的需求。当人们的钱包鼓起来时,刺激太多商家想要"掏空"消费者的钱包,于是商家纷纷在报纸上刊登广告。而此时的受众,也正好有这样的消费需求,于是商家和消费者一拍即合,报业市场的春天就这样到来了。那时报纸的订阅量和零售量极高,是报业发展的黄金期。之前,我们曾提到过,虽然报纸的价钱不高,可能只有几毛钱,但受众在阅读报纸时,进行了"二次消费",所以读者等于消费者。

伴随市场经济和媒体产业的发展,大众文化成为这一时期发展最快的社会现象之一。20世纪80年代之后,中国老百姓开始接触大众文化,那时候的电影院里人潮涌动,当红的电影演员的照片被印刷成挂历,挂在家家户户的墙上。进入20世纪90年代,大众文化在形塑日常生活方式方面日益显著,依托大众传媒传播的大众文化引起受众和知识界的广泛关注。受众开始活跃在大众文化市场,虽然此时的普通受众其消费能力还有所欠缺,但积少成多,我国的大众文化市场正挺胸抬头地迈向21世纪。

第二节 信息时代社会转型带来的受众身份变迁

进入21世纪,信息时代随之到来。受众的身份变迁不再局限于"消费者+受众",还逐渐向"公民+用户"身份转变。

2001年,我国成功加入世界贸易组织,我国经济开始走向全球市场。2010年,我国成为世界上第二大经济体,在世界经济舞台上占据举足轻重的地位。这一时期,传媒经济学作为一个子学科正式出现。一些研究者开始利用经济学研究方法分析受众特有的属性,还有一些学者开始针对受众进行专门调查,并对受众在经济活动中的表现积极进行反思。在2001年召开的全国第三届受众研究学术研讨会上,有学者指出:"严肃的受众研究与规范的商业性专业调查机构,应共同应对受众调查和研究中非规范性的商业性挑战公正性、功利性挑战学术性、无序性挑战科学性的问题。"

随着技术的快速发展,媒体中的受众形貌也发生了多样性变化,很快,受众开始由读者、听众、观众,向"用户"身份转变。新媒体出现后,新媒体用户成为这一时期媒体研究的重点。由于受众在互动与参与方面表现出的积极主动,所以各种新媒体开始关注受众在传播活动中的用户体验,并积极吸取反馈信息,不断改进并满足用户的多元化需求,进一步提高了我国媒体的核心竞争力。

作为新的社会语境下的受众研究,这一时期还涌现出一些新的研究动向,如更加强调受众作为积极的意义诠释者的身份,并将其与不断变迁的社会与文化领域联系起来。在这当中,对于广告消费和时尚文化的受众分析包含了更多的理解和诠释,并将消费文化作为现代社会大众文化的一个重要组成部分。

从1982年,由中国社会科学院新闻研究所和首都新闻学会调查组开展的"北京调查",到今天,受众研究已经开展了四十余年。虽然其中受众研究几度变迁,但不变的是传播学者的研究热情,和我国受众的积极参与和主动配合,我国的受众研究正逐渐和西方传播学研究议程相融合。

如今,在网络社会与融媒介环境下,新媒体用户发展与公民广泛参与成为研究重心,有越来越多的研究者围绕"网络"这个关键节点进行受众意义分析。让我们一起期待这个全新的概念可以打破大众传播、组织传播、群体传播及人际传播的边界,以及信息生产与消费的边界,乃至公共领域与私人领域的边界,共同开创新的传播环境下参与型公民文化社会的建构。

第七章 大众传播效果研究

"在我们每个人心中,都有理解周围环境的需求。当我们发现自己处于一种新的环境之中,也就是说处于认知空白时,就会有一种不安的感觉;直到我们探索并弄清了这个情境之后,这种感觉才会消失。"

——[美]马克斯韦尔·麦库姆斯:《议程设置:大众媒介与舆论(第二版)》

第一节 议程设置功能理论

进入 21 世纪,没有人否认我们进入了信息社会,在这样一个大众传播和信息传输高速发展的信息社会里,人们无论是工作、学习还是生活都与大众传播发生着密切联系。从 20 世纪 30 年代开始,研究者们开始进行大众传播效果研究,进入 21 世纪其又将处于怎样的发展状态?接下来,就让我们一起来看一看。

1. 大众传播与环境认知

打开我们每天的日程表,有许多亟待解决的问题跃然纸上:完成昨天剩余的工作,制订下周的工作计划,打几个重要的私人电话,安排今天的午餐、晚餐,计划不久之后的一次旅行……每一天,我们都在这样或那样的烦琐事务中度过。哪些问题该优先解决,哪些事情可以往后放一放,每个人都会做出不一样的选择。是什么使我们最终决定选择什么,或是放弃什么?抑或是什么动力支撑我们下定每一个决心?对于各种事情,我们又是凭借什么来为它们安排优先顺序?这种判断和认知依据究竟又源于何处?

对此,大众传播效果理论中的议程设置功能理论可以很好地解决我们的疑惑:就物理视野和活动范围有限的一般人而言,这种对于当前大事及其重要性的认识和判断,通常来自大众传媒和人际传播,大众传媒是其中最重要的信息源,也是最重要的影响源。也就是说,在日常生活和工作中,我们每做一个选择或是决定的时候,都或多或少会受到大众传媒的影响。

议程设置功能作为一种理论假说,最早见于美国传播学家麦库姆斯和肖于 1972 年在《舆论季刊》上发表的一篇论文,题目是《大众传媒的议程设置功能》。这篇论文源自 1968 年美国总统竞选期间,他们所做的一项调查研究。在这项调查研究中,他们进行了大量的追踪调查,他们发现选民对重要事情的认识程度与大众传媒的集中报道之间存在着密切关系。也就是说,大众传媒当作"大事"进行的报道,也同样作为"大事"反映在公众的认知当中,大众传媒给予的强调越多,公众对该问题的关注度越高。之后,麦库姆斯和肖又就外交、财政等15个项目进行了专项调查,均证实了这一预判。根据这种高度的对应关系,麦库姆斯和肖认为,大众传媒具有一种为公众设置"议事日程"的功能,大众传媒的新闻报道和信息传输活动赋予各种议题不同程度的显著性方式,从而影响公众对周围世界的"大事"及其重要性的判断。

在日常生活中人们是如何进行选择和判断的?其实,人们每做一件事情,都有着各种各样的"前因后果",以及"事件背景",这些统统都会影响人们进行选择和判断。但有些时候这些"前因后果"和"事件背景"并不一定以显著的方式呈现,如报纸上和电视上每日登载或播放的广告就是影响消费的潜在诱因。这些"前因后果"和"事件背景"以各种各样的方式影响人们的认知、态度和行为。"议程设置功能"正是以这种潜移默化的方式影响着信息接收者的认知行为,并进一步影响人们对于事情的重要程度及优先顺序的判断。

半个多世纪以来,大众传播效果研究者对效果形成过程的不同阶段开展了切入点不同的研究,"议程设置功能"理论主要关注这个过程的最初阶段,即认知层面的效果研究。它以影响人们"想什么"来把人们的关注和注意力引导到特定问题上,并通过长时间的具有跨度性的行为影响人们的认知和判断,这种较长时间的影响行为最适合传播媒介中的大众传播媒介。此外,"议程设置功能"理论还着眼于这样一种"媒介观",即传播媒介是从事"环境再构成作业"的机构。这种媒介观认为,传播媒介不仅仅是信息的传递工具,更是通过对信息进行选择、编辑、加工等处理过程,对信息进行再构成和再创造的工具。此外,传播媒介在传递信息的同时,也在不断影响受众的认知、态度和行为。因此,传播媒介的作用不仅仅是传递信息,更有塑造社会文化和人的思想观念的重要作用。在"议程设置功能"理论看来,传播媒介是根据自己的报道方针,从现实生活中"挑选"事件进行报道,或"选择"事件的重要部分进行加工整理。在现代社会,大众传媒正是这样"日复一日""想他人之所想"地进行信息传输,以一种独特的方式构建媒介环境,进而影响人们对周围环境的认知和判断。

"议程设置功能"理论和美国著名新闻评论家李普曼在20世纪20年代提出的"拟态环境"有着异曲同工的作用。"拟态环境"是指人们在面对复杂的社会情境时,会根据已有的认知结构和经验,对环境中的信息进行筛选、加工和解释,从而形成一种环境"拟态",使自己感到舒适和安全。具体来说,"拟态环境"

指的是一种认知框架,人们在这个框架中对外界信息进行过滤和理解,从而使得环境中的某些信息更符合自己的期望和需求。如在一个充满噪声的环境中,人们可能会认为这个环境很吵闹,但实际上只有某些声音属于真正的噪声,其他声音只不过是背景音乐或是熟悉人的声音,因为此时"听者"心境不佳,所以"误认为"这些声音统统都是噪声。"拟态环境"理论认为,人们的认知结构和经验会影响对环境的理解和反应。此外,还有许多学者提出过类似的理论,对于研究人类行为的认知心理学和社会心理学产生过重大影响。只不过,将大众传媒的环境认知影响最早明确地概括为"议程设置功能"理论并进行实证考察的是麦库姆斯和肖。

2. 传播学者对"议程设置功能"理论开展研究

"议程设置功能"理论提出以后,引起传播学界普遍关注,之后又有许多研究者致力于这一研究,随着实证研究和理论探讨的不断深入,"议程设置功能"理论不断趋于细致化和明确化。后期学者们集思广益,集众家之长,通过3种机制考察大众传媒的"议程设置"效果。

第一种机制称作"0/1"效果或"知觉模式",也就是说,大众传媒报道或不报道某个"议题",会影响到公众对该"议题"的感知。我们以微博热搜排行榜为例,如果你每天关注新闻的方式是看排行榜,那就意味着微博热搜排行榜"榜上无名"的新闻会和你擦肩而过。

第二种机制称作"0/1/2"效果或"显著性模式",即媒介对少数"议题"的突出强调,会引起公众对这些议题的突出重视。许多网友至今仍对2022年6月10日唐山烧烤店打人事件记忆犹新。事件发生后,打人视频第一时间在互联网上被疯狂转载。随着社交媒体的普及,信息传播的速度和范围得到极大扩展,人们可以通过微博、微信、抖音、快手、B站等多个网络平台快速获取和分享信息,也可以通过转发、评论等方式表达自己的观点和态度。因此,这起暴力事件发生之后,因其情节特别恶劣、社会影响特别广泛,被网友迅速传播和扩散。

第三种机制称作"0/1/2…N"效果或"优先顺序模式",即大众传媒对一系列"议题"按照一定的优先顺序给予不同程度的报道,会影响公众对这些议题的重要性顺序进行判断。《新闻联播》是中央广播电视总台每日晚间播出的一档新闻节目,被称为"中国政坛的风向标"。《新闻联播》的宗旨为"宣传党和政府的声音,传播天下大事"。《新闻联播》的新闻播报顺序通常都是先播报国内新闻,再播报国际新闻。之所以先播报国内新闻是因为首先这是宣传党的中心工作的需要。《新闻联播》是我国最重要的官方媒体之一,其宗旨是宣传党的中心工作和政策,因此先播报国内新闻可以更好地宣传党的中心工作和政策,加强观众对党的认同感和信任度。其次要满足反映近期国家大事的宣传需要。《新闻联播》作为中央广播电视总台的重要节目之一，其播报内容应该紧密围绕国家大事和民生热点展开，因此先播报国内新闻可以让观众了解国家的最新动态和政策动向，提高观众的国家意识和民族自豪感。再次是提高观众的关注度。《新闻联播》的观众主要是广大人民群众，而国内新闻通常涉及人民群众的生产、生活和社会热点等问题，具有较高的关注度和吸引力，因此先播报国内新闻可以提高观众的关注度和收视率。最后也是为了保证信息的流畅性。《新闻联播》的播报顺序通常是按照时间先后顺序进行的，这有助于保证信息的流畅性和连贯性。每天在国内新闻播报完毕之后，通常还会留出一些时间来播报国际新闻，以便观众了解国际形势和国际关系的发展动态。由于国际新闻的敏感性较高，因此通常也需要更多的国内新闻报道和分析做铺垫，以便观众能够更好地理解和把握国际局势。

后期还有一些研究者运用"议程设置功能"理论对企业形象广告或商品促销广告开展研究，发现这些广告多半存在突出企业或商品的某些正面属性，淡化甚至屏蔽其某些负面属性的做法。其实这种做法是为了在广告宣传中能够更好地塑造企业或商品的形象，让消费者更容易接受其产品或服务，提高认可度和信任度，产生购买欲望，从而增加销售量和市场份额。同时，在广告中突出正面属性可以淡化或屏蔽企业或商品的某些负面属性，避免让消费者产生不良印象，从而影响企业或商品的声誉和销售。当然，在实际营销中，企业或商品的负面属性是无法避免的，这时候可以通过适当的方式进行处理和宣传，如通过改进产品质量、提高售后服务水平等方式来弥补负面属性的影响。

我国电视谈话类节目最早是接续美国广播谈话类节目而兴起的，数十年来一直保持长盛不衰的发展势头。探究美国各类谈话类节目，我们发现这些节目从一开始就没有局限于单纯地"说"，而是注重各种手段并用。娱乐类谈话节目与新闻类谈话节目一样，都是以人物和话题为中心，两者的区别只在于前者围绕人物组织话题，而后者依据话题选择人物。

2001年，凤凰卫视推出了由陈鲁豫主持的《鲁豫有约》，这档节目曾经成为几代人心中美好的回忆，节目的主题词为"说出你的故事"，每期节目的话题设置均充分考虑到观众的接受心理和访谈嘉宾的特殊性。《鲁豫有约》在2005年以前所走的节目路线以追溯以往、怀念过去为主，而在2005年以后随着节目嘉宾类型的转换，以及观众更高的观赏要求，节目不断调整设计原则，既品味怀旧，又感受猎奇，既高雅优美，又通俗有趣，主持人带领观众一起走进人世间或美丽或忧伤或搞笑或离奇的故事天地。

那么，大众传媒为什么能够在人们身上产生"议程设置"效果呢？导向需求提供了这样一种解释：每个人都有了解外部世界的愿望，但世界如此巨大、如此复杂，信息浩如烟海，作为个人，很难判断应该关注什么、重视什么，这时就需要有引导机制帮助他们进行判断，而大众传媒恰好起到了这种作用。麦库姆斯也曾说过："人对周围的世界具有天然的好奇心，而新闻媒介对众多的话题提供了导向作用。"

其实，一提到"需求"，人们首先会想到的是马斯洛的需要层次理论，这个理论是由美国心理学家马斯洛于1943年首次提出的。该理论将人类的需要分为5个层次，从基本的生理需要、安全需要、社交需要、尊重需要到最终的自我实现需要。这5个层次的需要逐级递增，当某一个层次的需要得到满足之后，才会追求更高层次的其他需要。

生理需要：包括食物、水、睡眠、空气等基本的生存需要。这些需要是人类最基本的需要，当这些需要得不到满足时，人们会感到痛苦和焦虑。

安全需要：包括身体上的安全和心理上的安全。当人们感到安全时，可以专注于其他更高层次的需要。

社交需要：包括与他人建立联系、获得友谊和爱的需要。人们需要与他人进行互动，以满足归属感和关爱的需要。

尊重需要：包括自尊、自信和成就感等需要。当人们感到被尊重和认可时，他们会更加关注自己的价值和地位。

自我实现需要：包括追求个人兴趣、发挥潜能和实现人生目标等需要。这一层次的需要意味着随着个人成长和发展，当满足这一层次的需要时，人们会感到更加幸福和满足。

马斯洛需要层次理论认为，只有当一个较低层次的需要得到满足时，人们才会追求更高层次的需要，如今这个理论在心理学、管理学和教育领域具有广泛应用，可以帮助人们更好地理解自己和他人的动机和行为。

正是基于社会成员的不同层次的需要，才使得大众传媒"议程设置功能"得以发挥。大众传媒通常包括电视、广播、报纸、杂志、互联网等多种形式，能够覆盖大量人群，传递各种信息和观点。由于大众传媒具有强大的影响力，能够广泛覆盖人们的工作和生活，所以人们在接触这些大众传媒时，难免会受到"议程设置"的影响。即使人们没有主动关注某个议题，但当他们接触到相关报道和信息时，也会逐渐改变自己的观点和态度。随着科技的发展，大众传媒的传播途径越来越多样化，大众传媒在进行信息传输时会进行有针对性的信息筛选，它们会根据不同受众的心理需求进行不同的信息推送，如各种社交软件和短视频等，这些新兴媒介可以更加精准地触达特定受众群体,这使得特定受众群体能够接触到与自己需求紧密相关的信息内容,从而进一步加强"议程设置功能"。正因为如此,社会成员对于大众传媒的"议程设置功能"具有较高期望。其实,这种功能也并非完全由大众传媒主导,只有受众具备了独立思考和判断的能力,才能真正有效实现信息交流和社会进步。

3. "议程设置功能"和守门人理论息息相关

"议程设置功能"理论是考察大众传媒强效果理论的一个利器,它从考查大众传媒和人们对环境认知的角度入手,重新揭示了大众传媒的强有力影响。深度剖析"议程设置功能"产生效应的原因,可以将人们的视线重新引向守门人理论——也就是说,是信息的传播者决定了哪些信息以什么样的方式进行传播,以及以什么样的方式影响人们对环境的认知和判断。

守门人理论认为影响和制约新闻报道取舍和选择的因素主要有3个:一是时空因素,即一定的时间和空间范围内,以什么样的内容充斥版面和播放时段;二是传播媒介的宗旨和报道方针,具体讲即新闻报道者的新闻价值倾向;三是社会文化规范,传播内容必须符合社会和受众的一般文化规范和价值标准。

但是,大众传媒的"议程设置功能"远非如此简单,在这个理论应用的背后,还存在着复杂的政治、经济和意识形态原因。我国的大众传媒是社会主义的大众传媒,从不否认自己的舆论导向,而是旗帜鲜明地将舆论导向宣示出来。因此,"议程设置功能"理论对我国考查大众传媒的舆论导向过程具有重要的启发意义。

4. "议程设置功能"理论如何应对网络传播环境的挑战

近年来,随着网络传播环境的快速发展,"议程设置功能"理论也面临着一些质疑——网络是一个自由多元的发展空间,网络议题纷繁多样,随着人们对互联网信息的接触量逐年增加,传统的大众传媒的"议程设置功能"是否正在弱化或消失?

对此,麦库姆斯认为,断定大众传媒的衰退还为时尚早,从信息社会的知沟或数字鸿沟的发展现状来看,还有许多人不能很好地利用网络媒体,其中老年人占据主要部分;就能够上网的网民而言,还没有形成定期阅读的习惯;网络媒体的议题虽然是多元化的,但单个渠道(如微博、微信)的访问用户数量并不多;传统媒体在网络传播中依然是主流;各大新闻门户网站的传播内容与传统媒体存在相当高的雷同性等。

上述几个特点尤其符合我国实际情况。我国网民随意浏览行为较多,休闲动机突出,定期阅读或深度阅读的习惯尚未养成;微博、微信等新媒介传播载体,除非有大型网站的推广背景,否则很难获得较高的点击率和浏览量;网络上的热门帖子或热门话题进入公众视野或成为社会焦点也大多是在传统媒体报道之后。在这种情况下,与其说传统的大众传媒的"议程设置功能"弱化或消失,不如说传统媒体与网络媒体的互动正在成为信息时代融媒介"议程设置功能"的新特点和新趋势。

5. "议程设置功能"理论的广泛应用

电视剧是大众传媒市场上最活跃的文化形式之一。电视剧作为一种视觉和听觉相结合的艺术表现形式,具有很强的吸引力和影响力,能够深刻影响观众的思想、情感和行为。

首先,电视剧具有广泛的观众群体。电视剧作为大众文化产品,向各个年龄段和群体类型的观众提供适合他们的电视剧题材。同时,电视剧通过多种渠道进行广泛传播,如电视台、网络平台等,进一步扩大了观众范围。

其次,电视剧具有强大的娱乐性和观赏性。电视剧以其生动的故事情节、精彩的人物表演和高质量的制作水平吸引了大量观众。观众可以在欣赏电视剧的过程中获得愉悦和放松,减轻压力和疲劳。

再次,电视剧具有丰富的文化内涵和社会意义。电视剧作为大众文化产品,具有丰富的文化内涵和社会意义。通过观看电视剧,观众可以了解不同文化背景和历史时期的人们的生活与思想,提升文化素养。一些电视剧还会就某些社会问题进行探讨,引发观众对社会现象的深刻反思。

最后,电视剧具有较高的商业价值。电视剧作为一种商业文化产品,还具有较高的商业价值,可以吸引广告商的投资和赞助,进而实现商业利润的最大化。

近年来,我国电视剧市场非常活跃。自 20 世纪 80 年代以来,我国电视剧产业经历了快速发展阶段,现在已经跻身国际电视剧市场。

以下是我国电视剧市场发展的一些特点。

第一,产量庞大。近年来,我国电视剧产量逐年攀升,每年都有 200 部左右的新剧上线。这使得观众有了更多的选择,同时也推动了整个行业发展。

第二,题材多样。我国电视剧题材丰富多样,涵盖历史、言情、武侠、科幻、悬疑、家庭伦理等各种类型。多样化的题材满足了不同观众的观看需求,也提高了我国电视剧在国际市场的竞争力。

第三,制作水平不断提高。随着制作技术和制播设备的不断更新,我国电视剧的制作水平不断提高,如特效、画面质量和演员表演等方面都取得了巨大进步。

第四,网络剧异军突起。随着互联网技术的快速发展,网络剧成为我国电视剧市场的重要组成部分之一。网络剧以灵活的播出方式、低成本、高关注度等特点吸引了大量年轻观众。

第五,海外传播形势大好。随着我国电视剧的国际影响力逐渐增强,如今有越来越多的电视剧精品在海外播出。这不仅为我国电视剧市场带来了新的收入来源,还提高了中国文化的国际形象。

完全可以预测,未来随着科技的不断进步和观众需求的不断变化,我国电视剧市场将继续保持活跃态势。

在我国电视剧市场逐渐走向成熟的过程中,有一类电视剧题材得到越来越多观众的认可,即主旋律电视剧。近年来,我国主旋律影视剧得到快速发展,以下是一些主要的发展情况。

其一,政策支持力度加大。《中华人民共和国电影产业促进法》和中央宣传部、文化和旅游部、国家广播电视总局、中国文联、中国作协联合印发的《关于加强新时代文艺评论工作的指导意见》等一系列政策文件的出台,为我国主旋律影视剧发展提供了强有力的政策保障。

其二,制作水平不断提高。随着制作技术的不断进步和人才队伍的不断壮大,我国主旋律影视剧的制作水平不断提高,作品质量也得到较大提升。

其三,题材多样化。《红海行动》《战狼2》《我和我的祖国》《功勋》《山海情》《我们这十年》等一批优秀的主旋律影视作品涌现出来,涵盖了历史、军事、外交等多个领域,丰富了观众的精神文化生活。

其四,社会影响力不断扩大。主旋律影视剧不仅在国内受到了广泛关注和好评,也在国际上产生了一定的影响力,成为中国文化"走出去"的重要代表之一。

近年来我国主旋律影视剧的发展呈现出良好的发展态势,深度剖析其发展原因,我们发现在其背后,"议程设置功能"理论发挥着重要的指导作用。主旋律影视剧通常具有强烈的政治色彩和社会意义,因此它们往往被用来传递特定的价值观念和进行特定的政治宣传。通过精心设计的剧情、角色和场景等元素,主旋律影视剧可以引导观众对某些议题产生共鸣或者改变观点。例如,在一部关于扶贫攻坚的主旋律影视剧中,导演可能会通过展现贫困地区的生活条件、政府扶贫政策的实施情况、当地群众的努力奋斗等情节,来强调扶贫的重要性和必要性,从而引导观众对扶贫工作产生认同感和支持的态度。同样,一部关于反腐倡廉的主旋律影视剧也可能通过展示腐败现象的危害性、政府反腐工作的成果及廉政官员的先进事迹等情节,呼吁观众加强反腐倡廉意识,促进社会公正与和谐发展。

纵观我国主旋律影视剧的整体发展情况，我们发现如果没有宣传部门的精心筹划，观众很难看到如此多的弘扬社会主义核心价值观、传承中华优秀传统文化、增强国家文化软实力的电视剧精品；如果没有相关部门的大力支持，我国主旋律影视剧很难在竞争激烈的大众传媒市场中占有立足之地。

"议程设置功能"理论在我国主旋律影视剧中得到广泛应用，既可以帮助影视作品更好地传递特定的价值观念，又可以引导观众对某些议题产生共鸣或者改变观点，为繁荣我国大众文化市场做出积极贡献。

第二节 "沉默的螺旋"理论

"沉默的螺旋"理论是大众传播效果理论中的一个经典理论。"沉默的螺旋"这一概念最早见于1974年伊丽莎白·诺埃勒-诺依曼在《传播学刊》上发表的一篇论文，1980年，又以德文出版《沉默的螺旋：舆论——我们的社会皮肤》一书，对这一理论进行了全面解析。

1. "沉默的螺旋"理论的提出

诺尔-诺依曼是德国大众传媒学家和政治学家。1947年，她与丈夫共同创建了德国顶尖的民意调查研究所——阿伦斯巴赫民意调查研究所。这是德国第一家民意调查研究所，在民意测验与舆论调查领域处于领先地位，尤其著名的是其对于德国大选的预测。但就是这样一个具有丰富从业经验的研究所却被1965年联邦德国联邦议会的民主选举"打了个措手不及"。

1965年联邦德国进行联邦议会选举，主要竞选对手一方是社会民主党，另一方是基督教民主联盟和基督教社会联盟的联合阵线。在整个竞选过程中，双方的支持率一直处于不相上下的胶着状态，但在投票的最后时刻却发生了"雪崩现象"——基督教民主联盟和基督教社会联盟的联合阵线以压倒性的优势战胜了社会民主党。这个结果完全出乎阿伦斯巴赫民意调查研究所的意料，也让伊丽莎白·诺尔-诺依曼感到非常吃惊。在竞选的前两天，《时代》杂志刚刚发表有关伊丽莎白·诺尔-诺依曼的专访，大标题是《社会民主党如果获胜，我一点都不吃惊……》。

在1965年9月初开始的这场竞选中，一切看上去都是那么正常，人们甚至已经准备好了在波恩的贝多芬厅举行庆祝派对。可当选举结果公布的时候，出乎意料的结果令选民震惊了。

"每项研究都开始于一个谜。"于是，在这之后几年时间里，伊丽莎白·诺尔-诺依曼针对多次政治选举，开始进行有关民意调查和舆论的研究。1972年再次举行了联邦议会选举,这次的选举结果和1965年如出一辙,在选举意愿大致相同的情况下,再次发生了"最后一分钟动摇",这次社会民主党意外获胜。

到底是什么导致了这种情况的发生?伊丽莎白·诺尔-诺依曼猜测是"谈论和沉默决定了意见气候",这个假设来源于一次意外的对话。有一天伊丽莎白·诺尔-诺依曼遇到一个女生,这个女生在外套的领子上别了一枚基督教民主联盟的徽章。等到中午伊丽莎白·诺尔-诺依曼再次遇到这个女生的时候,她却摘掉了徽章。伊丽莎白·诺尔-诺依曼问她为什么不戴了,她说:"是的,我把它摘下来了,我觉得它太傻了。"受到这枚徽章的启发,伊丽莎白·诺尔-诺依曼开始重新思考选举问题。

一方越来越积极大声地表明自己的观点,而另一方则可能"吞"下自己的观点,保持沉默,双方力量发生不断变化,从而进入螺旋循环状态,这个过程后来就被伊丽莎白·诺尔-诺依曼称为"沉默的螺旋"。最初这种预想仅仅是个假设,但随着一次又一次政治选举数据的证实,"意见气候"渐成规模,也最终被纳入伊丽莎白·诺尔-诺依曼的研究领域。

谈论了这么多,我们似乎忽略了一点,那就是"究竟谁是最后一刻的跟风者",或者可以这样说,"谁是压倒骆驼的最后一根稻草"。

依据1965年和1972年两次议会大选数据,伊丽莎白·诺尔-诺依曼注意到因为受到"意见气候"的影响,"最后一分钟的动摇者"可能会影响到3%~4%的支持率。在伊丽莎白·诺尔-诺依曼之前,美国传播学者拉扎斯菲尔德也曾观察到这种情况,并将此戏称为"乐队花车效应"。"乐队花车效应"是指人们在接受新事物时,容易受到周围人的影响,从而跟随大众的行为或观点产生随大流现象。具体来说,当一个新事物开始流行时,一些人会尝试了解和体验它,然后他们会感到自己已经加入这个潮流中,从而更加支持和推崇这个事物。随着时间的推移,越来越多的人加入这个潮流中,这个事物就会变得越来越流行。这种现象在社会心理学中被称为"从众心理",即人们倾向于跟随大多数人的行为或观点,以获得认同感和群体归属感。拉扎斯菲尔德认为,这种从众心理是人类社会普遍存在的一种现象,它可以解释很多社会现象的发生和演变。

伊丽莎白·诺尔-诺依曼通过1972年所做的大量调查,发现那些感觉自己可能被孤立的人最容易成为"最后一分钟的动摇者"。这些人害怕孤独,自我意识薄弱,当遇到选A或是选B,抑或是选C等这样的问题时,他们从心底里希望和胜利者站在一边,希望能够登上花车并跟着一起吹喇叭。面对可能被孤立的恐惧,"最后一分钟的动摇者"选择和大多数人站在一起,于是"意见气候"转换成一种驱动力量,促使螺旋转动起来。

2. 伊丽莎白·诺尔-诺依曼出版《沉默的螺旋：舆论——我们的社会皮肤》

1980 年伊丽莎白·诺尔-诺依曼将自己的一部分研究撰写成专著出版，即著名的《沉默的螺旋：舆论——我们的社会皮肤》。她将自己大半生的研究沉淀在这本专著中，全书共分 28 章，提出了许多引起后世传播学者关注的研究问题，如"公共意见""舆论作为暴政""双重意见气候""民意即天意"等内容。

"沉默的螺旋"理论是大众传播效果研究中非常经典的一个理论，几乎所有初次接触传播学或社会学的学者都要了解这一理论。伊丽莎白·诺尔-诺依曼是从多个学科角度论述了"沉默的螺旋"形成的原因和表现形式，其中涉及心理学、社会学、人类学、政治学、法学、哲学、新闻学、行为学等，甚至包括动物学等众多理论内容，所以还有学者称伊丽莎白·诺尔-诺依曼的这部著作不仅仅是学术著作，还是方法论著作。伊丽莎白·诺尔-诺依曼付出半生心血从能够想到的所有观察视角对公众舆论开展了深度剖析。

在 2001 年版《沉默的螺旋：舆论——我们的社会皮肤》的前言中，伊丽莎白·诺尔-诺依曼这样写道："'沉默的螺旋'是一个包含了两重人性的学说：一方面是指我们的个性本质，而另一方面则体现了人的社会性本质，而在这方面我们直到今天都不愿加以认识。因为'随大流'是一个贬义词。"早在 1980 年德文版《沉默的螺旋：舆论——我们的社会皮肤》出版之后，这本著作就引起了人们的广泛关注，在 20 世纪八九十年代，英语、日语、韩语、俄语、西班牙语、土耳其语、保加利亚语等多个版本的《沉默的螺旋：舆论——我们的社会皮肤》风靡全世界。为何"沉默的螺旋"理论得以在全球广泛传播？它最大的影响力究竟意指何方？沉下心来，认真阅读这本著作，你会发现，"沉默的螺旋"描写了人类和人类社会永恒发展的特性。

从 1978 年开始，伊丽莎白·诺尔-诺依曼在芝加哥大学做访问学者，在那段时期，她集中所有精力致力于"沉默的螺旋"理论研究。在这阶段，她的很多学术思想得以突破桎梏，她意识到那些随大流的人、竞相模仿别人的人是社会生活中的大多数，他们总是"两面三刀"，先前可能对某些事情嗤之以鼻，转头却又竞相追随。一方面我们厌恶我们的社会性本质，而另一方面我们又不得不保持"顺从"，使社会保持行为能力和决策能力。总体来说，在伊丽莎白·诺尔-诺依曼进行"沉默的螺旋"研究的时期，公众意见在社会生活中承担着举足轻重的作用，这一点超越了时代和地域差异，在不同时空中都得以体现。

3."沉默的螺旋"理论的主要命题

"沉默的螺旋"理论是一个非常复杂、包罗万象的理论，它的理论成果曾被伊丽莎白·诺尔-诺依曼集结成一本近 400 页的专著。我们如何能快速且精准地把握它的理论精髓呢?

我们将"沉默的螺旋"理论概括成3个既相互独立,又平行递进的命题,希望有助于大多数初次接触传播学的读者理解。

第一,个人意见的表明是一个社会心理过程。伊丽莎白·诺尔-诺依曼在研究"沉默的螺旋"理论时集众家之长,借鉴了许多学科的研究方法,其中就包括社会心理学的研究方法。她认为,人作为社会动物,总是喜欢集群而居。从原始社会开始,人们就产生了这种相互协作的生产和生活方式。人们总是害怕孤独,因为孤独可能会使人们在面临危险时无力反击。慢慢地,害怕孤独成为人的"社会天性"。为了防止自己处于孤独境地,人们想尽一切办法向众人靠拢。当需要进行个人意见表明时,人们也学会了先观察周围的环境,再发表自己的看法。大多数情况下,当人们发觉自己处于"多数"或"优势"意见群体时,人们敢于积极大胆地表明自己的观点,但是当发觉自己处于"少数"或"劣势"意见群体时,许多人选择沉默或转向附和,以免造成自己的孤立境况。

每个时代都有每个时代表达意见的方式。在中世纪,人们更关注在公众场合的发言权利。如广场上的演讲通常是由政治家等具有一定社会地位和权力的人进行的。他们在广场上发表演讲,向群众宣传政治、经济等方面的主张,或者呼吁人们支持某个特定的事业或行动。有时,广场上的演讲也用于宣布战争的开始或结束,以及宣布国王的命令和政策。在广场上进行演讲是中世纪的欧洲一种非常流行的社交活动,也是人们获取信息、交流思想和商业交易的重要场所。

在15世纪的欧洲,当印刷术流行之后,书籍和报纸变得越来越常见,也越来越便宜。这使得更多的人能够阅读到书籍和新闻,从而拓宽了人们的知识范围和视野。同时,印刷术也促进了文化的传播和交流。人们可以更加方便地获取来自不同国家和地区的文化信息,大大促进了不同文化之间的相互理解和交流。此外,印刷术还为教育和学术研究提供了更多的可能性,因为人们可以更容易地复制和传播重要的学术著作和研究成果。中世纪欧洲印刷术的流行对人类社会产生了深远影响,它不仅改变了人们的生活方式和思维方式,而且促进了知识和文化的传播和发展。印刷术的广泛传播以及后来异军突起的广播和电视,将人们带入了大众传播时代。

进入信息时代,人们往往通过网页上显示的新闻的阅读量确定是不是"优势意见",之所以出现这种情况是因为在互联网时代,信息传播的速度和范围都得到了极大的扩展,每个人都可能成为信息的发布者和传播者。然而,仅仅通过阅读量来判断一个观点是不是"优势意见"是不完全准确的。阅读量高并不一定意味着这个观点正确或者具有价值。有些时候,一些热门话题或者争议性话题也可能吸引较多的人点击和阅读,但是这些观点可能并不具备足够的可信度或者新闻价值。因此,我们应该注重对新闻来源和信息内容的评估和分析,这样才能更好地了解事实真相和价值取向。同时,我们也应该时刻保持批判性思维和客观性态度,不要被表面的数据迷惑。纵观信息传播几百年的发展历史,我们发现人们一直在寻求大众意见,并尽量使自己向大众意见靠拢。

在未来社会发展进程中,哪类群体最有可能成为发表"优势意见"的群体?依据《第51次中国互联网络发展状况统计报告》,截至2022年12月,中国20~29岁、30~39岁、40~49岁网民分别占据网民总数的14.2%、19.6%和16.7%,也就是说,青年网民群体占据了中国网民总数的半壁江山。随着信息技术的飞速发展,青年群体作为受众群体的中坚力量,其重要性越来越得以凸显。青年群体是社会的重要组成部分,他们的观念、行为、价值观直接影响社会的发展和进步。随着信息技术的快速普及,青年群体更容易接触到更多、更广泛的信息,这使得他们在观念、行为等方面更容易受到信息的影响和塑造。因此,青年群体在信息时代扮演着重要角色,他们的认知和行为直接影响信息的传播和社会的发展。此外,青年群体还具有强烈的学习和探索欲望,他们通过信息技术获取新知识、新技能、新思想。这种学习和探索的热情和主动性,不仅有助于他们自身的成长和发展,还能够带动更多人加入信息学习和知识创新的过程中。最关键的是青年群体还具有强烈的参与意识和表达意愿,他们在信息时代更容易通过各种社交媒体和论坛表达自己的观点、态度和意见。这种参与和表达意愿,不仅有助于他们自身的社会认同和归属感,还能够促进社会的民主化和透明度。综上所述,正因为青年群体在信息时代扮演着重要角色,他们的观念、行为、学习和表达能力等都对信息社会的发展和进步产生着深远影响,所以他们最有可能成为信息时代发表"优势意见"的群体。

现阶段的青年群体是伴随着电视和互联网长大的一代人,他们从出生起就与电视和互联网结下了不解之缘。随着科技的不断进步,青年群体对电视和互联网的依赖程度越来越高。他们习惯于通过电视和互联网获取信息、进行娱乐和社交。进入21世纪,更多青年人开始利用这些工具实现自己的梦想和人生目标。有些人在社交媒体上分享自己的创意和想法,有些人通过网络直播和短视频平台展示自己的才华和个性……他们既受益于这些工具所带来的便利和发展机遇,同时也意识到需要不断提高自己的信息素养以警惕可能带来的负面影响。

第二,意见的表明和沉默的扩散是一个螺旋式的社会传播过程。伊丽莎白·诺尔-诺依曼发现,在公共场域内,当一方选择以"沉默"的态势"保留"自己的观点,势必造成另一方持不同意见者有机会积极大胆地"表明"自己的观点。依据能量守恒定律,当有越来越多的人向发表意见的一方靠拢,就迫使更多持不同意见者转向"沉默",如此循环,便形成了一个"一方越来越大声疾呼,而另一方越来越沉默下去的螺旋式过程"。伊丽莎白·诺尔-诺依曼认为,在社会生活中"多数意见""舆论",甚至时尚的流行,其背后都存在"沉默的螺旋"机制。1965年和1972年联邦德国两次大选前的"雪崩现象"正是这一机制起作用的结果。因此伊丽莎白·诺尔-诺依曼为"舆论"下了一个双重定义,所谓舆论,即"围绕争论性问题,在没有孤立危险的前提下可以公开表明的意见",或是"为使自己不陷于孤立而必须公开表明的意见",前者指的是围绕时事性问题的舆论,后者则侧重于围绕社会传统、道德和行为规范的舆论。

在《沉默的螺旋:舆论——我们的社会皮肤》中,伊丽莎白·诺尔-诺依曼曾经提出一个和舆论非常相近的概念——公共意见。在书中,她写到,对于"意见"的调查研究可以追溯到苏格拉底在皮瑞斯港与朋友的一次讨论,当时讨论的主题是"政府似乎传播某些可疑的意见"。尽管苏格拉底并没有给予"意见"更多的关注,但是其他人认为比起知识、信念等,"意见"是负面的。在伊丽莎白·诺尔-诺依曼对"沉默的螺旋"现象进行研究的时候,她发现个体之间的意见是否达成一致,可以从对环境的观察中得知,也可以通过个体的行为进行确认。如那个佩戴徽章的女生,她以摘下徽章的行为表示她和"他们"的意见相左了。在社会生活中,这样的例子随处可见。在公共汽车上年轻人是否给老年人让座,人们是否自觉进行垃圾分类,学生见到教师是否主动让行,等等,都以再清楚不过的行为表明了人们的真实想法——意见。

对于"公共的"理解也曾出现过和"意见"一致的境况。在近一个世纪的社会科学研究中,不计其数的研究者对"公共的"展开研究。哈贝马斯曾下结论说:"在对'公共的'及'公共'的使用习惯中就体现了对这个概念的五花八门的解释。""公共的"是以"开放、公开"为词根的,强调了"任何人都可以走近、进去"这样的意思,如公共的车道、公开的法庭审判等,以此将"公共的"与私人领域进行区分。

推动"公共意见"走向"舆论"的关键时刻发生在19世纪的最后几年。之后,1937年社会心理学家奥尔波特在《舆论季刊》杂志第一年出版的第一期上,发表了题为《迈向民意科学》的文章。在这篇文章中,他提到公共意见的作用就像清扫每户人家门前的积雪,对于公共意见的本质进行了如此形象化的比喻,自此以后,"舆论"开始登堂入室。

1976年春天,在德国联邦议院总理大选前,伊丽莎白·诺尔-诺依曼和阿伦斯巴赫民意调查研究所的同事再次开始了忙碌的准备,他们设立了完全民意测验式观察工具,以便根据"沉默的螺旋"理论追踪"意见气候"的发展变化。那一年的选举再次见证了舆论气候发生翻天覆地的变化。当伊丽莎白·诺尔-诺依曼面对数以万计的选票一筹莫展时,她通过李普曼的观点获得了启发。原来社会民主党和基督教民主联盟、基督教社会联盟的支持者们通过看电视获得了新的选举意向。记者们在对两党进行报道的时候,将自己的观点裹挟在电视新闻中,如当记者们认为基督教民主联盟和基督教社会联盟毫无获胜希望时,他们在报道中也体现出对这个联合阵线不抱获胜希望的观点。

第三,大众传播通过营造意见环境来影响和制约舆论。作为一个核心概念,意见环境是如何形成的?伊丽莎白·诺尔-诺依曼认为意见环境的形成是因为在现代社会中人们判断周围意见分布状况主要依据两个信息源,一是人们所处的群体,二是大众传播。她的这个观点我们是认同的。对物理视野和行动距离相对十分有限的现代人来说(尤指青少年和老年人),人际传播和群体传播是他们获知外界信息的主要渠道。青少年群体主要通过上学过程中和教师及同学们的接触了解外界最新变动,老年群体可能是在逛街、买菜、锻炼的过程中获知最新信息。而在人际传播或群体传播感知范围之外,大众传播的影响尤其重要。大众传播承担着向人们提供各种新近发生的变动的信息的重任,并且每天都通过相同的渠道进行累积报道。

在我国,20世纪80年代电视逐渐走进寻常百姓家,电视节目对于人们生活的影响是多方面的。首先,观众通过电视可以获取外界变动的最新信息,电视节目为观众提供了丰富的信息来源,观众可以通过电视节目了解世界各地发生的时事新闻、政治动态、科技发展等重要信息。其次,大部分观众收看电视的目的是娱乐休闲,电视节目为观众提供了各种各样的娱乐形式,如电影、电视剧、综艺节目等,这些电视节目可以让观众在紧张的工作和学习之余得到放松,获得愉悦。还有,电视是重要的文化传播载体,电视节目有助于传播中华文化,弘扬民族精神。通过观看电视剧、动画片、专题节目等,观众可以了解不同国家和民族的文化传统、地域风俗,增进对外界的认知。

现在的80后大部分当年都看过《七巧板》和《大风车》,可以说是这些电视节目伴随一代青少年茁壮成长。现在无论是中央广播电视总台还是省级或地方卫视都非常重视教育类节目,如各种科普节目、讲座等,着实收获了一批忠实观众。电视教育节目对于青少年的影响是巨大的,可以向青少年传授各种知识,如科学知识、历史知识、文化知识等,这些节目可以帮助青少年了解世界,拓宽视野,提高综合素质。电视教育节目通过生动的故事和形象的人物,对青少年进行价值观引导,如一些优秀的青春励志剧可以帮助青少年树立正确的人生观和价值观。电视教育节目中主持人和嘉宾的语言表达和演讲技巧对于青少年的语言表达能力和口才训练也具有积极作用。通过模仿和学习,青少年可以迅速提高自己的表达能力和沟通技巧。现在还有很多电视教育节目涉及心理健康教育,可以很好地帮助青少年了解自己的情绪和心理状态,有助于青少年培育健康的心理素质,预防心理问题。一些电视教育节目还涉及公益事业和培养社会责任感等问题,通过观看这些节目,青少年可以了解社会上存在的问题和需要克服的困难,激发自己的社会责任感和参与意识。总之,电视教育节目对于青少年的成长和发展具有重要意义。

除此之外,各种电视节目还为家庭成员和朋友之间提供了共同关注或讨论的话题,促进了人们之间的交流与沟通。一家人一起观看电视节目还可以增进感情。总之,电视对人们的生活具有重要意义。

伊丽莎白·诺尔-诺依曼认为,在电视高度普及的现代信息社会里,大众传播媒介对人们的环境认知的影响因素主要有3个:多数传媒报道的内容具有高度的相似性;同类信息传播具有持续性和重复性;媒介信息抵达具有广泛性。伊丽莎白·诺尔-诺依曼通过"沉默的螺旋"理论重新提示了一种强有力的大众传播观。

4. "中坚分子"对"沉默的螺旋"的反抗

自20世纪70年代伊丽莎白·诺尔-诺依曼提出"沉默的螺旋"理论,有许多传播学者和社会心理学者对其展开研究,如美国的卡茨、马丁,日本的池田谦一等,他们对这个理论进行了大量的理论探讨和实证研究。在这个过程中并非没有人质疑这个理论。莫斯考维西针对群体内合意形成的过程进行的实证研究提出了"中坚分子"的重要作用。他认为当这些"中坚分子"表现出坚定的理想信念,并据此影响其他人,很有可能会对"多数派"产生巨大影响,甚至可能改变群体内已经形成的合意。如果事情真是这样,那么就意味着"中坚分子"是与"沉默的螺旋"并行的不同的舆论形成过程。

回顾中国共产党的发展历史,李大钊这个光辉的名字值得人们永远铭记。李大钊是著名的革命家、思想家、教育家,他对中国革命的重要意义主要体现在:首先,积极倡导马克思主义。李大钊是中国最早的马克思主义者,他在《新青年》杂志上发表的一系列文章,系统地介绍了马克思主义的基本原理和思想方法,为中国共产主义运动的兴起奠定了理论基础。其次,推动新文化运动。李大钊是新文化运动的重要领袖之一,他提倡科学、民主、自由的思想,反对旧文化、封建主义和帝制主义,推动了中国现代化进程中思想文化的革新。再次,中国共产党的主要创始人和早期领导人。李大钊曾在党的早期工作中担任要职,为党的发展壮大做出了重要贡献。最后,倡导土地革命。李大钊主张通过土地革命解决中国农民的土地问题。试想在中国革命进程中,没有李大钊这样的"中坚分子",中国革命走向成功恐怕困难重重。不过值得庆幸的是,在中国革命的不同发展阶段,始终存在这样一批具有坚定信仰、广泛影响力和卓越领导力的"中坚分子",是他们引领和推动了中国革命不断向前发展。

5. 小结

进入信息时代,"沉默的螺旋"并没有随着报纸、广播、电视等传统大众传媒的衰退而退出历史舞台,它依然具有非常重要的现实意义。随着互联网的迅速发展,甚至还衍生出"反沉默的螺旋"理论,意指受众大大提高了接受信息的主动性,敢于发表有悖于主流意见的己见。

随着社交媒体和互联网络的普及,人们更加方便地获取和传播信息,但同时也面临着信息过载和虚假信息的挑战。在这种情况下,许多人选择保持沉默或者附和主流观点,以避免被排斥或者受到批评。但网络上始终有一些"中坚分子"敢于坚持己见并采取实际行动打破这种心理状态,呼吁人们不要害怕表达自己的真实观点,以维护言论自由和社会公正。

接下来我们讲一个非常典型的案例。2018年10月,重庆万州一公共汽车坠入长江。有许多人也许不知道,当年这场灾难还曾牵连到一位无辜的女司机。据媒体报道,这名女司机当时正驾驶着自己的爱车行驶在长江二桥上。忽然对向车道冲过来一辆失控的公共汽车,虽然女司机做了应急处置,但仍和公共汽车发生了碰撞,最终公共汽车坠入江中。事故发生后,许多不明就里的网友谴责和批评女司机,认为是她在驾驶过程中操作失误,所以才导致了这起重大交通事故。当时,不仅她,就连她的家人也受此牵连,被网友进行"网暴",她家的地址和单位地址也遭到"人肉搜索"。为此,女司机和其家人受到了强大的舆论压迫。但也有少数网友对女司机表示同情和支持,积极转发"请尽快还原事件真相"等言论,他们坚持理性思考,不随波逐流,尽自己最大努力避免网络暴力事件发生。

2018年10月28日17时,警方发布通报,经初步事故现场调查,系公共汽车在行驶中突然越过中心实线,撞击对向正常行驶的小轿车后冲上路沿,撞断护栏,坠入江中。至此还了女司机一个清白,但由于此次事件牵扯范围太广,关注的人群太大,人们一时之间还是没能扭转对该女司机的误解,给女司机及其家人造成了难以磨灭的精神损伤。

探究此次事件的前因后果,我们发现在事件持续发酵的过程中,尤其是在黑匣子打捞之前的两天时间里,有大量网友在网上错误发声,导致"沉默的螺旋"错误运行,不仅伤害到女司机及其家人,也导致网络空间"乌烟瘴气""颠倒黑白""混淆视听"。但我们也欣喜地看到,在整个事件发展过程中,仍有少数"中坚分子"敢于坚持理性思考,完成了舆论的强弱转移,构建了互联网时代的"反沉默的螺旋"。

下 编

第八章　人类信息传播的基本类型

人类信息传播是一个综合系统,这个系统是由各种不同类型的传播活动组成的,每种类型的传播活动都是人类信息传播这个总系统内的一个子系统。对于人类信息传播的基本样态,依据不同的标准,站在不同的角度,可以将其分为不同的类型。但最常见的划分方法是依据传播范围的大小,将人类信息传播分为人内传播、人际传播、群体传播、组织传播、大众传播,共5种基本类型。

第一节　人内传播

人内传播是最小的一种信息传播样态,只需一人即可完成。人内传播又被称为内向传播、内在传播或自我传播,指的是个人接收外部信息并在人体内部进行信息处理的活动。人内传播是一切社会传播活动的基础,万丈高楼平地起,一切传播活动都是以人内传播为基础开展的。

人内传播是"主我"(I)同"客我"(Me)之间的信息交流活动。对于"主我"和"客我"这样的专业词语,初次接触传播学的人可能不太了解,所以下面先从简单的概念讲起。

1. 社会生活中的人内传播活动

人内传播,简单点说就是经常发生在人们头脑里的自己同自己的精神对话,包括自言自语、自我推敲、自我反省、自我克制、沉思默想、内心矛盾等。如一个人在逛街的时候看中一件衣服,当他犹豫不决时,一个"他"在不停地给另一个"他"做思想工作,"衣服蛮好看的,这个颜色还百搭""衣服款式很合适,上班、逛街都能穿""快过年(过节)了,怎么也要给自己添点儿新东西",等等。经过如此一番思想斗争,这件衣服也许就会被"他"拿下。

我们身边会有这样的人。他们喜欢自言自语,有时一边走路一边自言自语,有时一边做饭一边自言自语,有时一边看电视一边自言自语。当我们接触了传播学,才知道原来最好的聊天对象竟是我们自己。

还有,人们常说下笔如有神,难道真的是在提笔的瞬间才思如泉涌的吗?其实在下笔之前,作者就已经在头脑里构想出大致的内容,如此才能在下笔时"一气呵成"。

以上这些行为都是日常生活中十分常见的人内传播活动。

为了证实人内传播的重要性,很多研究者为此做出了卓越贡献,也正是因为他们的坚持,才使越来越多的人开始关注人内传播活动。如果没有人内传播作为基础,那么人际传播、群体传播、组织传播和大众传播的研究都将不复存在,由此可见人内传播的重要性。

2. 米德的"主我"和"客我"理论

在铺垫了这么多有关人内传播的基础知识后,接下来着重介绍米德的"主我"和"客我"理论。最早从传播学角度对人类的自我意识及其形成过程进行系统研究的是美国社会心理学家米德。米德在研究人的内省活动时发现,自我意识对人的行为决策具有重要影响。

例如,李先生是一位大学教师,他年轻时候的梦想是当人体模特,但是由于自己已经当上了大学教师,所以这个年轻时候的梦想迟迟没有实现。他为什么没有实现自己的梦想?是因为自己不再具备当人体模特的条件了,还是他改变了自己的初衷?其实真正的原因是他没有下定决心。每一次当他产生这个想法的时候,他的头脑里都会冒出一个人和他"作对",有时是他的妻子,有时是他的孩子,有时是他的同事,有时是他的学生,这些人以各种理由"扯他的后腿",所以他的梦想才迟迟没有实现。在这里我们需要好好想一想,真的是现实生活中的人站出来反对他吗?其实不是的,这些人都是他自己臆想出来的——是"他"认为他的妻子不会支持他实现年轻时的梦想;是"他"认为他的孩子会认为当人体模特的爸爸不如当大学教师的爸爸好;是"他"认为同事们会认为他不务正业;是"他"认为学生们会对他嗤之以鼻。就是因为如此一番番的"假想劝说",导致他迟迟没有下定决心实现自己的人生梦想。

在社会生活中,每个人都曾遭遇过类似的事情。如果只是买不买一件衣服,那对人生的影响还不大。如果真的是自己特别想要实现的人生理想呢,因为"客我"劝说住了"主我",使原本可能实现的机会听之任之,会不会觉得遗憾呢?所以,米德的"主我"与"客我"理论既是从理论研究视角向人们揭示了人的自我意识在决定人的行为决策时的重要意义,也从另一个角度鼓励人们要勇于尝试自己不敢尝试的事情。

3. 米德的"内省式思考"理论

米德在研究人的内省活动时还有一个非常重要的理论值得关注,那就是"内省式思考"。内省是人对自己的一种反思活动,内省有两种,一种是日常的自我反思活动。如曾子所说的"吾日三省吾身:为人谋而不忠乎?与朋友交而不信乎?传不习乎?",这句名言出自《论语·学而》,意为:"我每天多次反省自己:替别人做事有没有尽心竭力？和朋友交往有没有诚信？教师传授的知识有没有实践过？"自我反省是个慢功夫，需要我们长期坚持才能见到成效。

米德所说的"内省式思考"是另一种反思活动，即短期的、以解决现实问题为目的的自我反思活动。例如，大学生在毕业前纠结是考研还是就业，还是两件事同时进行。内省式思考不是封闭的，它应与周围的社会环境、家人及朋友产生密切联系才能产生实际效能。例如大学生纠结是考研还是就业，可以结合自身实际情况，再参考前几年的考研分数，预估自己的成功率有多高。在找工作时，可以多听听教师和师哥、师姐的建议，再结合自己的专长，看看自己适合从事哪类职业。这些都是由内省式思考引发出的实际生活体验。

内省式思考说明，人内传播虽然是人体内部的思想活动，但绝不是孤立的、封闭的和绝对的"主观精神"活动，它是一种人与社会实践紧密联系的信息传播活动，人内传播在本质上是人的社会关系和社会实践的深刻反映。

4. 孤独真的是病症吗？

孤独症，又称自闭症或孤独性障碍等，是广泛性发育障碍的代表性疾病。孤独症常病发于婴幼儿时期，主要表现为三大类核心症状，即社会交往障碍、交流障碍、兴趣狭窄和刻板重复的行为方式。据央视财经频道2023年4月报道，目前我国孤独症患者超过1 300万人，且还在以每年近20万的速度增长，孤独症的发病率已占各类精神类疾病首位。

一些影视剧曾以此病症为切入点展开过故事情节设置，如曾获第61届奥斯卡最佳影片等四个奖项，以及金球奖、金熊奖等多个奖项的电影《雨人》。该片讲述了一个自私的商人查理与他从未谋面的哥哥雷蒙之间的故事。雷蒙是孤独症患者，他沟通能力低下，行为举止异于常人。30年缺失的兄弟情，并没有让查理对这个患孤独症的哥哥产生一丝怜悯，反而是心里充满了嫉妒和憎恨。于是，他连哄带骗地"绑"走了哥哥，试图逼迫疗养院院长交出父亲的遗产。奇怪的是从不与人亲近的哥哥竟然乖乖地跟他走，他们阴差阳错地成就了一场亲情的救赎之旅。

孤独症患者很难适应陌生环境，看着自言自语的哥哥，查理心里充满无奈。其实他之所以财迷心窍，是因为他经营的车行陷入了危机，8万美金的巨额债务令他焦头烂额，而父亲的遗产是他唯一的救命稻草。可查理并不知道患孤独症的哥哥有多难搞定，几天的旅程几乎将查理逼疯，但他已经接受了之前女友的警告，不再把愤怒直接发到哥哥身上。

之后，兄弟俩一起回到洛杉矶，查理把哥哥安顿在自己家。清晨他们会一起开心地吃早餐，哥哥也逐渐发生了变化。疗养院院长找心理医生对哥哥进行评估,医生引导哥哥说出了这几天发生的事情,这些情况对查理十分不利,但当医生问雷蒙想不想和弟弟住在一起时,他竟毫不犹豫地回答 yes。查理最后终于明白了父亲的苦心——父亲知道查理一定会因为遗产去找哥哥,他希望他们兄弟相认,解开心结,从此哥哥有了依靠,弟弟有了牵挂。父亲留给哥哥钱是要保障其基本的生活,而留给查理的是他生前最珍贵的老车和玫瑰花,父亲要查理明白有些东西远比金钱更重要。

在电影《雨人》中,雷蒙是个患有孤独症的人,他无法理解人类的语言和情感,也无法适应社交场合。具体来说,雷蒙的孤独症行为主要表现在以下几个方面。

(1)社交障碍。雷蒙无法与他人进行正常的社交互动,他不喜欢与人交流,也不懂得如何与人交往。在电影中,他经常独自一人或者躲在角落里。

(2)重复性行为。雷蒙有一些固定的行为模式,例如,喜欢按顺序排列物品、重复某些动作等。这些行为虽然看似无害,但也给周围的人带来许多困扰和不便。

(3)情绪不稳定。雷蒙的情绪非常容易受到外界的影响而波动不定,如当他看到自己的弟弟查理要离开他时,他情绪很激动。

对于孤独症患者应该早发现早治疗,治疗的年龄越早,改善的程度越明显。有一篇美文——《牵一只蜗牛去散步》,很多特殊教育学校都将它张贴在宣传栏里。

……牵一只蜗牛去散步。

我不能走得太快,蜗牛已经尽力爬,每次总是挪那么一点点。

我催它,我唬它,我责备它,

蜗牛用抱歉的眼光看着我,仿佛说:"人家已经尽了全力!"

第二节　人际传播

人际传播是个人与个人之间的信息传播活动,它是由两个个体系统相互连接组成的新的信息传播系统。人际传播与人内传播紧密相连,但又与人内传播不同,主要表现在人内传播是一个行为主体(即个人)内部的信息传播活动,而人际传播是两个行为主体(即两个人或多个人)之间的信息传播活动。人际传播是最典型的社会传播活动,是人与人之间社会关系的直接体现。

1. 戴尔·卡耐基及其著作《人性的弱点》

戴尔·卡耐基是美国著名的人际关系学大师、现代成人教育之父,也是西方现代人际关系教育的奠基人,他曾被誉为20世纪最伟大的心灵导师和成功学大师。

戴尔·卡耐基利用大量普通人不断努力取得成功的故事,唤起无数陷入迷惘的人,激励他们振作精神取得成功。他的著作颇丰,主要有《人性的弱点》《人性的优点》《语言的突破》《快乐的人生》《伟大的人物》《情商无敌》《女性的智慧》等,这些作品被译成多种文字在全球广泛出版发行,受到世界各地读者的热烈欢迎和高度评价。戴尔·卡耐基的卓越成就,不仅体现在出版了许多励志图书,更在于形成了一种成功思想。他以超人的智慧、严谨的思想、对人性的深刻认识和对人生的无限热爱,总结出一套完整的人际关系学、口才学、推销学、成功学等实用理论体系,这些思想深深影响了许多人,并帮助他们走向成功之路。

戴尔·卡耐基在1936年出版著作《人性的弱点》,自出版以来,该书在世界各地至少被译成60余种文字,全球总销量突破一亿册,拥有上千万读者,这本著作近年来也成为我国畅销书排行榜中的常青树。《人性的弱点》是一本关于人际关系和成功学的著作,主要探讨了人性的弱点及如何克服这些弱点,从而获得成功和幸福。书中提出了许多实用的建议和技巧,例如,如何与人相处、如何进行有效沟通、如何获得他人的信任和尊重,等等。这些技巧和建议被广泛应用于商业、教育、政治等许多领域,成为人们社会生活中不可或缺的指导思想。

2."社恐"和"社牛"

社交恐惧症是一种常见的心理障碍,社交恐惧症以过分和不合理地惧怕外界某种客观事物或情境为主要表现,患者明知这种恐惧反应是过分的和不合理的,但仍反复出现,难以控制。恐惧发作时常常伴有明显的焦虑和自主神经症状。常见的社交恐惧症主要表现为在社交场合感到极度紧张,害怕被评价,害怕出丑等。社交恐惧症会影响患者的日常生活和工作,甚至会导致患者极力避开社交场合,严重影响了患者的社交和人际关系。

与"社恐"相对应的一个词是"社牛"。

"社牛"是一种网络流行语,通常用以形容在社交方面不胆怯、不怕生、不惧别人的眼光、不担心被人嘲笑、能够游刃有余地进行沟通的人。

"社牛"这个网络流行语的发展历程可以分为以下几个阶段。

(1)最初阶段。2021年初,"社牛"这个网络流行语开始在网络上流行,主要是在一些社交媒体平台上被广泛使用。

(2)发展阶段。随着时间的推移,"社牛"这个网络流行语的使用范围逐渐扩大,不仅在社交媒体平台上被广泛使用,也开始在现实生活中被人们广泛使用。

（3）成熟阶段。到了2021年底,"社牛"这个网络流行语已经成为一种非常流行的社交用语,被广泛应用于各种场合。

但要注意的是,"社牛"这个网络流行语的使用并不是一种正面的评价,而只是一种调侃的说法。因此,在使用这个网络流行语时,需要注意使用的场合和对象,避免冒犯他人。

第三节　群体传播和组织传播

人内传播和人际传播属于人类信息传播的微观系统,而群体传播和组织传播则属于人类信息传播的中观系统。

"物以类聚,人以群分。"人以群体的形式进行活动,是人的社会性的集中体现。每一个人都生活在一定的群体之中,是群体传播的参与者。大部分群体都是散漫的和任意存在的,但信息时代的群体却具有一定的规律性。在网络空间中,人群存在的基础是对比。如当人们进行网络购物时,购物网站会利用大数据和精准计算,对人们的需求进行归类总结。于是,当搜索"T恤"时,系统就会将所有符合条件的商品统一起来供人们选择,对于人群的划分也是这样。当人们的兴趣点集中在这些商品上时,类似的人群也就基本确定了。

一提到"群体",有一本经典之作是绕不开的,这就是《乌合之众:大众心理研究》。《乌合之众:大众心理研究》是一本研究大众心理学的著作,它的作者是法国社会心理学家古斯塔夫·勒庞。在这本书中,勒庞阐述了群体及群体心理的特征,他指出当个人是孤立的个体时,他有着鲜明的个性化特征,而当个人融入群体时,他所有的个性都被群体淹没,他的思想立刻会被群体思想取代。

了解群体才能不随波逐流,才能成为一只"特立独行的猪"。什么是群体?一群人因为等红绿灯挤在一起,他们是群体吗?不是,他们只是一个个等红绿灯的个体。一群人因为生活聚在了一起,丢掉懒惰,起早贪黑,他们是群体吗?是的,他们是努力工作的"打工人"。《乌合之众:大众心理研究》这本书里说,在特定条件下,聚集成群的人会表现出某些新的特点,大家的自觉人格消失了,情感和思想转向了同一个方向,集体心灵得以形成。所以偶然间聚集在一起的一群人并不能称为群体,只有当他们具有共同目的,且因为这个目的形成新的特点时,这一群人才是群体。

群体具有什么特征?人是群居动物,遇到危险时会下意识地往人多的地方走,所以当人处于群体中时会产生一种盲目的安全感,这种安全感会使群体中的个体产生以下几点变化。

一是逻辑和理性的消失。处在群体中的个体,感觉群体能力远超过个人能力,因此会产生一种所有事都能做成的盲目自信,群体的思考能力和推理能力减弱,或者说群体中的人们根本懒得去推理。因为只有那些不寻常的传奇的事情才能引起人们的注意,所以处于群体中的人总是希望被关注。由于缺失理性,所以人们很容易受到暗示和传染,人们轻易地就会被其他个体用夸大精彩的故事暗示,即使这个故事歪曲了事实,他们依然乐于传播这个故事并以此获得关注,最终导致群体中的其他个体也被传染。例如,我们在生活中会听到各种谣言,虽然理性告诉人们谣言并不可信,但有人却依然控制不住地去传播,因为传播本身并不是用来讨论的,而是用来传染情绪让自己被关注的。

二是情绪控制的消失。由于理性的缺失,情绪在群体中失去了控制,它们变得单纯又夸张,冲动又多变,它们毫不克制,还特别善于夸大情感。例如,当人们独自观看足球比赛时,可能会觉得枯燥且无聊,但当人们处于一个群体中共同观看时,立刻变得热血又亢奋。

三是责任和道德的消失。出于法不责众的观念,群体中的某些个体成为一个个隐藏在群体中的无名氏,于是那些原本用来约束个体的责任感和道德感,一定程度上被减弱甚至完全消失了。伤害群体内的异类,伤害群体外的其他个体,或者排挤其他群体,成为常发生的事情。例如,日常生活中,许多新来的插班生会被排挤,即使他没做错任何事,又如很多人被鼓动参与了游行和蓄意破坏事件,事后才意识到自己违了法,等等。

《乌合之众:大众心理研究》这本书是一百多年前写的,所以很多情况和现在相比有了较大出入。随着互联网的不断发展,自由主义得到广泛宣扬,思想和言论的信息差被极大降低,个体的独立性得到发展,群体的特点也产生了较大变化。自由和独立让群体间产生了更多碰撞,这种碰撞成为一种"群体熵增",它加速了群体的死亡,也加速了新群体的诞生,这种更快的消亡和诞生,形成了一种新的群体智慧,它抵抗着群体熵增,让群体有序进化。

基于这点思考,在日常生活中人们获得如下启示,当作为群体中的无名氏时,第一,要避免从众,在群体中时刻留有自主意识,产生行为前要用自主意识判断这个行为是否对自己有利、是否对他人也有利,对自己无利又对他人有害的事情,要毫不犹豫地立即远离;第二,要实事求是,不要试图用夸张甚至编造故事的方式获得关注,要用做事的结果获得关注,这才是长远稳定的;第三,要创造独处时刻,近墨者不一定黑,但如果掉进墨水缸时,一定会被染上颜色,因此偶尔独处,才能恢复机灵和敏锐。

当人们作为群体中的领袖时,也有 3 点启示:一是说故事而不是单纯地定规则,单纯地通过理性制定规则来领导群体收效甚微,领导者需要把规则形象化甚至夸张化,把它们变成鲜活的故事才能让它们进行有效暗示和传染;二是引导情绪而不是单纯做事,领导者需要花费更多精力在群体情绪引导方面,而非时刻盯着个体做了什么事;三是促进小群体的灭亡和新生,领导者不要恐惧一个小群体的消失,因为更大的、更好的群体总是随着小群体的消失和新群体的诞生而产生的。

那么人类为什么会形成组织?为什么又会有社会呢?这是因为靠自己是做不成什么事的,所以要想成功,就需要找到一个适合自己的圈子,在这个圈子里有人支持你,有人成就你,如此才能形成人类社会的长久发展。组织是人类社会协作的群体形态之一,组织是一个结构秩序较为严密的社会结合体,它有着明确的目标、制度、纪律,有着严格的分工和统一的指挥管理体系。因此,组织是人们为了高效率地完成分散的个人或松散的群体所不能承担的生产或社会活动而结成的协作体。作为组织基本属性之一的组织传播,同样体现了这些特点。现代社会是高度组织化的社会,也是组织传播高度发达的社会。

第四节 大众传播

现在这个时代是一个大众传播的时代,本书也是围绕大众传播展开的。

自改革开放以来,书籍、报刊、广播、电视等传统的大众传媒的信息传播活动不仅普及到社会的每一个角落,而且渗透到社会生活的方方面面。在现代社会,传统的大众传媒和信息时代的融媒体是人们获得外界信息的主要渠道,是实现国家和社会目标的重要手段,是社会上各利益集团争取和维护自身利益的得力工具,同时又是社会先进文化和娱乐信息的提供者。

由于后文还要广泛探讨有关大众传播的各种问题,所以本节主要引导读者关注两本经典的传播学著作。

《理解媒介:论人的延伸》是一本从媒介学角度出发,探讨媒介与人类关系的入门级读物,它的作者是麦克卢汉。在这本书中可以了解到,媒介是一种复杂的文化生产方式,它不仅传递信息,更形塑着人们的生态环境、行为方式和理想信念。因此,认真阅读这本著作可以帮助人们了解现代媒介对社会生活产生的深层次影响,以便于今后更好地使用媒介和评估媒介。

首先,现代媒介对社会生活产生了极其深刻的影响。进入信息时代,信息的传递速度日益加快,人们可以时刻关注世界各地的新闻、文化和科技进展。同时,新媒体的出现和发展也带来了更多的互动和娱乐方式。然而,这些便利也不可避免地带来了一些问题,如人们在信息过载的情况下很难理性思考,很容易被误导和影响;另外,网络安全和隐私保护也成为受众高度关注的问题。

其次,人们需要时时关注媒介本身存在的局限性。媒介不仅是无所不包的信息工具,还是信息传递的快速通道,因媒介性质不同,其传递的信息必然受到生产者的控制和赞助方的影响。即使是新闻媒体也难以完全避免媒介的偏见。此外,产生于数字化生产背景的媒介文化,也面临着强烈的信息焦虑和娱乐成瘾隐患。人们之所以要特别强调媒介对生活的影响及媒介本身存在的问题,并不是为了否定媒介的重要性,而是要更好地把握其中的度。人们应从媒介的本质出发,加强对媒介的认知和评估,由此才能更加理性地使用媒介。

最后,建议读者在阅读这本书时一定要开启"媒介批判"视角。媒介批判是一种研究媒介的科学方法,它强调对媒介产品及其背后的其他权力和利益进行辩证认识。

《娱乐至死》是一本探讨娱乐文化对人类社会的影响的书,作者是尼尔·波兹曼。他在这本书中通过对历史和文化的研究,探讨了娱乐文化是如何成为人们生活中的主要内容,并对人类社会的未来产生深远影响的。

在阅读这本书的过程中,人们能够深刻感受到作者对娱乐文化的批判和对人类社会未来的担忧。他认为,娱乐文化让人们沉迷于肤浅、短暂的快乐中,而忽视了真正的价值和意义,并导致人们对社会和人类本身的忽视。他认为,这种趋势将会对人类社会产生深远影响,例如社会价值观崩塌、人类文化衰退等。

作者通过对历史和文化的研究,揭示了娱乐文化对人类社会产生的深远影响。他认为,在工业革命之后,人们开始将娱乐作为社会生活的主要事务,娱乐文化的兴起使得人们忽视了教育、艺术、科学等对人们的启迪。

这本书像一记警钟,引发人们重新思考自己的价值观和生活方式——娱乐不是生活的重心,它只是生活中的一种享受和体验。

这本书是可读性较强的一本著作,书中的案例和语言非常生动有趣。比如作者用猫和老鼠的例子说明娱乐文化如何影响人们的思维方式,还有他对电视节目中"煽情"元素的分析,都可让读者忍俊不禁。

总之,《娱乐至死》是一本非常有意义的书,它让人们更加珍视生活中的每一个瞬间,阅读这本书,既能让人们开怀大笑,也能让人们更加关注生活。

第九章 从纸莎草到自媒体
——社交媒体传播简史

社交媒体是人们彼此之间用来分享意见、见解、经验和观点的工具或平台。从西塞罗和其他古罗马政治家用来交换信息的纸莎草,到1644年弥尔顿为争取言论自由出版的小册子《论出版自由》,人们和同伴交流信息的传输方式至今仍深刻影响着现代社会信息传播。

20世纪,报纸、杂志、书籍、广播、电视等传统媒体曾主宰信息传播的全部传输方式。进入21世纪,新的社交媒体,如社交网站、微博、微信、博客、论坛、播客等在互联网的沃土上蓬勃发展,为人类社会带来翻天覆地的信息传播革命。可不论传输方式怎样变革,人类的社交传播方式从未中断,只不过借助不同的"外衣",展现不同的"风采"罢了。

第一节 西塞罗和纸莎草

西塞罗是古罗马著名的政治家、哲学家、演说家和法学家。他出身于古罗马阿尔皮努姆的骑士家庭,以善于雄辩成为罗马政治舞台上的显要人物。他曾先后担任过罗马共和国的参议员、元老院成员和执政官等职务,在政治和法律领域具有广泛影响力。

西塞罗以其雄辩的演讲和深刻的思想闻名于世,他的著作包括《论法律》等。《论法律》被认为是西方政治思想史上的经典之作。西塞罗的主要政治主张包括强调共和制的重要性。他认为一个强大的共和政府可以保护人民的权利和自由,维护社会的稳定和发展。除了政治和法律领域,西塞罗还对古罗马的文学和哲学等领域产生了深远影响。他是拉丁文学的重要代表作家之一,他的作品曾被广泛翻译成各种语言,对后世的文学和文化思想产生了重要影响。

在西塞罗生活的时代,既没有印刷机也没有纸张,人们传递信息全靠将文字抄录在纸莎草上,《西塞罗书信集》是现存保存最完整的西塞罗与别人的通信集,这部通信集就是用纸莎草抄录而成的。

纸莎草,又称莎草纸、莎草片,是古埃及人发明的书写载体,它用当时盛产于尼罗河三角洲的纸莎草的茎制作而成。大约在公元前 3000 年,古埃及人开始使用纸莎草,并将这种"特产"出口到古希腊等古代地中海文明地区,甚至出口到遥远的欧洲内陆和西亚等地区。试想,每当西塞罗完成一篇精彩的演讲稿,他就把演讲稿分赠给身边的密友分享,这些人读过之后再传播给其他人。人们看到精彩的句子,或是新鲜的理念,争相将其抄录在纸莎草上,这样一传十,十传百,越来越多的人不断地在纸莎草上留下自己的感悟,又有不计其数的人继续抄录这些纸莎草上的内容,于是一卷又一卷的"经典"得以保存下来。

第二节 罗马时期的《每日纪闻》

公元前 1 世纪,罗马成为地中海地区不可动摇的"霸主"。罗马的政治制度是小城邦制度,权力分散在少数几个世代联姻的大家族手中。在那个动乱频仍的时期,罗马的命运掌握在复杂的关系网上,社会流言和政治新闻交织混杂,无休止地结盟,连续不断地谋算。在当时的罗马城内,消息最集中的地方是议事厅外的广场。公元前 59 年,恺撒下令每日公布元老院及公民大会的议事记录。他命人将相关信息用尖笔书写在罗马议事厅外一块涂有石膏的白色木板上,这是最早的公告式的官方公报,当时的名称是"ALBUM"(阿尔布),后来被人们称为《每日纪闻》。

《每日纪闻》以简洁明了的语言描述了罗马共和国的政治生活和议会讨论的议题,包括战争、外交、法律、财政等各个方面的内容。它不仅提供了了解古罗马共和国政治制度的重要资料,还对后世的政治学、历史学等领域产生了深远影响。公元前 6 年,恺撒恢复了曾遭中断的《每日纪闻》,从此该手写公报时断时续刊布会议记录、帝国政事、贵族的婚丧嫁娶、战争消息等内容,一直到公元 330 年迁都君士坦丁堡为止。

恺撒创立《每日纪闻》的举措有其政治意图。恺撒是平民主义者,他试图通过每日公布元老院的最新消息,削弱元老院在平民中的神秘感和不可动摇的权威性。虽然此举的主要目的是削弱对手力量,但"无心插柳柳成荫",却意外推动了政治的开放和民主。《每日纪闻》的内容有多种来源——立法法案、重要的演讲、各种宣言、元老院议事记录,这些内容基本可以满足人们的所有信息需求。当时,在罗马城内,有许多富人命人拿着铁笔和蜡版去广场抄写《每日纪闻》,并记录下周围人的言行。很快,有生意头脑的商人注意到可以让抄写人誊写若干份,并以此出售。尤维纳利斯曾在《讽刺诗》里描述一个贵妇在家中边读"长篇日报"边化妆的情景,这些所谓的"长篇日报"应该就是"复刻"自罗马广场的

《每日纪闻》。此外，西塞罗也曾在他和朋友的书信中记录过，他靠阅读抄录的《每日纪闻》了解罗马的最新事态发展。

现在令历史学家遗憾的是，没有一份古罗马时期的《每日纪闻》保留至今，所有的《每日纪闻》都被淹没在了罗马城下。

第三节　谷登堡的印刷机

谷登堡1400年出生于德意志美因茨，1468年2月逝世。他是西方金属活字印刷术的发明人，他发明的活字印刷术印刷机导致了一次媒体革命，并迅速推动了西方社会发展。此外，活字印刷术印刷机的发明还奠定了欧洲现代文明的发展基石，是欧洲文艺复兴的先声，也是诱发工业革命的关键技术。

虽然印刷术源自中国，但是现代的印刷术却是经由西方辗转传回中国的，所以谷登堡对世界知识的传播、文明的演进、信息的传递具有重要影响。谷登堡的印刷术使得印刷品变得非常便宜，印刷速度提高，印刷量增加。

公元1450年前后，谷登堡在前人的基础上再加上自己的技术革新，终于将油墨印到了纸张上，当时他的印刷效率是手工抄录的100多倍。很快印刷术传到了德意志的其他地区，欧洲的大城市，如科隆、巴塞尔、罗马、威尼斯、巴黎、纽伦堡、米兰、那不勒斯、佛罗伦萨等都建起了印刷厂。

1476年，印刷术传到英国，但印刷术在英国的发展却十分不顺。因为印刷术的普及，大量印刷品随之产生，也就让越来越多的民众有机会接触到各种新思想和新文化，这让当时的英国封建王朝统治者坐立难安。亨利八世是第一个下令管制出版行业的英国国王，他颁布法令不允许外国出版商在英国建立新厂，也严格控制现有印刷厂里的学徒人数。1538年，英国建立皇家特许出版制度，规定所有出版物必须经过皇家允许方能出版。1557年，英国玛丽女王成立皇家特许出版公司，公司特许条例规定：在王国以内，除公司会员和女王特许者外，印刷将一律禁止。皇家特许出版公司的成立对于当权者而言有两点好处，一是权力越来越集中，因权力所获得的利润也越来越集中，二是在一定意义上确实有效管制了言论和信息流通。

接下来，英国新闻传播史上最重要的事件发生了。1570年，伊丽莎白女王成立了皇家出版法庭，后来又相继颁布了"出版法庭命令"，也就是著名的《星法院法令》，该法令一直持续到英国资产阶级革命前。该法令规定了一系列遏制出版行业的行为，如除非教会同意，否则不再允许新的出版商登记；伦敦市外，除了牛津大学和剑桥大学，一律禁止印刷；出版商的学徒不得超过3名，牛津大学和剑桥大学的印刷商只限有 1 名学徒;等等。在奠定了坚实的革命基础后,1640年英国爆发了资产阶级革命,一举推翻了存在了 1 000 多年的封建王朝。

其实在整个 16 世纪,欧洲的统治者们对于印刷品都是采用高压政策进行管束的。法国政府规定"不得在隐蔽的地方秘密印刷"。威尼斯的印刷商每印一本书都要事先得到商会允许。在萨克森州,除维登堡、莱比锡等城市外,所有地方的印刷机必须停机,印刷商必须重新审核登记。

虽然欧洲国家相继采取了严苛的措施管控印刷出版行业,但鉴于人们已经有了获知新闻的需求,于是各种载有新闻信息的手稿以各种隐蔽的方式秘密传播,甚至跨越国境,传向遥远的他国。当时传播较多的信息多来源于政治家的演讲和议会的报告,这些手稿以单行本方式从一个人手中传到更多人手中,其间也有人不断抄录或增添内容。

第四节 弥尔顿的《论出版自由》

历史的车轮不会因为封建统治者的一封"禁书"永远止步,1644 年,英国伟大的诗人、资产阶级革命家和政治家弥尔顿,因出版书籍被法庭传唤,在法庭上,弥尔顿义正词严做了一个长篇演讲,系统阐述了出版自由思想。11 月,弥尔顿未经相关部门同意,擅自出版了这本著名的《论出版自由》,以此拉开了英国出版自由革命的大幕。《论出版自由》讲出了那个时代背景下人们最渴望予以表达的思想:谁也不能公平地判断什么作品可以出版,应该允许一切作品自由出版,并让它们在真理的公开市场上自由争斗,因为谁又见过真理在自由公开的争斗中败下阵来呢? 很快,弥尔顿的自由思想像风一样吹遍了整个欧洲,于是越来越多的后继者站起来反对当地政府的限禁行为,整个欧洲因为出版自由而"炸锅"了。

第五节 近代资产阶级报刊"粉墨登场"

近代报刊是在欧洲封建社会向资本主义社会过渡的时代背景下诞生的。进入 17 世纪,随着英国资产阶级革命取得成功,一个新兴的社会力量登上历史舞台——资产阶级,这个特定的群体虽然嘴上宣扬"出版自由",可背地里仍由"黑手"操纵。由于社会的急遽变动,数以百万计的人渴求知道"我的身边发生了什么",于是近代报刊最先在那些权力比较薄弱或者统治阶级较为宽容的地方兴盛起来。

世界上最早的定期报刊首先产生于德国。早在1597年2月,萨穆埃尔·迪尔鲍姆就在奥格斯堡创办了一份类似于编年表的月刊。1609年,德国有一家出版了19年的不定期报纸改为定期出版,名为《观察周刊》,每期一页,仅一条新闻。

17世纪是欧洲封建社会解体和资本主义兴起的阶段。在德国,随着农业、手工业的技术进步和商品经济的发展,在地中海沿岸和西北欧一些地方,产生了资本主义萌芽,资本主义生产方式的初期阶段——工场手工业兴起。但是,之后的德国却陷入了分崩离析的状态。当西欧的英、法等国早已形成统一强大的民族国家之际,在德国的土地上,却散落着300多个大小不等的独立诸侯和1 000多个骑士领地。因为德国被分裂成许多大小不一的公国,各个政权又急于知道"外面的世界是怎样的",所以定期出版物成为"必需品"。1609年,德国出现了两份周报:一份是《通告——报道或新闻报》,另一份是《报道》。此时德国的周报除了在本地区发行,还向邻近国家发行。世界上最早的日报也诞生在德国,1650年莱比锡一位书商创办了《新到新闻》,通常被认为是世界上第一张日报。

第六节 征收知识税

在长达一个世纪的限禁新闻出版的时代里,封建统治者想过各种办法限禁言论自由,恩格斯曾一针见血地指出:"诽谤法、叛国法……都沉重地压在出版事业身上……英国的出版自由一百年来苟延残喘,完全靠政府当局的恩典。"

进入18世纪,英国资产阶级政府开始施行一种"一举多得"的限禁措施——征收知识税。1712年,英国国会在托利党人操纵下通过法案,规定对所有报刊一律征收印花税,同时对报刊使用的纸张征收纸张税,刊登的广告征收广告税,还有后来出现的报纸副刊税等,以上各税统称为知识税。知识税开征以后许多报刊不堪重负,被迫停刊。

当时的知识税税率极高:半张或小于半张者,交半便士;半张以上不超过一张者,交一便士;超过一张而不足六张者,交两便士。就是因为采取了这种"欲禁于征"的限禁方式,知识税制度实施不到半年,报纸停刊了一多半。正如艾迪生在他的《旁观者》杂志中预言的那样:"印花税实行的日子,将是作家发表作品的末日。"

爱动脑筋的读者一定会质疑,知识税制度对所有人都一视同仁吗?答案肯定是"不"。对于当时英国盛行的政党和政论报刊而言,"上有政策,下有对策"。进入18世纪,为了更好地控制舆论,政府必须将政党和政论报刊牢牢把握在自己手中,于是有人想到了贿赂和津贴报人的方法,津贴报人的费用甚至被纳入政府的财政预算当中。据说当时的著名报人,如笛福、艾迪生等人都曾接受过政府的津贴贿赂。在罗伯特·沃波尔任英国政府首脑期间,津贴制度最为盛行,据政府秘密委员会记录,其间每年用于津贴报人的费用曾高达五万英镑。

在英国试行知识税取得"成功"之后,这一消息传到了北美殖民地,于是当地人民和英国殖民政府进行了一场旷日持久的知识税战争。知识税的施行带来的最大不便莫过于阻碍了人们传递信息,于是反对知识税的人们纷纷拿起笔来撰写小册子,并给报纸写信。接下来,北美各殖民地的情况相差无几,因为报纸和小册子有效挑动了人们对印花税法案的不满,于是越来越多的人们高举反对旗帜,甚至宣扬"印刷术应得到鼓励,任何人都应能够在没有阻碍、不必付高额费用、不受威胁的情况下向大众发表思想"。后来,13个州和波士顿的市民组织了一次大规模的抗议活动,史称"无代表会议",以表达他们的不满。这次抗议活动最终导致了北美殖民地《印花税法》的废除。

第七节 报纸如何成为"生活必需品"

在纷纷攘攘的18世纪,人们为了不断争取自己的各项权利付出了巨大牺牲。18世纪是一个充满战争、革命和政治变革的时代。在欧洲,法国大革命爆发,推翻了君主制度,建立了共和制度。在北美殖民地,独立战争爆发,最终导致了美国独立。此外,还有许多国家也发生了类似的事件。在这一时期,人们开始意识到权利和自由弥足珍贵,并开始为争取这些权利和自由而努力奋斗。在英国,议会权力得到了加强,人民的选举权得到了保障。在法国,人们开始反对专制主义和贵族特权,推翻了君主制度。在美国,人们反对殖民统治和不平等待遇,争取到了国家的独立。总之,18世纪既是一个充满变革和挑战的时代,也是人类历史上一个重要的转折点,它为后来的政治和社会变革奠定了坚实基础,也为人类社会的发展进步做出了积极贡献。

进入19世纪,欧洲的印刷机得到技术改良,如果是一组熟练的工人操作机器,每小时可印刷250~300张纸,《泰晤士报》当时有好几架这样的大型印刷机,所以只要工人夜里不停工,加班加点印刷,到凌晨时印出5 000份报纸是不成问题的。虽然《泰晤士报》提高了生产效率,但高额的印刷税仍使当时的报价保持在高水平线上。即使采用蒸汽印刷机进行印刷,一份报纸的成本也在7便士左右。试想当时工人每天的平均工资只有34便士,如何买得起这么"昂贵"的报纸,所以虽然识字的工人越来越多,但报纸的固定消费者仍是社会的上层阶级。

马克思曾在其政治经济学著作中将报纸列为"生活必需品",他认为,工人阶级总是把自己的收入耗费在,并且不得不耗费在"生活必需品"上,所以工资水平的普遍提高总要引起对"生活必需品"需求的提高。

真正使报纸走进千家万户,并成为"生活必需品"的是本杰明·戴。来自美国的印刷商本杰明·戴于1833年9月在美国纽约创办了《太阳报》。以"照耀所有人"为口号的《太阳报》率先采取低价营销的措施赢得了市场和广告商。本杰明·戴首先利用1美分的低价报纸占据了报业市场,他雇佣大量报童上街兜售报纸,报童花67美分买100份报纸,然后再以每份1美分的价格售出。因为卖不掉的报纸不能退货,所以报童们极力推销手中的报纸。当时的报纸旨在抓住下层民众的兴趣,所以刊登的主要是犯罪、审判、失火等社会新闻。有了广阔的市场,接下来就可以和广告商"谈判"了。1835年,在《太阳报》的销量有了进一步的增加后,本杰明·戴提高了广告收费标准。有了这笔"巨资",本杰明更新了印刷设备,也拓宽了销售渠道,使得《太阳报》成为当时大众报纸的卓越代表。继《太阳报》之后,《纽约先驱报》《纽约时报》等报纸陆续改组成便士报,第一批大众报纸逐渐显现。

第一批真正的大众传媒"对社会大众——商人、机械师、工人,对私人家庭和公共旅店,对雇工和雇主,对小职员和他们的上司,都一律平等地提供服务"。这意味着报纸不再为精英阶层所独据,越来越多的底层民众也拥有了可以购买报纸及自由阅读报纸的权利。这些大众化报纸为了迎合更多受众的阅读喜好,还刊登了一些漫画作品,这样即使不识字的民众也可以从报纸上获知一些社会新闻。而广告商呢,他们也极喜欢这种可以将他们的商品迅速传播和扩散的大众媒介,"只要广告不唐突无礼或欺骗读者,就可以予以刊登"。于是报纸的经营管理及销售渠道渐入佳境,逐渐步入工业革命的生产序列当中。

第八节 记者"登堂入室"成为第四等级

本节要介绍一个新的社会群体——记者的出现。因为有了更多的钱用于生产,所以报纸的经营管理者也有了更多的钱雇佣记者收集新闻。虽然这在今天看来是极正常的事情,但在当时却也曾引起不小的轰动。从18世纪70年代开始,第一批专业记者走进了英国的议会大厅,英国议会在贵族、僧侣、平民的议席远处设置了记者旁听席,称他们为第四等级。虽然当时的制度比较苛刻,不允许记者在现场进行记录,只允许他们旁听,但记者们凭借良好的记忆还是将所有议事事项滴水不漏地"带出了"议会大厅。后来，亨利·里夫在1855年10月的《爱丁堡评论》上撰文写道："今天新闻界已经真正成为一个国民等级，甚至比其他任何地方的等级都更为强大。"这种观点认为，新闻界在宪法里担负着一个非官方但却是中心的角色，它有助于公众了解问题、发表公共见解，因此可以成为对政府的一种制衡。

19世纪早期，英国的《泰晤士报》历经三位总编辑——约翰·斯托达特、托马斯·巴恩斯和约翰·撒迪厄斯的励精图治，终使《泰晤士报》的影响力再次增强，尤其是在英国政治和伦敦事务等领域。当时的《泰晤士报》在全英国范围内发行，是对全世界政治、经济、文化都发挥了巨大影响力的报纸。

然而专门负责收集新闻的记者在美国的出现却晚了点儿。19世纪初期的美国报刊还主要以刊登读者来信、演讲词、小册子节选、诗歌等为主，如果"昨天没有邮递"，就意味着今天的报纸上没有新闻。费城的《民主新闻》曾在报纸上发表宣言称："本报编辑将真诚感谢任何惠借外国报纸，特别是法国或英国报纸的朋友。"1816年，纽约最畅销的日报刊登的新闻还不到两栏。这种状况直到19世纪20年代末期才有了变化。有些报社开始派出专人及快艇去迎接最早进港的船只，希望能尽快带回"最新"消息。创办《纽约先驱报》的贝内特曾说，只要谁把来自欧洲的消息尽早带回，他愿出500美元购买"提前的一小时"。

第九节　空中的"神秘电波"

时间就是金钱。从这个时候开始越来越多的人致力于提高新闻传播效率。真正使这项壮举由量变达到质变的是一位名叫莫尔斯的画家。1832年莫尔斯应邀到法国讲学，在乘坐游船返回的途中，他看到一位名叫杰克逊的美国医生向船上游客展示他刚得到的一种叫作"电磁铁"的新玩意儿，这东西可以在电流的作用下变成磁铁，电流消失后磁性也随之消失。莫尔斯对这种新玩意儿感到非常惊讶，他认为这是一项革命性的发明，可以让人们更加方便地进行通信。于是，回到美国后他开始研究电磁铁的原理和应用，并最终发明了一种可以远距离传输信息的装置——莫尔斯电报机。莫尔斯电报机的原理是利用电流在导线上产生的磁场传输信息。当电流通过一根细金属线时，会在周围产生一个磁场，这个磁场会随着电流的变化而变化。如果将两根金属线连接起来，就可以形成一条电路，并通过改变电流方向和大小传输信息。莫尔斯电报机的发明极大地促进了通信技术发展，使得人们可以更加快速、便捷地进行交流和沟通。它也成为现代电信技术的基础，为人类社会的发展进步做出了重要贡献。

1844年，莫尔斯把在巴尔的摩举行的辉格党全国大会的新闻用电报发送到华盛顿，64分钟后，由蒸汽火车带回的另一份书面报告证实了莫尔斯发回的消息的准确性，于是电报开始大面积地应用于远距离传输信息。仅仅过了4年，到1848年时，美国的电报线路就长达2 000英里。又过了两年，美国的电报线路增加了6倍，并由20多个不同的电报公司分别经营。《科学美国人》杂志在1852年宣称："现代的任何发明都没有像电报那样推广得如此迅速。"

在整个19世纪，电报是最快速且可靠的通信方式，因为它可以在几分钟内将消息从一个地方传送到另一个地方（这两个地方可能相距几千千米）。因此，许多报纸都使用电报传输新闻和其他信息。如在1876年5月30日芝加哥发生了一场大火，一家名为《芝加哥论坛报》的报纸就是通过电报向全国各地发送了灾难报道。这些报道迅速传遍整个国家，并引起了公众的广泛关注。此外，在第一次世界大战期间，电报也是军事通信的主要手段之一。军队可以通过电报向总部报告敌情、传递指令和情报等。虽然现在电话和互联网已经成为主要的通信方式，但在历史上，电报发挥的重要作用毋庸置疑，电报对新闻传播的发展产生了深远影响。

时间很快来到了20世纪。雨果·根斯巴克曾在一本著作中提到："对在20世纪初成长起来的美国男孩来说，没有比鼓捣无线电报这个新技术更好的嗜好了。"弗里德里克·柯林斯也曾在《无线电》里说："玩无线电最令人兴奋了。设想一个男孩坐在家中的房间里，手指放在电报机的键盘上，耳边夹着电话听筒……任何男孩只要愿意，都能拥有一架真正的无线电台。"

到1908年，民用无线电、商用无线电和军事无线电的冲突不断，以至于1908年3月，美国的一家主流报刊刊登了这样一篇文章《国会喝令美国男孩：小子，住手！》。1909年，美国发生了多起无线电阻碍事件，1912年泰坦尼克号的沉没成为压垮骆驼的最后一根稻草。后来，当威廉·霍华德·塔夫脱总统在白宫召开特别会议，讨论无线电管控问题时，《纽约先驱报》发表评论称："不需要争论，因为泰坦尼克号的惊人惨剧，加上阻碍救援工作，影响准确报道的无线电乱象，这些本身就是证据，说明管制刻不容缓。"

在接下来的十余年时间里，世界上大多数国家都在进行无线电广播集中化管理，而英国却与众不同。因为在英国，广播从诞生起就是垄断行业。

第十节 新型社交媒体的快速发展

下面来看自媒体及其他新型社交媒体是如何在互联网的构建下诞生的。

温顿·瑟夫:"互联网成了人类发明的最强大的扩音器。它给那些人微言轻无人理睬的小人物提供了可以向全球发言的话筒。"互联网始于1969年美国的阿帕网,这种将计算机网络互相联接在一起的方法称作"网络互联",在这基础上发展出覆盖全世界的全球性互联网络,可称作"互联网",即互相连接在一起的网络结构。

万维网和互联网是非常容易混淆的一对概念。万维网(WWW)是World Wide Web的简称,也可称作Web、3W等。WWW是基于客户机/服务器方式的信息发现技术和超文本技术的综合。WWW服务器通过超文本标记语言(HTML)把信息组织成图文并茂的超文本,再利用链接从一个站点跳到另一个站点。与其说万维网是一种技术,倒不如说它是对信息的存储和获取进行重新组织的一种思维方式。

万维网的起源可以追溯到1989年,当时伯纳斯-李在欧洲核子研究中心工作,他发现科学家之间共享信息的方式非常不便利,于是他提出设计一种新的信息管理系统,这就是万维网的前身。伯纳斯-李设计的这套系统使得用户能够在Web上访问和共享信息。1990年,伯纳斯-李发明了第一个Web浏览器和Web服务器,这样人们就可以在Web上发布和查看信息了。在这之后,各国的公司、大学和政府开始建立属于自己的网页和网站,一些个人也在互联网上建立了属于自己的网页和网站。

20世纪90年代是互联网发展的一个非常重要的时期,在这一时期,互联网的使用人数和覆盖范围得到了快速增长。1995年,全球互联网用户数量达到了100万;1996年,全球互联网用户数量达到了300万;1997年,全球互联网用户数量达到了5 000万;1998年,全球互联网用户数量达到了1亿。此时,许多新的技术和应用也得到了快速发展。例如,电子邮件、搜索引擎、在线购物等,这些技术和服务使得人们可以更加方便地获取信息和进行信息交流。

我国互联网的发展始于20世纪80年代后期。1987年,我国第一封电子邮件越过长城,通向世界,揭开了我国使用互联网的序幕,正式实现了电子邮件的存储转发功能。20世纪90年代门户网站大量崛起。进入21世纪,我国的互联网公司快速发展,阿里巴巴、腾讯、百度、网易、携程、盛大、京东等几乎都是在这段时间诞生的。

我国网络媒体的诞生要从1995年中国贸易新闻网上线算起。2005年新浪博客上线,代表Web 2.0媒体成功引入我国。2009年新浪微博上线,成为引爆自媒体人的一个助燃剂。2011年微信上线,2013年微信成功"破圈",终于将自媒体传播载体转移到手机上。从媒体的发展历程可以看出,在过去传媒时代,因为信息垄断造成了话语权垄断。随着互联网发展，微信、微博等自媒体工具随之发展，每个人都有机会成为"发言人"。

2003年，人们初步界定了自媒体概念；2005年，博客（Blog）进入我国并开始在社会公众层面得到认可；2009年，新浪试水微博，并借助其强大的媒体属性，将微博推向彼时中国头号互联网应用之一；2011年，腾讯推出微信。

现在自媒体已经成为人们进行社会传播的一种重要工具和渠道，大众传播和自媒体传播同时成为人们获取社会信息的主要来源。虽然我国传统的大众传播媒介依然在社会生活中占据重要地位，但自媒体悄无声息地拉开了一场传播革命。自媒体传播悄然改变了社会的传播生态，也改变了传播活动在社会生活中的重要地位。从传播学意义上讲，自媒体传播只是人类社会发展进程中的一个里程碑，可以预想在今后信息传播发展的道路上还将出现更加贴合时代和社会发展的传播样态。

如果把2005年博客的出现视为自媒体起点的话，我国自媒体已经走过了十余年的发展历程。近些年，各种短视频播放平台成为最热门的自媒体平台。目前，我国自媒体传播平台格局已经初步形成，未来三线及以下城市和广大乡镇或将成为自媒体平台争夺份额的主要战场。

第十一节 数字时代人们怎样读书

2023年在第二届全民阅读大会上，中国新闻出版研究院发布了第二十次全国国民阅读调查结果。"2022年我国成年国民包括书报刊和数字出版物在内的各种媒介的综合阅读率为81.8%，较2021年的81.6%提升了0.2个百分点。"

在成年国民中，大学生群体相对集中，所以笔者选取大学生群体作为被试者，通过调查研究获得了一些研究成果。

大学生是社会生活中的一类特殊群体，他们接受过高等教育，是最先占有社会新技术和新思想的前沿群体。他们不仅代表着先进文化，更是推动社会发展的栋梁之材。

1. 图书阅读量有所提升

2022年我国成年国民人均纸质图书和电子书阅读量均较2021年有所提升。其中，人均纸质图书阅读量为4.78本，高于2021年的4.76本；人均电子书阅读量为3.33本，高于2021年的3.30本。大学生阅读情况专项调查数据显示，大学生图书阅读率高于国民水平6.3个百分点；报纸阅读率略低于国民水平2.9个百分点；期刊阅读率略高于国民水平1.8个百分点；数字化阅读方式接触率大幅高于国民水平 15.7 个百分点。由此可见,大学生整体阅读情况较国民水平高,只是报纸阅读率略低于国民水平。

2. 电子书阅读量不断攀升

2022 年,45.5% 的成年国民倾向于"拿一本纸质图书阅读",与 2021 年的 45.6% 基本持平。我国成年国民纸质图书阅读率为 59.8%,纸质图书阅读仍是"第一阵营"。大学生阅读专项调查结果显示,大部分大学生同样倾向于纸质图书阅读,约占总数的 57.1%,比例略低于成年国民;倾向于用手机或电子阅读器读书,或者上网浏览网页的比例不容小觑,超过了 85%,远高于国民水平。通过进一步调查,我们还发现大学生平均每天用于电子阅读的时间达 3 小时以上,有的甚至达 5 小时以上,远高于纸质图书阅读时间。由此可见,进入网络时代和数字时代以后,大学生更喜欢电子阅读,而且呈现不断上升的趋势。此外,听有声书的比例也逐年增加,有声小说和音频、视频点播正成为新的阅读选择,超过半数的大学生有听书习惯。

3. 名著及励志类图书占据榜首

2023 年传来喜讯,新一届茅盾文学奖获奖作品公布,据调查,某高校近 500 名学生中,超过 15% 的学生立即购买了全部获奖作品,另有 9% 的学生购买了单本获奖作品。近些年的"名著热",主要伴随各种文学奖项的评奖拉开大幕。

进入当当网,我们看到新书热卖榜和图书畅销榜等榜单经常发生变化,但也有一些图书常年榜上有名。如史铁生的《我与地坛》、鲁迅的《朝花夕拾》,以及《中国古代神话》《山海经》《希腊神话故事》《世界经典神话与传说故事》等,还有余华的《活着》、路遥的《平凡的世界》、吴承恩的《西游记》等。

4. 大学生们为什么越来越爱读书?大学生们如何获得读书保障?

生活富裕了,经济水平提高了,学习环境和生活环境改善了,这些硬件条件都导致大学生对于自身的文化需求发生积极变化。通过调查我们发现,其中有超过八成的大学生认为读书很重要,其不仅对学习和今后工作有帮助,更对自身的修养和公共社交有帮助,所以大学生是最先拿起书本,你追我赶读书的一类人。

图书馆是通向知识的大门,它通过收集、保存、组织文献信息,实现传播知识、传承文明的社会功能。在高校中,只有硬件设施达标,大学生的阅读才能得到保障,所以要想提高大学生阅读率,各高校的图书馆建设势在必行。近年来,全国高校普遍加强了图书馆及信息中心建设,部分高校还实现了校际的信息连通,这些建设都为大学生提供了坚实的物质保障。其中我们也看到,传统纸质图书馆建设步伐相对缓慢,有些高校甚至大幅缩减纸质图书馆建设工程,而大力扩张信息中心建设。图书信息中心是近年来各高校新兴的一个部门,它主要承担传统纸质图书馆的部分职能和网络中心的部分职能,是信息资源服务中心与教学科研信息保障中心。进入网络时代,数字化进程加快,信息中心大踏步发展是必然趋势,有些高校甚至开始着手关闭传统纸质图书馆。

5. 电子书、手机阅读成为最时髦的阅读方式

电子书又称 e-book,就是通过特殊的阅读软件,以电子文件形式,通过网络链接下载至一般常见终端,如个人计算机、手机或是平板电脑等阅读器上阅读的书籍,它是传统纸质图书的替代品。电子书使用方便,可快速搜寻内容,也可随意改变字体、大小及字型,携带方便;电子书存储容量大,传播速度快,可随时从网络上海量下载,不受地域限制;电子书轻薄小巧,有重量上的优势;电子书成本低,价格便宜,可保存时间比纸质书长久;此外,电子书设计精美,灵活多样,有多媒体功能,还可节省纸张,减轻地球负担,可谓真正的低碳环保。

大学生作为接触数字产品较早的一类人群,当然首选电子阅读器进行阅读。近年,随着各种电子产品的不断问世,一批高科技数字产品在大学生中打开市场,其更新、推广速度之快,令人咋舌。手机现在已经不仅仅是通信工具,更成为大学生的生活必需品。手机阅读群体中有 72.1% 的大学生通过手机听音乐,95.8% 的大学生通过手机进行 QQ、微信聊天,75% 的大学生通过手机发送微博或博客,83.1% 的大学生通过手机阅读小说,85.6% 的大学生经常上网浏览网页。

高尔基曾经说过:"书籍是人类进步的阶梯。"多读书,可以让人获得更多的写作灵感;多读书,可以让人知礼法;多读书,可以让人增加课外知识;多读书,可以让人变得聪明,变得有智慧;多读书,可以让人的心情变得更美丽。读书能陶冶情操,给人以知识和智慧。所以,当代的大学生们更应该多读书,读好书,为自己今后的人生道路打下坚实基础!

第十章 传播学、心理学与文学的融合发展

本章要讲述的内容很有意思,把三个学科放在一起进行杂糅,竟神奇地发现,它们之间存在非常紧密的融合关系。

通过前面的内容已经知道,传播学是跨学科研究的产物,在其发展过程中不断汲取其他众多学科的精神养料,在这其中,心理学和文学对传播学的贡献是不容忽视的。

第一节 传播学与心理学的密切关系

自传播学诞生之日起,传播学与心理学之间就存在着千丝万缕的联系。传播学发展历程中的五位创始人——拉斯韦尔、勒温、霍夫兰、拉扎斯菲尔德、李普曼,还有传播学的完善——施拉姆,他们中的许多人都具有心理学研究背景。

拉斯韦尔曾在柏林大学学习心理分析,是他最先向美国学界引介了弗洛伊德的心理分析理论;勒温创立的"场论说"和"群体动力论",以及获得的一系列实验成果,曾在心理学发展史上留下不可磨灭的烙印;霍夫兰1936年从耶鲁大学获得博士学位后,第一份工作是担任该校的心理学系讲师;拉扎斯菲尔德的著作《人民的选择》,是在充分研究选民心理后写就的不朽著作;施拉姆是传播学的集大成者,他以多种学科、多种方法、多种视角和多种层面作为建立传播学的基础,在前人的研究成果基础上加以整合、提炼,最终建立了传播学这样一个新兴的独立学科。

第二节 心理学与文学的"疏离"关系

荣格是瑞士心理学家,他是人格分析心理学派的创立者,其著作《心理学与文学》一书,虽然很难引起普通读者关注,但却引发不少心理学家和文学理论家的研究兴趣,因为其中蕴含的有关心理学与文学的内容可为学者开拓研究视野贡献积极力量。

1. 荣格及其著作《心理学与文学》

荣格以科学的态度直面复杂又隐蔽的人性,他把人格结构划分为意识、个人潜意识和集体潜意识3个层次。其中,集体潜意识理论是荣格理论体系的核心内容,对于心理学在20世纪的发展具有重大而深远的意义,同时也深刻影响了20世纪其他人文社会科学领域的发展。

荣格一生著述颇丰,其流传后世的著作主要有《心理类型》(1921)、《分析心理学的贡献》(1928)、《心理学与炼金术》(1944)、《心理学与文学》(1987)、《回忆·梦·思考——荣格自传》(1988)、《分析心理学的理论与实践》(2011)等。在荣格的著述中,很多研究内容都曾引起学者们的极大兴趣,尤其是致力于人格分析心理学研究的学者。

在荣格所著的《心理学与文学》一书中,曾集中探讨了心理学与艺术创作、艺术作品及艺术家三者的关系。荣格从心理学视角出发,就艺术创作过程、艺术的本质以及艺术作品与艺术家的关系等问题做出深刻阐释。荣格认为,艺术创作是一种自发活动,创作冲动和创作激情来源于无意识中的自主情结,艺术家本人不过是它的工具和俘虏。

虽然荣格曾一再申明,他只是从心理学视角出发,研究艺术创作的心理过程,而不是艺术本质,但事实却并非如此。荣格的理论发展还涉及有关艺术意义的探讨。荣格融合了心理学与文学的相关内容,就艺术本质有过独特阐发。荣格认为:"艺术是一种有生命的、自身中包含着自身的东西。孕育在艺术家心中的艺术作品,仿佛是由人类祖先预先埋藏在艺术家心中的一粒'种子'。"荣格的心理学与文学交叉研究理论曾为心理学家及文学理论家开辟了一个全新的研究思路和研究方向。

2. 心理学与文学的研究分歧

在《心理学与文学》中,荣格曾提到心理学是一门研究人类心理现象及其影响下的精神功能和行为活动的科学,心理学既可以用来研究人类的心理过程,还可以用来研究文学作品的创作和发展过程,因为人的心理是一切科学和艺术赖以产生的基础。在荣格看来,心理学与文学既有相互交叉的一面,也有十分显著的分歧。就同一部文学作品而言,心理学家和文学理论家在研究方法上存在极大差异。文学理论家认为作品中具有决定性意义和价值的内容,可能与心理学理论毫不相干;不被文学理论家看好的作品细节,却又常常引起心理学家的极大关注。

例如,有关心理小说的探讨。心理小说是指小说在行文间着意塑造人物内心世界的一种文学样式,心理小说的开创者是法国作家司汤达。20世纪西方著名的心理小说主要有司汤达的《红与黑》、奥斯丁的《爱玛》、福楼拜的《包法利夫人》、托尔斯泰的《安娜·卡列尼娜》等。通过解析这些心理小说,我们发现,心理小说不满足于记述所发生的事件,还着意探讨事件发生的原因。心理小说一方面展开篇幅深究内里,另一方面又通过人物对话、行动、心理描写促使人物深刻剖析自己的心理意识,并通过作品情感的多方面展示以描写社会发展进程。

在中国现当代文学史上,施蛰存是较有代表性的善于撰写心理小说的作家之一,施蛰存的心理小说在20世纪30年代堪称独步。他以现代心理学为基础,运用精神分析理论解析历史人物和社会事件,如《梅雨之夕》《狮子座流星》《春阳》等,作家有效运用心理分析方法在尘封的故纸堆里植入现代都市的繁杂人生。施蛰存曾对怪诞心理、女性心理等多种复杂多元的心理世界进行过深入细致的挖掘,既拓宽了小说的表现领域,又展示了多层次、多侧面的精神空间。施蛰存自己评价自己给中国小说带来的新内容——把心理分析、意识流、蒙太奇等各种新兴的创作方法纳入了现实主义轨道。

依据文学理论家的想法,心理小说是一种全新的写作样式,甚至可能会在不久的将来开创一个全新的创作流派。心理小说的出现也确实曾在文学理论界引起轩然大波,对作家和读者都曾产生深远影响。以麦尔维尔的《白鲸》为例,许多文学评论家都认为《白鲸》是一部伟大的作品,他们认为这部小说具有典型的莎士比亚戏剧的特色,读者可以对作品做出不同的见解。有人将白鲸看作原始的自然力,也有人认为它是人类无法抗拒的命运的象征。再以亚哈这个人物形象为例,他曾留给读者无限的想象空间,如何界定他的象征意义,真可谓是仁者见仁,智者见智。有人认为他是一个偏执的魔鬼,但也有人认为他是一个悲剧英雄,还有人认为他是麦尔维尔的影子,是人类中心主义的代表,是"皮阔德"号里的莫比·迪克,是领导反殖民统治的英雄和领袖,也是伦理思想矛盾冲突的集中体现。在心理学家看来,他们感兴趣的内容不是故事的情节和人物形象的塑造,而是这部作品中缺乏心理旁白的精彩叙述。"这种故事建立在各种微妙的心理假定之上,它们在作者本人并不知道的情形下,以纯粹和直接的方式把自己显示出来,诉诸批判的剖析。"

在对同一部文学作品进行解析的时候,文学理论家和心理学家从各自所需出发,就自我设置的问题在文学作品中寻求答案。虽然部分观点可能趋同,但大部分观点仍带有各自的派系思想。如此针锋相对、势不两立的理论研究内容,在荣格的《心理学与文学》中可以探个究竟。

3. 艺术创作的两种模式

荣格说:"我想把艺术创作的一种模式叫作'心理的',而把另一种模式称为

'幻觉的'。"文学发展史中的很多爱情小说、家庭小说、社会小说和诗歌都曾依据荣格的"心理模式"进行创作。

爱情是永不过时的主题,与爱情相关的一切都有人愿意买单。《霍乱时期的爱情》被誉为最伟大的爱情小说之一,该小说讲述了一段跨越半个多世纪的爱情史诗,书中穷尽了所有爱情的可能性,是20世纪最重要的经典文学巨著之一。《驿站长》是普希金创作的一部短篇小说,在作品中,作者抛弃自己的阶级限制,勇于站在百姓立场思考问题,是作者人道主义精神的体现,小说结构严整、简洁、紧凑,主题通过个人命运获得鲜明体现。剖幽析微,我们发现这些文学作品中都有"心理模式"的影子。

诗歌不具体刻画人物,也不具体展开情节,大多数诗歌都以表现主观感情、抒怀咏志为主。如果仔细研读这些文学作品,从中也能发现"心理模式"的映现。从几千年前流传至今的《诗经》《楚辞》,再到唐代诗人李白、杜甫、王维、李商隐等人的诗歌,"心理模式"的加工素材主要来自人们的意识和思想,如长者的教诲、情感的震惊、激情的体验等,这些共同意识集中体现了人类的"心理模式"。

在世界文学长廊里,但丁曾为艺术创作的"幻觉模式"铺平道路。但丁是13世纪末意大利诗人,他是欧洲文艺复兴时期的开拓人物,也被认为是中古时期最伟大的诗人和最伟大的作家之一,他以长诗《神曲》闻名。心理学家认为在但丁的作品中最感人的力量和最深刻的意味被容纳在幻觉体验中。幻觉常使人们回忆起人类生活的常态,日常生活中的噩梦和恐惧,甚至人类最美好的爱情体验也是经由艺术创作中的"幻觉模式"完成的。

由此看到,荣格的贡献不仅在于心理学领域,对于一些交叉学科他也曾有过较为独到的见解,只不过这些见解被掩藏于耀眼的光环下不常被人们关注而已。荣格所著的《心理学与文学》只是其众多作品中的一部,历史地位远逊于其他著作,但这部作品也是为数不多的将心理学与文学放在一起进行交叉研究的著作,对于学界来讲具有重要意义。这部作品中的很多观点至今仍具有较大的开掘空间,可以预言未来一定会产生重要的研究价值。

第三节 传播学与文学的互动关系

传播学发展为独立学科后,并没有故步自封,而是逐步向其他学科渗透,增强学科发展动力,在这其中,最先接触的就是文学。

从发展的角度来看,传播学与文学有着共同的渊源,两者都是社会现实的

"真实"表现,又都对社会发展起着不容小觑的推动作用。文学通过文字表现现实世界,传播学通过文字、影像、图示等多种方式再现现实世界,二者相互依存,相互促进。进入信息时代,文学只有搭载传播的"直通车"才有机会面向更多读者,传播的内容如果不能"言之有物"就会遭到受众唾弃。所以两者只有相生相伴,才能更好地完成信息的传递,完成人类情感的沟通。

第十一章 新闻传播美育如何传承美、传播美

美育是审美教学与美感教学的结合,是通过教育提升学生认识美、理解美、欣赏美、创作美、传承美及传播美的能力,是培养德智体美劳全面发展的社会主义建设者和接班人的重要着力点,在立德树人方面发挥着独特的、不可替代的重要作用。

第一节 美育的重要地位

早在20世纪初,我国著名的教育家、美学家、美育实践家蔡元培先生就在其《对于教育方针之意见》中,将美育教育列为国民教育的宗旨之一。在《普通教育和职业教育》中,他进一步指出,培养健全的人格,应当包括"四育",即体育、智育、德育、美育。按照蔡元培先生的说法:"人人都有感情,而并非都有伟大而高尚的行为,这由于感情推动力的薄弱。要转弱而为强,转薄而为厚,有待于陶养。陶养的工具,为美的对象,陶养的作用,叫作美育"。各种美的对象,都可以成为陶养的工具,而所有陶养的作用,都能达到美育的目的。因此蔡元培先生又指出:"专属美育的课程,是音乐、图画、运动、文学等。……但是美育的范围,并不限于这几个科目,凡是学校所有的课程,都没有与美育无关的。"

作为新文化运动留给后人的一份重要遗产,蔡元培先生的这些重要思想极具前瞻思维和现代意识。

高等教育在为社会培养德智体美劳等全面发展的人才方面负有特别重要的职责和使命。首先,这是由高等教育的性质决定的。高等教育为社会输送和培养高级人才,这些人才在各行各业发挥重要作用,在社会各界产生重要影响。其次,这是由高等教育的对象和特点决定的。一方面,大学生正处于人生成长的重要阶段,他们机敏睿智,渴望吸纳新知,勇于接受新事物与新观念的影响,而高等教育恰好能够为其提供宽松的学习环境,使学生的个性得到充分自由的发展;另一方面,处在这一阶段的青年学生心智尚未完全成熟,判断力、自制力都有待加强,尤其是在现代社会中,一些格调低俗的流行文化审美情趣,极有可能给大学

生的审美观造成负面影响。

新闻传播学,不仅是一门融工具性、思想性、知识性、社会性和实践性于一体的综合性学科,而且还具有浓郁的文学气息。在很多新闻作品中都充满了美的感染力,美的新闻报道能使大学生的性情得以陶冶,心灵得以净化,意志得以铸炼。洞明事理,察人律己,辨析善恶、美丑、是非、曲直,一言以蔽之:"文质兼美。"

处于高等教育改革浪潮中的新闻传播学教育,除了要教给学生识别新闻美、鉴赏新闻美、传播新闻美的能力,更要帮助学生擦亮双眼,正确辨析纷繁复杂的新闻传播现象,培养学生树立正确的马克思主义新闻观,根植学生的文化自信,弘扬中华美育精神。

第二节　高校新闻传播美育教育现状

从我国高等教育的发展现状来看,高校的美育建设远不如德育、智育、体育等完善。

2019年,教育部发布《关于切实加强新时代高等学校美育工作的意见》(教体艺〔2019〕2号),强调:"为全面贯彻落实习近平总书记关于教育的重要论述和全国教育大会精神,切实加强新时代高等学校美育工作。"同时,指出我国高校美育工作的指导思想是"以习近平新时代中国特色社会主义思想为指导,全面贯彻党的教育方针,坚持马克思主义指导地位,坚持中国特色社会主义教育发展道路,坚持社会主义办学方向,坚持明德引领风尚,落实立德树人根本任务,引领学生树立正确的审美观念、陶冶高尚的道德情操、塑造美好心灵,切实改变高校美育的薄弱现状,遵循美育特点,弘扬中华美育精神,以美育人、以美化人、以美培元,培养德智体美劳全面发展的社会主义建设者和接班人"。

新闻传播事业是党和人民的耳目喉舌,如果连从事新闻传播工作的记者、编辑、导播、导演、主持人、播音员等工作人员都缺乏审美能力和审美情趣,尤其是缺乏美学修养,那么可想而知,新闻传播媒介将会为受众呈现什么样的新闻报道。

美的新闻作品不仅可以促进信息的顺畅传播,而且有助于实现传播者思想观念的有效传递。在社会主义市场经济条件下,还可以增强新闻传播媒介的市场竞争力。所以深入探究新闻传播的美育作用,使新闻传播者自觉拥有在具体的新闻传播实践中必备的艺术素养和艺术技巧,可以提高新闻作品的社会效益和经济效益。

第三节　探索高校新闻传播美育改革途径

高校新闻传播美育伴随着我国高等教育改革的深入发展，逐渐引起人们的关注和重视。新闻传播事业呼唤新闻传播美育的滋润，新闻传播美育也有助于快速推进我国新闻传播教育的现代化进程。因此，探索和建构高校新闻传播美育新体系，将是一项重要的任务，同时也将具有深远的影响。

1. 提高认识，建立完善的新闻传播美育管理机制

蔡元培曾说："美育的基础，立在学校。"美育的实施，学校是一条极为重要的途径。美育是一项复杂的系统工程，要想完成美育任务，高校的领导者和教育者，必须充分认识到美育的重要性，以及在大学生素质教育中的综合作用，并给予其相对独立的学科地位。

新闻传播美育在素质教育中的地位，就目前而言，它是伴随社会发展、生产力提高而不断发展、提高的；就新闻理想而言，它是新闻工作者的美好愿望和不懈追求的奋斗目标；就新闻工作而言，它是进一步提高新闻传播媒介在公众心目中的崇高地位的有力工具。

因此高校教育工作者要统一认识，加强领导，相关单位要密切配合，齐抓共管，并加大舆论宣传力度，在大学校园内形成浓厚的新闻传播美育氛围。

2. 加强新闻传播美育的师资、设备和设施建设

教师在教育教学过程中的角色是什么？中华文化传统和教育传统认为教师是"传道授业解惑"者，是为人师表的人，"师者，人之模范也"。教师的职责和使命是传授知识并教导学生如何做人。

增强高校新闻传播美育有效性的关键，是要培养并形成一定数量的称职的从事新闻传播美育的专职教师，这是高校开设相关课程，保证教学质量，提高工作水平的关键。学校要重视对新闻传播美育专职教师的培养，使他们具有丰富的美学和新闻传播学专业知识、专业技能及较高的文化素质，鼓励他们热爱新闻传播美育事业，努力掌握教育教学规律，不断提高课堂教学水平、课外实践能力和科学研究能力。

此外，高校还应具备一定的文化艺术设施，这是开展新闻传播美育活动的重要基础。高校应有计划地逐步完善具有较高品位、审美价值和教育意义的活动设施，充分利用图书馆、校史馆、展览馆、博物馆、艺术长廊等开展积极的美育实践活动和审美教育活动；还可设立新闻演播间，定期聘请一线记者、编辑等前来授课，或鼓励学生到新闻单位亲身实践，提前感受新闻传播事业的实际工作情况。

3. 新闻传播美育应落实到高校教学工作的一切环节中

在大学生中开展审美教育,是高校各个学科专业、各个教学环节的共同责任,也是在学科专业中创造美的教育境界的共同追求。高校美育教育要主动向教育教学各领域渗透,尤其要广泛渗透到学校各类课程的教学工作中。

学生进入高校学习,接受专业的新闻传播教育,不仅开阔了视野,增长了知识,还增强了分析与判断能力,改善了表达与传播能力。教师应帮助学生树立正确的世界观、人生观、价值观,以及马克思主义新闻观,使学生具有清晰的新闻传播者角色认知,具备积极乐观、竞争协作的良好个性,掌握新闻传播学的基本知识和基础技能,提高学生驾驭大众传媒、规避沟通障碍、解决复杂传播问题的能力。

4. 传统美学思想在当代新闻传播实践中的影响与应用

罗丹曾说:"美是到处都有的,对于我们的眼睛,不是缺少美,而是缺少发现。"我们的生活中到处都充满美,"美"是一个诱人的字眼,它以无法抗拒的魅力迫使人们不懈地追求它。在人们的心目中,凡是与美组成的词语都能带给人们愉悦的遐想和高品位的感受;凡是以美作为定语的事物,都是人们努力追求和为之奋斗的目标。

当代社会的学术研究,由于方法的多样性和视野的多维性,人们对同一学科性质的认识总会存在多种答案。运用社会学研究方法,进入社会学研究视野中的新闻,是新近发生的事实的报道,抑或是新近变动的事实的传播。而运用美学研究方法,进入美学研究视野中的新闻,则是新闻作者审美意识的物化,抑或是具有审美价值的信息。

作为新的学科研究方向,笔者尝试从国人固有的传统审美心理入手,探讨"美"在新闻传播实践中的影响与应用。

(1)我国传统审美心理的形成。

在世界民族之林,中华民族的审美心理具有极其鲜明的地域特征和民族特色,也因此留下了大量的历史文化遗存和社会文化产品。中华文化从史前直至今天从未发生过断裂,由此我们才能够对其整体(包括中国人的审美心理)发展过程做一个宏观的把握和查源知流式的审视。

启蒙哲学有一句箴言:"懂得了起源,便懂得了本质。"对于我国这种"连续性文明"古国来说,这种说法再贴切不过了。从历史上看,中华民族作为一个自觉的民族实体,是近百年来在中国和西方列强的对抗中出现的;但作为一个自在的民族实体,则是在数千年的历史演化进程中形成的。

距今三千年前,在黄河中游曾出现一个由若干民族汇集和逐步融合形成的核心,它起着凝聚和联系作用,并以此奠定了这个疆域内许多民族联合而成的不可分割的统一整体,成为一个自在的民族实体——中华民族。中华文明的起源和中国特色的形成,与中国人的进化及中华民族的逐渐形成相伴始终,我们在这里要探究的具有中国特色的审美心理的形成或发生自然也不能脱离这一进程。

按照心理学的理解,任何一种心理的形成都是由多种因素决定的。中国人的审美心理和思维方式的形成,直接和大脑功能、体质特征、血统、气质等心理发生的物质基础有关,而这些物质基础最初都是由地域、气候等自然条件决定的。

民族审美心理学研究结果表明:民族的生态环境,特别是物质生产方式和生活方式,从根本上制约着民族审美心理的形成、演化与历史发展趋势。这一点越是在人类文化的发展早期表现得越是明显。

(2)我国传统美学思想在当代新闻传播实践中的影响。

①美学研究视野中的新闻传播实践。运用美学研究方法,进入美学研究视野中的新闻是"新闻作者审美意识的物化",或"具有审美价值的信息","从美学的角度说,它又是一种审美对象","新闻作品也是新闻作者审美意识的载体"。新闻传播者总是将自己的价值判断、审美判断、审美趣味、审美经历等自觉不自觉地融进新闻作品中。我国传统美学思想积淀成一种文化心理指导并制约着新闻传播者写作,从而使新闻作品遵循美的规律,具有美的内容、美的特征、美的性质。

②我国传统美学思想对当代新闻传播实践的深远影响。我国传统美学思想从道德修养、审美倾向、文章之用等方面影响新闻传播实践,同时我国传统美学中关于意境美、语言美,作品的情感真实与语言真实,作品的情与理等思想,也对新闻传播实践构成深远影响。

首先,受传统儒家思想影响,我国古代美学思想极为重视审美主体心理结构中的人格因素,如"忠恕""内省"等自我修身原则。新闻传播者是为社会立言、为公众立言、为社会道德立言的社会观望镜,要具备高尚的人格修养和道德修养。

其次,古代留传下来的性善论、仁爱论、扬善避恶论等美学倾向对当代新闻作品具有根深蒂固的广泛影响。

最后,儒家美学思想主张文章为政治道德服务,"兴、观、群、怨",新闻作品具有社会喉舌和时代鼓手的作用,这些具有较强感染力、号召力及潜移默化的教育功能的新闻传播理念,至今仍是新闻传播者必须要遵循的职业道德。

(3)我国传统美学思想在新闻传播实践中的应用。

①新闻意境美。意境是我国作家在文学创作过程中锤炼出来的审美范畴，对书法、绘画等艺术也产生了积极影响。王国维曾说："词以境界为最上。有境界则自成高格，自有名句。"在我国文艺发展史上，那些优秀的诗词曲赋，均是以其优美的意境赢得读者喜爱的。意境不仅是用来品评文学作品和书画作品优劣高下的标准，也是文学家、书画家进行艺术创作的终极目标。

新闻报道能否借用意境，提高新闻作品品位，赢得读者喜爱？答案是肯定的。新闻作品，若能在真实地反映新闻事实的基础上创造出优美的意境来，无疑会增强新闻作品的感染力，给读者以更多的审美愉悦和心灵启迪。因此，研究意境在新闻作品中的运用，对于总结我国新闻传播的规律，建设具有民族特色的新闻传播理论，具有重要意义。

②新闻语言美。语言是人类用来表达思想、传播信息的工具，是一种特殊的社会传播现象。人类的交往离不开语言，写文章同样也离不开语言。语言有口头语言、书面语言；有文学语言、行业语言；有普通语言、地方语言等区分。新闻语言和上述语言类型都不同，它既具有自己的个性，又兼具各类语言类型的共性。因为新闻作品往往涉足各个地方、各个领域，接触各种人物，由此便形成了自己的特色和规律。新闻报道在使用通用语言的同时，也兼用文学语言、地方语言和口头语言，在同一篇新闻作品中综合运用多种语言类型，正是提高新闻语言美的诀窍。

新闻报道是用语言文字表情达意的，因此不少新闻传播界前辈都强调新闻传播者要练好语言基本功。孔子云："言以足志，文以足言。不言，谁知其志。言之无文，行而不远。"孔子教育后人写文章要注意文采，自古以来，中国文学作品十分讲究对文字的推敲、琢磨，新闻语言同样不能忽视对语言表达的要求。

③新闻结构美。新闻结构就是新闻写作中表达内容、体现主题的谋篇布局，或者说是一篇新闻报道组织材料、安排层次段落的构思设计，也可以说是新闻报道中事实材料的排列方式。它一般包括突出中心、处理详略、确定表述顺序、划分层次段落、设计开头结尾和考虑呼应、过渡等。世界上的任何事物都具有相对独立的结构形式，结构形式不同，构成的事物也不同。新闻结构必须符合客观事物发展的规律和内在的逻辑，才能准确反映新闻报道的事实。

随着人们生活水平的提高和新闻传播事业的高速发展，人们的审美趣味越来越倾向于新闻传播实践，我国传统美学思想在当代新闻传播实践中的具体影响与应用也将被越来越多的人重视。

第四节 小结

向往美,是人的天性;追求美,是新闻传播者的共同心愿。人们面对客观世界时总会心有所感,情有所发,情感是人们面对客观事物时产生的主观态度。新闻传播活动作为一种精神生产和审美活动,对新闻传播者提出了更高的审美要求——新闻传播者不仅要具有常人具有的所有能力,更要超越常人的审美情感创造出具有美的品质的新闻作品,并以此鼓舞人心,引导舆论。作为培养新闻传播者的第一站——大学课堂,教育工作者们要打起十二分精神,为国家培养出大批优秀的新闻传播者。

一个伟大的民族不能没有丰富的艺术,更不能没有具备艺术素养的民众。大学生作为社会主义事业的建设者和接班人,如果没有一定的文化艺术修养,他们的精神生活也是不丰富的。随着高等教育教学改革的不断推进,我们相信在时代和心灵的双重召唤下,一个艺术教育的春天正向我们走来。

第十二章 信息时代的视觉传播艺术发展

进入信息时代,新媒体及由此带来的开放性、交互性、多样性等特征为受众群体带来极大便利。在这种社会条件下,信息更新速度不断加快,形式也越发多样,与信息社会相伴随的经济形态也逐渐发生变革。

在信息时代,如何更好地捕捉消费者的眼球,成为商家最关心的事情之一,因为只有捕获到了消费者的眼球,才有可能实现获利目标。于是,越来越多的商家开始关注信息时代的视觉传播艺术,并试图最大限度地和消费者群体保持直接联系。

第一节 信息时代的视觉艺术发展之路

随着互联网及商品经济的发展,如今人们已经习惯了通过网络进行购物,以及进行其他网上消费,这在很大程度上改变了人们传统的消费方式和消费习惯。只要浏览网页,滑动屏幕,轻点鼠标,就可以轻松完成一次购物之旅,既省去了逛街时间,又实现了真正的"货比三家"。最初,网络购物群体主要是年轻人,他们更善于利用新鲜事物,渐渐地,越来越多的消费群体加入网购大军,其中也不乏一些上了年纪的中老年群体。截至2022年12月,我国50岁及以上网民群体占比由2021年12月的26.8%上升至30.8%,互联网进一步向中老年群体渗透。

新媒体的出现、网络的普及,以及特殊的社会发展状况,促使网络购物及其他电子商务迅速成熟。在这股大潮推动下,如何更好地在网络上销售自己的服务和商品,如何更好地抓取消费者的眼球,如何更方便、快捷地完成一次网络购物,成为商家最关心的问题。

人类认识世界主要通过5个渠道,也就是人类感觉的5个方面——视觉、听觉、嗅觉、味觉、触觉。互联网经济及商品销售具有特殊性,不可能同时满足以上所有方面,所以大多数商家更关注视觉和听觉传播,希望能够更好地通过视觉和听觉有效传达商品信息,获得消费者关注。

在信息传播过程中,视觉的作用最为重要。其实早在20世纪70年代,英国著名艺术家贡布里希就发出了这样的感叹:"我们的时代是一个视觉时代,我们从早到晚都受到图片的侵袭。难怪有人声称,我们正在步入的这个时代中,图像将取代文字的统治地位。"随着科学技术的快速发展,视觉传播及创意设计成为伴随互联网快速发展的双翼。进入21世纪,人们越来越关注视觉信息的有效传达,以及信息传播的最佳效果,视觉传达艺术成为大众文化的一个重要组成部分。

视觉传达艺术是集艺术、科技于一体的新兴艺术形式,具有极强的实用性和适应性。在新媒体时代,视觉传播对商品的生产、流通、交换和消费具有积极的导向作用,消费者也越来越依赖广告和包装选择商品。人们在信息高度集中的网络上,希望能耗费最小的精力完成最有效的消费行为,这就对商品及服务的视觉传播效果提出了更高要求。如何在转瞬即逝的网络中通过一张图片牢牢抓住消费者眼球,又如何通过形象丰满的图片设计传达更多的商品信息,越来越多的艺术设计师为此耗费心力。

视觉传达艺术借助互联网及各种高新科技,在完成快速传递信息的同时,也潜移默化地提高了人们的审美标准。各种新媒体设备,借助不同的传播优势,以静态或动态的传播方式,既满足人们的审美需求,又进行商品信息传播,可谓一举多得。可以预见,未来的视觉传播将是更加全面和综合的,不仅能够更好地涵盖人类全部感觉需求,还能借助计算机技术更好地完成信息传播。

20世纪时,文化交流与信息传播一般是通过传统媒体,如报纸、广播、电视、杂志、书籍,以及人际传播等方式进行的。随着信息时代的到来,人们开始尝试通过多种方式接收信息。伴随互联网、手机、平板电脑、笔记本电脑等更方便、更快捷的信息接收装置的普及,人们开始尝试通过各种新的信息传播样态传播和接收信息。信息接收的主要途径也不再局限于传统媒体和人际传播,开始向外拓展。

在信息时代,新媒体的多元传输方式有效推动了视觉传播的发展,视觉传播也在发展过程中呈现出越来越多样的功能,并逐步建构起大众文化传播样态。文化艺术进入一个全新的发展和传播领域,视觉传播也成为大众文化中的一个重要组成部分,完成大众化回归。人们每天接触到的微博、微信、门户网站、虚拟社区无一不需要视觉设计和艺术包装,艺术传播成为人们生活的一部分,推动大众文化传播快速发展。

视觉传达是一种引人注目的传播方式,新的传播环境势必导致视觉传达不同于传统媒介的传播方式。在我国改革开放的四十多年时间里,我们曾有大量时间身处传统媒介的笼罩之下,当时市场经济刚刚起步,传播媒介正处于摸索和重建过程中,受众的审美需求也没有如今这么强烈。因此那时的视觉传播主体还是信息传播者,传播者位于信息传播链条的发出者位置,拥有绝对的主导权,受众处于被动接收信息的位置。但是,在信息时代,一切都发生了改变,受众华丽转身变成了"消费者+受众",他们的角色丛中加入了一个非常重要的身份特征——消费者,随着经济社会不断发展,可消费的商品越来越多,媒介产品也成为其中的一类商品或消费品,这些商品或消费品深刻影响着受众的观念与行为,并带来巨大商机。为了更好地满足"消费者+受众"的多样需求,处于新媒体时代的信息传播者开始关注网络多媒体技术的开发和商品包装,视觉传达设计被推上时代发展前沿,并日益呈现出多元化发展趋势。视觉传达设计也从较早只关注平面媒体,向立体化、多元化发展方向转变。

第二节 几种主要的视觉艺术"设计品"

自1999年起至2023年,由中国新闻出版研究院组织实施的全国国民阅读调查已持续开展了20次。2023年4月,正值4·23世界读书日之际,第二十次全国国民阅读调查结果正式发布,该报告显示,45.5%的成年国民倾向于"拿一本纸质图书阅读"。2022年我国成年国民人均纸质图书和电子书阅读量均较2021年有所提升,纸质图书阅读更受欢迎。从成年国民对各类出版物阅读量的考察来看,2022年我国成年国民人均纸质图书阅读量为4.78本,高于2021年的4.76本。所以,我们先来看看纸质图书的艺术设计。

1. 纸质图书的艺术设计

书籍是使人类精神文明得以传承的重要纽带。20世纪90年代中后期,我国的艺术设计者开始关注书籍设计。在这之后,人们越来越关注这个领域的发展,无论是封面,还是插图,都以能有效传播内容为主,而且不仅要准确传达内容和精神,还要有效体现书籍特色和文化意蕴。

书籍是知识的源泉,更是一个国家和民族文化力量的展现。成功的书籍设计不仅可以刺激读者产生购买欲望,更能有效传达具有时代感的文化信息。书籍是平面媒体设计中较有代表性的商品,如今许多书店在出售书籍的时候不允许打开塑封,所以在这种较为"特殊"的商品销售策略下,封面是吸引"消费者+读者"的关键。许多年以前,在报纸还畅销于传统媒介社会的时候,曾流行"五步三秒"营销理念,指的是报纸摆在报摊上,需满足标题在五步外能看清,并能在三秒内抓住读者眼球。现在这一营销理念同样适用于书籍。在书店里,书架上陈设的书籍,要让消费者即使不打开封面也能快速锁定目标,并迅速采取消费行为。因此,封面的设计需要予以特别关注。

以往书籍的设计仅局限于封面这个方寸之地,未免过于保守,现在许多平面设计者关注到了更多地方,如书籍的开本、护封、纸张、装订等。书籍的设计也从内至外,对整体进行了全盘包装。从封面到扉页,从纸张到印刷,从插图到书签,所有的细节无一能够"逃脱"设计者锐利的双眼。

在信息时代,书籍的销售量虽然受到不小的冲击,可畅销书的销量还是稳中求进的,究其成功的原因,设计是其中非常重要的参考元素之一。书籍设计包含的内容非常多,不仅要从外表能看到封面、书脊、封底,而且从外至内,随着人的视觉流动,环衬、扉页、内文的版式设计、插图设计等也都需要精心地进行设计。

2. 博览会、展销会等的艺术设计

基于视觉艺术设计理念的空间展示是近年来艺术创意设计的重头戏,"消费者+受众"的注意力也逐渐从平面转向了二维空间甚至三维空间。基于信息时代的视觉传达设计,需要在"消费者+受众"的基础上,充分利用空间展示,使艺术设计达到最佳传播效果。

展示设计是将特定的商品或物品按照特定的主题和目的加以摆放、陈设和演示的设计。许多博物馆、科技馆、美术馆、展销会、展览会等场所和活动,会大量应用展示设计。如2023年5月在哈尔滨成功举办的首届"东北亚文化艺术创意设计博览会"就为众多参观者展示了非常完美的空间设计。

此次博览会的主题是"当冰原与浪潮初次相遇",完美地将哈尔滨和深圳两座城市的城市特色连接在一起。博览会主题的意蕴设定在初春时节的哈尔滨,跑冰排是每年春季松花江上最壮观的自然景象之一,利用哈尔滨跑冰排的雄浑气势和深圳向海而生、日新月异的城市发展速度相结合,激发出无限的创意设计灵感。博览会整体色调为蓝色,既是破冰而立的哈尔滨的城市印记,又很好地展现了立于改革开放潮头的深圳的城市象征,一南一北两座城市,以设计之名联结在一起,将水文、城市、建筑、自然等城市文化元素很好地融入展区设计中,让展区呈现出冰晶的通透感和跃跃欲试的时代感,充分彰显了两座城市的设计活力。

在信息传达和创意设计盛行的时代背景下,视觉传达艺术设计有了更新的表现形式,它突破了时间和空间的限制,跨越了地域和文化的阻隔,使信息传达的范围有了扩大,速度有了质的飞跃,尤其是将"消费者+受众"的心理认同作为设计指标之一,更好地创造出属于信息时代的创意精品。

第三节　视觉艺术设计的信息接收者

在 20 世纪传播效果研究发展史上，受众经历了数十年才最终站到主动者位置，这当中有太多研究者为此付出心血。进入 21 世纪，各种信息与艺术的结合物，使受众在接收信息的同时，还获得美的享受，不仅在行为上采取了实际行动，更寻找到了心理认同。

在越来越发达的信息社会中，设计者在进行产品设计时，开始从受众视角出发进行艺术设计，最大限度地贴合受众的实际感官体验，无论是视觉、听觉，还是嗅觉、味觉、触觉，以满足受众最好的使用体验为设计前提，不仅紧紧抓住了受众的注意力，实现了注意力经济变现，还让受众感受到强烈的情感冲击，在心里留下深刻印象，产生强烈的品牌认同感，抑或是"自己人效应"。

设计者除关注"消费者+受众"的心理认同外，还需积极关注信息接收者的选择性认知。在大众信息传递过程中，受众接收信息具有一定的自主权，具体包括对信息的选择性接触、选择性注意、选择性记忆。受众依据自己的需要决定是否参与或怎样参与到信息传递过程中。如果此类信息是受众需要的，他可能积极主动地参与其中，并充分发挥主观能动性，但如果是他暂时不需要的，他可能就放弃了对这个信息的接触。在受众选择接触该信息后，有些受众会和传播者保持互动关系，以此增加信息的接收情况。

在信息传递过程中，视觉传达艺术设计作品的信息接收方式也发生了巨大变革。在视觉传达产品日渐丰富的今天，在读图时代，受众接收信息的速度正在不断提高，设计者要在方寸之间通过文字、图片、影像等传递越来越多的信息，通过多维的产品展示营造"此处无声胜有声"的艺术传播效果。

视觉传达是信息时代背景下读图经济的实际产物，是非常重要的社会文化传播力量。虽然艺术设计的理念和方式随着社会发展不断变革，但设计的初衷始终没有发生过变化，那就是尽一切力量实现信息传播的最优效果。

第四节　视觉艺术设计的媒介发展之路

信息时代，传播的路径由传统媒介（纸媒）和电子媒介（广播、电视）逐步转变为电子媒介和融媒介，信息的呈现方式发生了深刻变革。无数设计者一直在寻找最适合电子媒介和融媒介传播的技术手段的道路上奋发图强。

从印刷媒介以平面静态图像为主到不断完善的数字媒介形态，从电波传输路径到数字传输方式,艺术设计者充分利用各种数字媒介和网络电子媒介实现华丽转身。以往的传统媒介在进行信息传播时多利用单一媒介进行信息传播,数字时代融媒介的优势是同时作用于多个媒介,如将文字、图片、声音、影像等融为一体变为多媒体传输样式,极大地提高了受众的审美感受。

当然在综合运用多媒体传播设备的同时,设计者也需时时关注不同媒介的优势和特长,尽最大可能扬长避短,实现最佳的传播效果。影像和电子技术的发展对人类社会产生了巨大变革,也极大地丰富了视觉传达艺术设计。多媒体技术综合多种符号的信息传达功能,充分发挥网络空间的优势,以产品的多样设计展现无限的生命力,以视听盛宴的形式吸引越来越多的受众予以关注,接下来再以最优化的信息传递路径传递信息,通过网络平台的超链接特性使无数的人、物、商品实现互联,织就一张超级大网。

每一种传播媒介都会经历从产生—成长—成熟—衰落的发展历史,但绝不会因为一种新媒介的产生而导致旧媒介的消亡,以前不会,以后在相当长的一段时间里也不会。进入 21 世纪,传统媒介因为各种原因存在式微的现象,但并不意味着网络媒介会因此彻底取代传统媒介,至少在很长时间里,新旧媒介将一直处于并行发展状态,取长补短。

纵观媒介发展史,我们发现每一种新事物在诞生初期都会带来巨大的社会变革,如网络媒介出现之后的这些年,人类社会传递信息的速度和效率大幅提升,人类处理信息的能力逐渐增强。视觉传达作为信息传递方式,集成了众多传统媒介的优势,在新媒体技术引领下给整个行业带来了一场深刻革命。未来,随着移动通信技术和数字技术的日臻完善,人们只需一台接收设备就可以进行网页浏览、收发电子邮件、线上办公、自主学习、网络购物、线上参观、数字阅读、收听收看各种节目等,享受超链接带来的丰富资源,体验视觉传达带来的视听盛宴。

视觉传达的最大好处是多维度地接收信息。传统媒介往往单一作用于受众的某个信息接收器官,如纸质媒介作用于人的多种视觉,电子媒介如广播作用于人的听觉,电视作用于人的视觉和听觉。网络媒介集众家之长可以同时作用于人的视听通道,而且信息传播方式更加多样化,充分调动了人的多种感官。媒介的变化将人从传统媒介的桎梏中解放出来,受众可以自由选择媒介,同时也摆脱了许多外在束缚,如读者不需要一页一页地翻阅对开报纸,书包里也不需要再装着沉甸甸的书籍,看电视不需要守在电视机前,听广播的同时终于也可以看到文字和图片了。

与此同时,视觉传达的载体也日益向人们生活、学习、娱乐的地方进行拓展。

商场里的电子显示屏、户外的车载广告、橱窗里的产品摆放都可以作为信息传播载体进行视觉信息传达。现在的大众传媒包括传统媒介和新媒介,以及公共生活空间等场所的大众传播载体,它将整个社会整合成一个社区,在这个社区里,许多信息依靠不同的视觉表达方式,通过复杂的信息网络进行传递,不受时间和空间限制,也打破了地域和民族界限,所有的受众都可以从中获取所需信息,这些信息又以简单快捷的方式进行传输,视觉传达设计让人们的生活空间越来越有秩序,也使人们的"视界"越来越美好。

第十三章　进入信息传播时代文学与影视的双向赋能

第一节　文学作品是影视创作的重要源泉

文学作为人类精神宝库的重要组成部分,在人类文化史及文明发展史上发挥着不可替代的作用。自从20世纪电影和电视登上世界艺术殿堂,经典文学作品作为影视创作的源泉,与影视艺术产生了千丝万缕的联系。综观世界文坛,经典文学作品被改编成影视作品的例子比比皆是,《巴黎圣母院》《复活》《哈姆雷特》《安娜·卡列尼娜》《呼啸山庄》《简·爱》《雾都孤儿》《基度山伯爵》等,难以胜数。纵观我国电影发展史,以文学作品为蓝本改编成影视剧的例子也是不胜枚举,《林家铺子》《祝福》《阿Q正传》《茶馆》《骆驼祥子》《芙蓉镇》《牧马人》《城南旧事》等,中国古典文学名著和现当代文学作品为我国电影早期发展注入了强大动力。20世纪末,网络小说兴起,从第一部网络小说《第一次的亲密接触》开始,一大批优秀的网络小说走向银幕,如《鬼吹灯》《琅琊榜》《盗墓笔记》《甄嬛传》《步步惊心》《长安十二时辰》《开端》《特战荣耀》《庆余年》等。

第二节　以茅盾文学奖获奖作品为例,看文学与影视交融共生

可以说文学作品和影视艺术一直是非常好的合作伙伴,文学作品为影视艺术创作提供素材,影视艺术以更多元化的表现形式将文学作品推得更远。文学与影视相辅相成、交融共生,共同成就了文艺发展之路。

在文学与影视双向驱动、合作共赢的过程中,一大批深刻反映时代变革和社会发展,具有丰富文化特征和艺术生命力的作品涌现出来。近年获得茅盾文学奖和其他文学奖项的作品频繁被改编成影视剧的现状着实引人注目。

茅盾文学奖是由中国作家协会主办,根据茅盾先生遗愿,为鼓励优秀长篇小说创作、推动中国社会主义文学的繁荣而设立的,是我国具有最高荣誉的文学奖

项之一。从1982年至2023年,茅盾文学奖共评选过十一届,共计五十余部长篇小说获此殊荣。在这些作品中,又有三十余部长篇小说曾被改编成电影、电视剧、京剧、话剧等多种艺术表现形式。其中路遥创作的《平凡的世界》、陈忠实创作的《白鹿原》、阿来创作的《尘埃落定》、王安忆创作的《长恨歌》、徐贵祥创作的《历史的天空》、麦家创作的《暗算》等被改编成影视作品后,还曾多次荣获五个一工程奖、中国电影金鸡奖、中国电视金鹰奖、中国电视剧飞天奖、大众电影百花奖、上海电视节白玉兰奖等中国最高等级的电影、电视剧奖项,以及柏林国际电影节银熊奖、威尼斯电影节金狮奖等国际电影奖项。

2022年初,又一部由获奖作品改编成的电视剧火遍大江南北,这就是《人世间》。《人世间》是由我国著名作家梁晓声历经数年,于2017年12月出版的一部佳作。这部小说一经出版就引起业界极大关注,中国作家协会将其确定为2017年度重点作品扶持选题,也是"十三五"国家重点出版物出版规划项目图书。2019年7月,《人世间》荣获第二届吴承恩长篇小说奖,同年8月,荣获第十届茅盾文学奖。

但直到2019年,作为一部文学作品,它所引起的社会反响还是有限的。直到由著名导演李路执导并担任总制片人,由一众受欢迎的男女演员参演,长达58集的电视剧上映,这部作品才一炮而红。

该剧于2022年1月28日在中央电视台综合频道播出,并在爱奇艺同步播出,根据国家广电总局收视率监测、调查系统"中国视听大数据"发布的2022年一季度收视调查结果可知,《人世间》以2.85%的平均收视率一骑绝尘。回顾过去10年的国产电视剧收视率,也只有《人民的名义》排在它前面。尤其值得注意的是,本次调查中还显示了一个细节:《人世间》首轮播出后,在中央电视台的重播收视率达到了惊人的1.87%。当下绝大多数电视剧收视率能突破1%就已经算作不错的成绩了,而《人世间》的重播竟拿下了1.87%的收视率成绩,远超绝大多数热播剧首播成绩。因此,这部电视剧一经上映就成为2022年第一部现象级电视剧,收获大量观众,获得一致好评。

《人世间》是梁晓声呕心沥血创作的一部长篇小说,持续了好几年才最终截稿。这部有着115万字的长篇小说,主要分为上、中、下3卷。作品描写了20世纪60年代末,北方某省会城市"光字片"周姓一家长达50余年的生活故事。作品以平民子弟周秉昆的生活轨迹为线索,围绕春节欢宴、家庭聚会等重大事件布局全篇,展示近50年来中国社会的发展变迁。贯穿其中的,既有中国社会发展的光荣与梦想,也直面了改革开放进程的艰难和复杂。

这部电视剧之所以引起观众和业内人士的共同关注,除了作品好,还因为这部作品体现了文学作品主动输出、实现"破圈"传播、跨界"生长"的新路,共同促进了我国文化事业的繁荣昌盛。

文学作品是我国文化宝库中的璀璨明珠,但如果只以文字——一种传播方式进行传播,所产生的传播效果毕竟有限。如果能够借助影视艺术,实现多元化、立体化的表现形式,尤其是各种声光电技术的加持,可以让文学作品中的人物真正"活"过来,也让文学作品以更易于接受的方式和更多受众产生双向交流。

第三节 进入信息传播时代

进入信息时代,随着信息科技的发展和大众传媒的变革,一些著名作家逐渐走进影视圈,成为专门的影视编剧。作家和影视编剧都是社会文化和精神生活的记录者,如果二者能很好地结合起来,必将起到双轮驱动、双向赋能作用,也必将更快、更好地推动我国文化事业繁荣发展。

我国当代作家中,刘恒是成就较为卓越的由专业作家转行为影视编剧的代表。20 世纪 80 年代,当代文学最红火的那段时间,刘恒以一部《狗日的粮食》被众人熟知,在这之后,他逐渐转向影视编剧工作。1990 年,由其担任编剧的电影《菊豆》上映,该电影曾先后荣获第 43 届戛纳电影节路易斯·布努埃尔特别奖、第 35 届巴利亚多里德国际电影节最佳影片金穗奖、观众评选最佳影片奖,芝加哥国际影电影节金雨果奖等多项国际奖项。1994 年,由其担任编剧的电影《红玫瑰白玫瑰》上映,该电影曾先后荣获第 31 届台湾电影金马奖和第 1 届香港电影评论学会大奖。2000 年,由刘恒担任编剧的电视连续剧《贫嘴张大民的幸福生活》喜获多项大奖,该剧也成为其编剧事业上的巅峰之作。该剧曾先后荣获第 35 届瓦亚多里德国际电影节金穗奖、第 8 届五个一工程奖、第 1 届老舍文学奖、第 18 届中国电视金鹰奖最佳编剧奖、第 10 届北京影视春燕奖优秀电视剧编剧奖、第 21 届中国电视剧飞天奖优秀编剧奖等多个重量级奖项。2004 年,他又凭借传记电影《张思德》荣获第 5 届华语电影传媒大奖最佳编剧奖和第 25 届中国电影金鸡奖最佳编剧奖。2008 年和 2012 年他再度出战,凭借战争电影《集结号》和《金陵十三钗》荣获第 45 届台湾电影金马奖最佳改编剧本奖和第 3 届"中国影协杯"优秀电影剧本奖。2013 年,他被授予第 17 届北京影视春燕奖北京十佳电影工作者荣誉称号。2019 年,他又荣获新中国成立 70 周年全国十佳电影编剧奖。

刘恒是较早与中国电影艺术结缘的专业作家,早在 20 世纪 80 年代末、90

年代初,中国影坛出现第一次高峰时,刘恒就尝试与第五代导演合作,创作了一部又一部精品之作。进入 21 世纪,随着中国影坛的第二个高峰期的到来,刘恒以专业作家特有的笔触描绘社会生活中人的真实生存状态,用更细腻的笔法呈现人们生活中的酸甜苦辣及世事变迁。文乃言之载体,言为作家之心声,刘恒的文学创作理念支撑他完成了影视编剧任务。刘恒以完成文学作品的认真态度对待每一部影视作品的编剧工作,同时他又积极深入生活,将生活中感人至深的瞬间用影像的方式表现出来。如今,他的影视改编事业正走向巅峰,他也逐渐形成特有的改编理念与创作原则。由他改编的影视作品不仅积极阐释了时代主旋律的精神内涵,还紧随时代脚步,用细腻的笔触观照人的改变,描绘在各种外在环境的冲击下,人所秉持的信仰、勇气、毅力等珍贵品格的价值所在。

第四节　我国网络文学搭乘影视顺风车加速快跑

近年,我国网络文学作品质量大幅提升,一大批网络作家走红,那些在网络上获得高点击率的小说,积累了庞大的读者群,这些人对网络小说的热爱与传统文学相比更忠诚,黏合度也更高。所以当网络小说改编成影视剧时,就同时收获了两类观众群体,一类是忠实的小说粉丝,另一类是新近集结的影视剧观众,这两类群体虽有部分重叠,但总量仍大于传统影视剧。

盘点近年热播的网络剧,不难发现这些网络剧已经深深浸入人们的生活中。如《甄嬛传》《琅琊榜》《步步惊心》《花千骨》《鬼吹灯》《芈月传》《宫》《致我们终将逝去的青春》等,凡是能说得上名字的,其受众群体都以千万来计算。这些网络剧大都属于 IP 剧。IP 剧是指在一定粉丝量的原创网络小说、游戏、动漫等文艺作品的基础上改编而成的影视剧。

我国最早的文学网站起始于 20 世纪末,其当时尚处于准备阶段,没有形成较大影响。进入 21 世纪,起点中文网、潇湘书院、晋江文学城、纵横中文网、创世中文网等异军突起,一批网络写手凭借优秀作品迅速蹿红。随着移动设备的更新换代,不少年轻受众群体逐渐将书本"抛之脑后",终日捧着手机或平板电脑。他们将大把的休闲时间放在网络上,于是网络文学借着这股热潮又往前迈了一大步。网络文学迅速蹿红后,大批粉丝蜂拥而至,而且黏性极强,很多粉丝都是通过一个小说片段喜欢上一部网络小说,进而又爱屋及乌喜欢这位网络作家,再推而广之喜欢这位网络作家的所有作品的。仅仅几年时间,一批当红网络作家便聚集起大批忠实的粉丝,这些粉丝数量不可计数,呈几何级数日益增长。不知不觉间,网络文学的走红为后来的影视的改编打下了坚实基础。

追溯网络文学的影视改编历程，国外很早就有了先例。我国网络文学影视改编从无到有，经历了 20 多年的时间，大致可划分为 3 个发展阶段：2003 年以前为网络文学影视改编起步期，这个时期的作品不多，主要是初步尝试，最具代表性的作品是《第一次的亲密接触》；2004～2009 年为网络文学影视改编发展期，这个时期的作品数量激增，开始出现口碑和收益都不错的作品；2010 年至今为网络文学影视改编成熟期，2010 年张艺谋导演的电影《山楂树之恋》热映，使得网络文学影视改编真正走向市场和大众。之后每年都有大量精品问世，2010 年的《美人心计》，2011 年的《裸婚时代》《甄嬛传》等，以及后来陆续上映的《余罪》《白夜追凶》《致我们单纯的小美好》《你好，旧时光》《一起同过窗》《太子妃升职记》《最好的我们》《双世宠妃》《颤抖吧，阿部》，等等，几乎每隔一段时间就有一部点击率颇高的 IP 剧上映，充分满足了受众群体的观影需求。

在网络小说被频频改编成影视剧的浪潮中，有一些成绩斐然的作家渐渐被读者和观众熟知，如桐华。桐华是中国内地女作家，影视制作人，其作品数量不多，但每本都堪称精品。2005 年，她创作了第一部清穿宫廷小说《步步惊心》。2006 年，她又创作了第二部长篇爱情小说《大漠谣》。2008 年，她再接再厉创作了第三部长篇古装小说《云中歌》。这三部小说陆续被改编成影视剧，收获好评如潮。2009 年，她转换写作风格，出版首部都市爱情小说《被时光掩埋的秘密》（2012 年再版时更名为《最美的时光》）。2010 年，出版校园小说《那些回不去的年少时光》。2014 年，再推都市情感小说《半暖时光》。随着一部部小说由 0、1 这些代码变成铅字，再由铅字变成影像，读者喜欢她的文字，观众喜欢电视剧里的剧情，越来越多的受众集结在桐华周围。如今桐华又广泛涉猎了更多题材，既有童话、神话，也有都市生活故事，还有以科幻元素作为背景的小说。她自己曾表示，是她的好奇心驱使她不断尝试各种新题材。近年，桐华又担任了多部影视剧的策划、编审等工作。文艺评论家评论桐华的作品："桐华的每本书都透着灵气，纵然穿过尘封的岁月，依然可以在每一次翻阅的过程中找到怦然心动的感受。"

为何网络文学兴起之后迅速找到影视进行联姻？我们探究原因，发现网络文学改编难度小，所以很多影视剧投资人看中了网络小说的小投资、大产出的生产经营模式。

随着网络文学的成熟，不仅作家成熟了，影视改编模式也成熟了，就连观众也成熟起来，所以这一阶段，网络作家开始积极关注受众的反馈。运用传播学理论进行解析可以发现，只要网络作家的作品能够满足受众内心某一方面的合理需求，这样的作品就是成功的作品。

进入信息时代,随着信息科学技术的大发展,互联网、大数据、人工智能统统加持到网络小说改编影视剧的浪潮中,更加开拓了文艺发展的空间,也产生了更多优秀作品。为更好地扩大优秀文学作品的影响力,积极推动文学作品向影视作品转化,2019年底,我国建立了由中国作家协会创研部牵头的影视推介机制。该机制自2020年1月启动以来,向国家电影局推荐了上百部适合改编成影视剧的文学作品。这些文学作品大多已搬上银幕,如滕肖澜创作的《心居》、梁晓声创作的《人世间》等。2021年、2022年又围绕脱贫攻坚及其他重大主题推介了一批文学精品。影视推介机制为推动文学融入现代传播格局,最大限度挖掘文学作品的潜能和空间建设了一条捷径。

第十四章 我国主旋律影视艺术传播文化品鉴

影视艺术是我们日常生活中最熟悉的大众文化样态,虽然在影视艺术诞生之前还有音乐、舞蹈、绘画、建筑、雕塑、戏剧等文化艺术形式,但自从影视艺术走进人们生活,其艺术光辉就盖过了其他艺术形式。

第一节 电影艺术发展源起

电影源自法国,自从1895年卢米埃尔兄弟拍摄并播放世界上第一部一分钟短片,电影这个原本被认为和杂耍一样的娱乐产品便慢慢成长起来。在20世纪中叶之前,电影已经利用自身优势快速完成了工业化进程,并于20世纪下半叶显示出更加强劲的发展势头。世界电影虽源自法国,但真正壮大却是在美国。大半个世纪以来,好莱坞成批出品的影像作品收获了大量观众,即使再老套的桥段,也会有观众买单。20世纪三四十年代,好莱坞迎来黄金发展期,在近20年的时间里拍摄了六七千部电影,由此奠定了其在世界影坛的位置。虽然好莱坞电影是流水线式的大工业生产机制,但成功的类型电影制作模式,还是为其带来了继续发展的动力。

也正是从这时候开始,随着经济的蓬勃发展,再加上电影成为大众传播媒介,明星制应时而生。费雯·丽、琼·芳登、丽塔·海华丝、罗密·施耐德、玛丽莲·梦露、奥黛丽·赫本、格蕾丝·凯利、宝莲·高黛、简·拉塞尔、格洛丽亚·格雷厄姆等一批女星纵横影坛。这些风华绝代的好莱坞女星,她们出演的电影作品也成为不惧时光流转的世界电影发展史上的瑰宝。

第二节 我国电影事业走向成熟

我国电影事业自20世纪七八十年代逐渐走向正轨,在20世纪90年代曾掀起一个发展高潮。进入21世纪,随着社会发展、经济进步、科技成熟,我国电影市场也日渐兴隆。2019年国庆节期间陆续上映的几部红色主旋律电影创造出票房奇迹。据国家电影专项资金办公室"中国电影票房"APP 数据显示,截至 10 月 7 日 21 点,2019 年国庆档票房超过 43.57 亿元,刷新国庆档票房新纪录。

电影是继音乐、舞蹈、绘画、建筑、雕塑、戏剧等之后的第七艺术,电影不仅是社会生活的一个重要组成部分,而且也成为一种重要的大众文化现象,每上映一部新片,电影评论家及文艺评论家就要对这部影片产生的文化影响展开评论。随着我国电影事业的不断发展、成熟,影视艺术将成为我们这个时代具有巨大文化影响力的现代艺术形式。

第三节 影视艺术题材丰富,表现形式多样

如今,人们对影视艺术的追捧毫不亚于 300 年前对绘画、200 年前对建筑和雕塑的喜爱。影视艺术不仅表现着人类的情感生活,而且还"制造"着人类的情感生活。我国文艺理论:"艺术来源于生活,又高于生活。"影视艺术的取材来源于人们的社会生活,可是日复一日琐碎的生活并不能带给创作者更多灵感,于是影视艺术创作者着力挖掘社会生活中的各种新鲜事件,或是被人们遗漏却具有闪光点的事件,因此我们在电影银幕上看到的生活既好似是我们的生活,但又和我们的生活不同。

影视艺术创作者还喜欢在重大事件中攫取题材。2023 年初土耳其和叙利亚刚刚经历了罕见的大地震,中国及其他国家的救援队伍在第一时间赶赴现场,向两国人民伸出援手。看到地震之后的场景,很多人不觉想到了 2008 年的汶川大地震和 1978 年的唐山大地震。同样是破坏性极强的地震,同样是地震之后令人哽咽的悲惨场景,同样是伤者和逝者在生命面前的无力嘶吼,面对这样的重大题材,影视艺术创作者当然不会无动于衷。2010 年由冯小刚导演的《唐山大地震》在河北省唐山市举行全球首映式。电影描述了 1976 年发生在我国唐山的 7.8 级大地震中一家人先分离再团聚的故事。这样的"小家"故事,如果不被投放到大银幕上,恐怕很难有人知道。也正是因为借助了电影这样的大众传播媒介,才使得许许多多像方登、方达这样的地震幸存者,他们的故事能够被人们广泛传播。这部电影上映之后,引起极大反响,获得多项殊荣。2011 年荣获中国电影金鸡奖最佳美术奖、最佳音乐奖和中国电影华表奖优秀故事片奖、优秀电影技术奖、优秀女演员奖等。如今再看这部电影,那感动人心的画面、直击心灵的痛彻仍清晰可见、可感。

第四节　我国主旋律影视艺术发展概况

　　主旋律影视艺术是指以弘扬社会主义时代旋律为主旨，激发人们追求理想的意志和催人奋进的影视作品。因此主旋律影视艺术在价值观念上，更多地承载着当今社会积极向上的主流意识形态。进入 21 世纪，我国大众文化产业不断发展，主旋律影视艺术也产生了新的变革，出现了《夺冠》《金陵十三钗》《风声》《金刚川》《长津湖》《长津湖之水门桥》《红海行动》《战狼 2》《功勋》《我们这十年》《山海情》等一大批符合大众审美的影视艺术作品，既体现了主旋律影视艺术的主题思想，同时又获得了较为理想的票房和收视率。

　　近年我国主旋律影视艺术主要有这样几类典型作品。

　　以建党、建国为题材的巨作。如《建国大业》《建党伟业》《1921》等。

　　以重大革命历史事件为题材的作品。聚焦于中国共产党的革命斗争史、胜利史的，如《大决战》等；伟大领袖人物传记类的，如《开国领袖毛泽东》《人民总理周恩来》《朱德元帅》《彭德怀元帅》《历史转折中的邓小平》等；反映抗美援朝战争的，如《长津湖》《长津湖之水门桥》《狙击手》等。

　　现实题材影视作品。反映当下社会主义核心价值观传承的，如《国歌》《离开雷锋的日子》《铁人》《唐山大地震》；表现优秀共产党员风貌的，如《孔繁森》《杨善洲》《第一书记》《黄大年》《任长霞》等。

　　国学题材影视作品。聚焦于中华传统文化传承的，如《孔子》《赵氏孤儿》等。

　　中国影视作品的主流形态实际上主要是由两类作品构成的，一类是弘扬主旋律和国家意识形态的政治历史和道德伦理片，即主旋律电影、电视剧；另一类是以喜剧、悲喜剧为主，伴以武侠和侦探类型的商业娱乐片。

　　21 世纪以来，经过一系列改革，我国影视艺术日趋完善，各种题材和类型的作品充斥银屏。既有观众欢迎的家庭伦理剧、都市言情剧和古装历史剧，也有宣扬社会主义核心价值观的现代生活剧、农村生活剧和反腐倡廉剧。我国影视艺术创作者经历了 20 世纪八九十年代的现实主义风潮，如今正走向更加多样化的发展道路。

第五节　主旋律影视作品蓬勃发展
——以"我和我的……"系列电影为例

2019年是中华人民共和国成立70周年,全国人民以一种特殊的形式歌唱祖国,共同为祖国庆生。2019年国庆期间,同时上映了多部主旋律影片,其中最引人注目的莫过于电影《我和我的祖国》。这部电影上映仅3天就收获10亿票房,刷新了我国主旋律影片的票房纪录。这部"票房收割机"不同于一般的主旋律影片,它用普通人的"小故事"讲述中华人民共和国成立70年来的7个"大事件"。影片由《前夜》《相遇》《夺冠》《回归》《北京你好》《白昼流星》《护航》7个短片组成,它们的时代背景分别是开国大典、中国第一颗原子弹成功爆炸、中国女排奥运会上第一次夺冠、香港回归、北京奥运会开幕、神舟十一号飞船返回舱成功着陆、中国人民抗日战争胜利70周年大阅兵。电影艺术创作者撷取祖国发展历程中每一个10年中的"大事件",以一种不同于以往主旋律影片的书写方式,借"小故事"展现"大事件"。

作为一部献礼片,《我和我的祖国》面对高昂宏大的礼赞主题,以小见大,塑造了身处大时代的"小人物"群像如何贡献自己的一分力量,共同推进祖国走向繁荣昌盛。

《我和我的祖国》既有取材史实的真实人物,也有大胆创设的艺术形象,这些人物形象具有非常典型的映射性。这些默默无闻的小人物共同组成祖国建设者,在70年时间里,甘于奉献、矢志不渝,将"小我"融入祖国这个"大我"华章中,共同奏响时代最强音。

《我和我的祖国》这部电影的主题曲也颇具意味:"我和我的祖国一刻也不能分割,无论我走到哪里,都流出一首赞歌,我歌唱每一座高山,我歌唱每一条河。袅袅炊烟,小小村落,路上一道辙……"生动表达出"历史是人民写就的"这样一个主题。这部电影在商业电影泛滥的电影市场中犹如一股清泉,为观众洗净了双目,涤荡了心灵。

此外,演员的表演也是这部电影获得高票房和好口碑的一个必胜法宝。这部电影有大量知名演员参演,他们深受人民群众爱戴。

黄渤是观众非常喜爱的男演员,同时又是导演和歌手,他还是现任中国电影家协会副主席、中国电视艺术家协会演员工作委员会副会长。曾荣获第46届台湾电影金马奖最佳男主角奖、第20届上海国际电影节最佳男演员奖、两届北京大学生电影节最佳男演员奖、第4届中国电影导演协会2012年度男演员奖、第

19届华鼎奖·中国百强电视剧最佳男主角奖、中国电影表演艺术学会金凤凰奖、第8届亚洲电影大奖最佳男配角奖等奖项。截至2023年8月，黄渤主演的电影累计票房已破200亿元。

张译是东北人，也是哈尔滨人的骄傲，2006年因出演《士兵突击》中史今一角走红。曾荣获第18届中国电影华表奖优秀男演员奖、第36届大众电影百花奖最佳男主角奖、第34届中国电影金鸡奖最佳男主角奖、第12届澳门国际电影节金莲花最佳男主角奖、国剧盛典年度人物奖等奖项，是极受观众喜爱的演员。他为人低调，近年还热心于公益事业。

2017年，吴京自导自演的动作片《战狼2》创下全球单一市场观影人次新纪录，而后吴京凭借该片获得第34届大众电影百花奖最佳男主角奖、第17届中国电影华表奖优秀男演员奖。虽然在《我和我的祖国》中吴京只是客串角色，但也为《夺冠》这个短片增色不少。

葛优进入影视圈四十余载，留下的精品无数，由他塑造的银屏角色陪伴几代人成长。在《我和我的祖国》中，他主动让位，把银屏上的更多机会留给年轻人。试想《北京你好》这个短片中，如果没有葛优的加盟，恐怕会逊色许多。

另一位哈尔滨籍女演员宋佳，也是《我和我的祖国》的主演之一。在《护航》这个短片中，她扮演不服输的"假小子"，个人业务能力比男飞行员还要好，在这背后除了日复一日的高强度训练，可能没有其他捷径。宋佳凭借个人精湛的演技曾荣获第29届中国电影金鸡奖最佳女主角奖、第18届上海电视节白玉兰奖最佳女主角奖、第26届中国电视金鹰奖观众喜爱的电视剧女演员奖等数十项奖项。

佟丽娅曾主持过中央广播电视总台2020年春节联欢晚会，是演员中各方面素质全面的佼佼者。在《我和我的祖国》中，她和宋佳一起出演《护航》短片，为观众展示了钢铁女战士般的中国女飞行员风采。

《我和我的祖国》上映以后好评如潮，于是创作者乘势追击，又在2020年推出另一部国庆献礼片《我和我的家乡》。《我和我的家乡》的艺术表现风格总体来讲不同于《我和我的祖国》，许多观众是带着笑和泪看完整部电影的。这部电影以若干个人物讲述"我的家乡"为线索，将祖国的大江南北描绘得如诗如画，是近年来难得的兼具思想性和艺术性，又同时赢得了好口碑和高票房的主旋律影片。

《我和我的家乡》立足乡土情结，虽然像一个"拼盘电影"，整部影片流露出的感情却是流畅的，它带给观众的笑和泪是时代发展的真实折射。虽然部分故事表面上看起来都不是大事，但电影更注重细微温情，微言大义。在喜剧的题材下,兼具科幻、爱情、动作、探案等元素,一部电影带来多重惊喜,满足了全民的观影需求。在国庆节、中秋节档期,这样的喜剧表现形式非常适宜。

2021 年又一部以"我和我的……"为电影命名方式的主旋律影片上映,这就是《我和我的父辈》。《我和我的父辈》再次缩小了故事单元,由 4 个故事构建整部电影。电影以"父辈"这样一个群像为表现主体,以革命、建设、改革开放、新时代为时间坐标,依次展现父辈们的奋斗历程。

提到父亲角色,很多人会联想到朱自清先生的散文《背影》。在散文中,朱自清先生难忘的是父亲替他买橘子时在月台爬下攀上时的"背影"。在《我和我的父辈》中我们同样感受到"背影"的伟大,4 类人物形象、4 种电影表述风格,以家写国,家国同构,电影在为观众推开时光之门的同时,父辈不再是模糊的"背影",而是如山伟岸、如水温柔的生动形象。

《我和我的父辈》汲取前两部电影的创作经验,在艺术表现形式上又有新的探索。这种探索主要体现在题材方面,作品从战争的烽火岁月一下子跳跃到当下的普通生活,又跳跃到 2050 年的科幻世界,观众的思维随着导演的大胆创新跨越时空,从审美角度分析,这是具有强烈思想性的艺术表现形式。该影片之所以受到观众好评,其根本原因正在于导演遵循了电影艺术创作的基本规律。

第六节 主旋律影视作品创作规律

通过以上解析,我们发现近年主旋律影视作品之所以取得成功,主要是由于影片较好地把握了主旋律和观众的关系,同时又较好地兼容了影片的艺术性、商业性与思想性。上文详细解析了具有系列电影特色的"我和我的……"系列 3 部电影,接下来,将以小见大,挖掘主旋律影视作品的创作规律。

1. 影片结构从整体化到集锦化

早期主旋律影片的结构具有明显的整体化特征,多以时间或故事情节为主线贯穿整部电影,如完整展现一场战争等。但以"我和我的……"系列为代表的 3 部国庆档主旋律影片采用的却是单元剧结构,呈现出集锦化特征。

《我和我的祖国》《我和我的家乡》《我和我的父辈》以多个小故事组成一个大故事,小故事间既独立,又保持着若有若无的联系,实则是从不同视角切入电影主题。这样的结构方式既能充分适应多种类型的观众需求,同时又考虑到不同年龄段观众的审美意味。

2. 故事情节从单一化到多元化

一直以来以重大题材为主题的主旋律影片多以一条主线展开,或就一个重要事件进行集中表达。如《八佰》《唐山大地震》《战狼2》等,具有清晰明确的边界。但《我和我的祖国》《我和我的家乡》《我和我的父辈》却同时铺开多条线索,多个故事齐头并进,最后殊途同归,回到一个主题下。多个故事分别表述不同的感情色彩,如欢乐、激昂、搞笑、悲伤、悬念、言情等,可以让整部电影更丰满、更多元,叙述风格类似于散文风格,形成"形散而神不散"的艺术特色。

3. 叙述视角从固定到多重

传统主旋律影片主要以单一视角切入主题,角色也较固定,多以第三人称作为叙述视角,无论是政治站位,还是审美意味,都呈现出非常宏观的表述风格。《我和我的祖国》《我和我的家乡》《我和我的父辈》却同时采用了多种叙述视角,既有第一人称,"我"怎样,"我们"如何,又大量采用第二人称和第三人称视角。虽然电影主题是"我和我的……",但在实际表述过程中,并不拘泥于一种切入角度。

这三部电影还同时关注到不同年龄层的叙述者,如《我和我的祖国》中短片《夺冠》就是以小男孩冬冬的视角看"女排夺冠"。《我和我的父辈》中,既关注到"父辈"又关注到"子辈",如《鸭先知》《少年行》这两个单元都是从父辈视角逐渐转向子辈视角。这种视角的转化,使得影片内容展现得更加全面,不同视角对故事情感的思考,也更加彰显出故事的深刻内涵。

4. 人物精神风貌从高大全到各色各样

以往我国主旋律影片塑造的多是高大全式人物,从选取的演员就能看出导演和编剧对影片倾注的心血。可《我和我的祖国》《我和我的家乡》《我和我的父辈》选取的演员却各色各样,饰演的角色也是五花八门,有科学家、工程师、军人、学生、出租车司机、教师、第一书记等,人物也并不拘泥于祖国大陆,还有一些人物是从国外返回家乡的。

《我和我的祖国》《我和我的家乡》《我和我的父辈》中人物的精神风貌也各不相同,既有英俊潇洒的年轻男士,也有漂亮婀娜的年轻女孩;既有朝气蓬勃的小学生,也有垂暮且身患顽疾的老人;既有年富力强的基层干部,也有普通打工人……剧中人物欢乐、活泼,带给观众轻松、愉快的观影感受。

当代中国正在进行着人类历史上最为宏大而独特的实践创新。这种伟大实践必将给文化创新提供强大动力和广阔空间。广大文艺工作者要努力创作同我们这个文明古国、我们这个蓬勃发展的国家相匹配的优秀作品。中国人民不仅将为人类贡献新的发展模式、发展道路,而且也将把自己在文化创新中取得的成果奉献给世界。主旋律影视作品要坚守人民立场,书写人民故事,弘扬中国形象,扎根中国文化,创作出无愧于这个伟大时代、无愧于这个伟大国家、无愧于这个伟大民族的优秀作品。

第七节 电视艺术发展概况

探索讲好中国故事的时代表达是我国电视剧创作群体孜孜不倦的奋斗目标。2021年是中国共产党成立100周年,同时又是"十四五"规划开局之年,盘点这一年的中国电视剧市场,有一类电视剧悄然占据了电视剧市场的主流地位,实现了口碑、收视率"双丰收",这一类电视剧就是主旋律电视剧。主旋律电视剧是以当代主旋律话题或事件为题材,弘扬主流文化、塑造社会主义核心价值观、鼓励积极健康的物质生活与精神生活的电视剧。

1. 盘点近年口碑、收视率"双丰收"的主旋律电视剧

(1)脱贫攻坚剧的代表《山海情》。

《山海情》讲述了20世纪90年代以来,西海固的人民和干部响应国家扶贫政策号召,完成易地移民吊庄,在福建省的对口帮扶政策支持下,通过当地人民的辛勤劳动和干部的不懈探索,将风沙走石的"干沙滩"建设成寸土寸金的"金沙滩"的故事。

因地播种、细心栽培、等待丰收,葡萄在戈壁滩上落地生根,东、西部协作的帮扶模式也在这片土地上试验成功。在一年又一年的葡萄收成中,在一批又一批的援宁人的接力中,葡萄藤上结出酿酒的果实,戈壁滩上结出攻坚扶贫的花,凝聚着山海两地人们的智慧,见证了携手奋进的往昔,也为美好的未来护航。昔日的"干沙滩",变成今日的"金沙滩",人民终于过上了幸福生活。

(2)重大革命历史题材剧的代表《觉醒年代》。

《觉醒年代》以1915年陈独秀创办文学杂志《青年杂志》(自第二卷起改名为《新青年》)为开局时间点,讲述了一代青年和仁人志士走上革命道路的故事。电视剧以新思想的启蒙读物——《新青年》作为线索,随着《新青年》逐渐开始宣传马克思主义,越来越多的青年读者和工人朋友成长为马克思主义者。全剧以波澜壮阔的气势展现了从新文化运动、五四运动到中国共产党成立这段光芒万丈的历史时刻,讲述了觉醒年代的社会风情和百态人生。电视剧以李大钊、陈独秀、胡适、毛泽东、陈延年、陈乔年、邓中夏、赵世炎等为代表,塑造了中国共产党早期的创建者,讲述了他们走上不同人生道路的传奇故事。生动演绎了一百多年前我国的先进知识分子和热血青年,以及工人朋友是如何追求真理,点燃理想,共同将那段激情澎湃的岁月铭刻史册的,并最终揭示出马克思主义与中国工人、学生运动相结合,推动中国共产党成立的历史必然性。

(3)重大现实题材剧的代表《功勋》。

《功勋》讲述了 8 位共和国勋章(中华人民共和国最高荣誉勋章)获得者李延年、于敏、张富清、黄旭华、申纪兰、孙家栋、屠呦呦、袁隆平的人物故事。电视剧用不同的叙事风格讲述了 8 位功勋人物人生中最精彩的故事,其中部分故事细节还原度极高,基本上就是 8 位功勋人物的事迹实录。

(4)献礼党二十大的现实题材剧的代表《我们这十年》。

《我们这十年》分为 11 个单元,讲述了 2012~2022 年这 10 年间 11 个不同行业平凡奋斗者的故事。每一个故事均用 4 集的时长来表述,从国家和民族命运的高度出发,在时代之变、中国之进、人民之呼中提炼主题,从党的十八大、党的十九大再到党的二十大,生动展现了 10 年间发生的巨大变化。创作者将视角对准军人、教师、农创客、创业青年、小吃店老板、剧团编导、援外建设者等观众身边的平凡人物,真正实现了"艺术来源于生活,又高于生活"的创作原则。

以上几部主旋律电视剧紧紧抓住了受众眼球,锁定了电视剧市场,不仅获得了较好的收益,还意外打破了年龄圈层,锁定了更多年轻观众,这是以往主旋律电视剧未曾收获的"最高荣誉"。

2. 解析主旋律电视剧"成功出圈"的原因

回顾近年国家广播电视总局发布的一系列重要通知,我们发现近年主旋律电视剧走红原来是意料中事。2021 年,国家广播电视总局先后发布《关于做好庆祝建党 100 周年广播电视节目创作播出工作的通知》和《关于进一步做好庆祝建党 100 周年纪录片创作播出工作的通知》,以及《"十四五"中国电视剧发展规划》等重要文件,为主旋律电视剧创作和播出保驾护航。据不完全统计,截至 2021 年 11 月初,全网各大平台共上线主旋律电视剧 50 余部,涵盖革命、乡村、扫黑等多个题材。豆瓣评分 9.2 分的《觉醒年代》首轮播出便稳居中国视听大数据排行榜第一名,打破了党史题材剧的多项纪录,截至 2021 年 12 月 2 日,其微博相关话题阅读量已达到 29 亿次之多。

其实主旋律电视剧相较于其他题材电视剧,创作难度非常大,主要表现在以下几个方面。

首先,主旋律电视剧题材内容自带宣传使命,既容易流失固有观众,也不容易抓取新观众视线。

其次,主旋律电视剧的题材决定了其创作较难产生新意。大多数题材都曾被拍摄成电影、电视剧、纪录片或新闻宣传片等,有着十几年甚至几十年的播放历史,如有关建党、建国历史的内容,曾有数十部电影、电视剧着力表现过。

最后,主旋律电视剧的创作人员其创作风格更符合中老年受众群体,极难抓取年轻受众群体的目光。

　　这一切都曾让艺术创作者颇为头疼,如何才能使主旋律影视作品"破圈",各个剧组绞尽脑汁,各显其能,花招百出。以下我们将以《功勋》和《我们这十年》为例,解析主旋律电视剧实现口碑、收视率"双丰收"的秘诀。

　　我们将《功勋》和《我们这十年》放在一起解析,是因为这两部电视剧选择了相同的艺术表现形式,呈现出一定的类型化特色。

　　鉴于这两部电视剧所要综合表现的内容,《功勋》和《我们这十年》选用了单元剧这种较为独特的艺术表现形式。单元剧发展历史较早,早在20世纪60年代就已经开始流行。近年我国较有代表性的单元剧作品主要有《聊斋志异》《我爱我家》《家有儿女》等,多为消遣娱乐型电视剧。所以,《功勋》和《我们这十年》选用这样一个具有挑战性的艺术表现形式,可谓十分大胆。

　　《功勋》共分为8个单元《能文能武李延年》《无名英雄于敏》《默默无闻张富清》《黄旭华的深潜》《申纪兰的提案》《孙家栋的天路》《屠呦呦的礼物》《袁隆平的梦》,讲述了8位共和国勋章获得者的故事。电视剧制作精良,许多细节都是人物真实生活的完美复原。

　　以往人物事迹类题材多通过电影或纪录片形式进行展映,虽然纪录片有"最真实的电影"的美誉,可无奈受众群体并不广泛,艺术传播效果也不好。《功勋》秉持"艺术来源于生活,又高于生活"的创作原则,探寻功勋人物真实的人生经历,将这些模范人物生活中点点滴滴的"小事"和"平凡"用艺术手法着力进行刻画。于是人们看到,张富清一条裤子穿十几年,于敏"偷"孩子的鸡蛋和同事打赌,申纪兰也曾被村民堵住出不去家门,屠呦呦给孩子买鞋,挑了半天还是拿了顺撇的……于是,观众通过荧屏看到更真实的"功勋人物",也更真切地感受到共和国勋章获得者真正的伟大和不平凡。每集电视剧开头都有这样一个序言:"一个有希望的民族不能没有英雄,一个有前途的国家不能没有先锋。"希望年轻观众能够以此作为人生奋斗目标,好好学习,早日成才,成为祖国的建设者和接班人。

　　《功勋》所运用的单元剧形式,将人物、事件、时间、地点、歌曲等分成若干单元,让每一个人物故事既拥有独立的创作形式,又共同属于一个统一的主题,这种内容不拖沓、短小精练的剧集表现形式受到了不少年轻观众的喜爱。笔者觉得这部主旋律电视剧还有一个成功出圈的秘诀,那就是适应了00后年轻观众群体的接受习惯。在未来的文化产业和消费市场中,可以预见00后观众群体将是最大的消费群体,所以从一部电视剧做起,让每一个细节、每一集剧情都能深深攫取年轻观众的心,必将是电视剧成功破圈的法宝。

《功勋》上映后获得观众一致好评，获得一系列重量级的奖项：第二届澳涞坞国际电视节金萱奖最佳剧集、最佳导演、十佳编剧、最佳男主角奖；第33届中国电视剧飞天奖优秀男演员奖；第31届中国电视金鹰奖优秀电视剧奖；第28届上海电视节白玉兰奖"评委会大奖"等。以上奖项都是国内电视剧奖项中最具含金量的奖项，由此可见，主旋律电视剧也能制作成精品，实现口碑、收视率"双丰收"。

《我们这十年》另辟蹊径，虽是从国家和民族命运的高度出发，却选择了小人物视角。这种创作方式与《我和我的祖国》《我和我的家乡》等主旋律电影十分相似。回想2019年《我和我的祖国》刚上映时，观众曾慨叹"小人物"原来也可以创造"大历史"。于是，《我们这十年》的创作者秉持"小人物"创作理念，站在时代高度，全方位回顾党的十八大以来祖国发展建设的恢宏历程。一方面，为作品赋予了海纳百川的深度、广度、力度与温度，具有宏大的历史视野、高远的创作格调和强烈的现实意义；另一方面，又以普通人物形象串联祖国发展变化，借个人的亲身体验讲述祖国发展故事，实实在在、真真切切地展现了人民群众的获得感、幸福感与安全感。

以小博大，四两拨千斤。面对重大事件、重大题材，以老百姓的所见所闻代替直接宣传，电视剧上映后自然获得观众一致好评，也让不少观众感慨十年间国家经历的大事小情，如今回顾竟是自己身边的点滴小事。

《我们这十年》从生活中淬炼原型人物的奋斗经历，通过与时代同呼吸共命运产生的思想、心理、情感进行同频共振，完成对主旨立意的艺术诉求。创作者基于"人民视角"的创作理念，真实展现了普通人遭遇挫折、迷惘和困境时的心境，并由此凸显出普通人的坚持、热爱与信仰的弥足珍贵。

接下来，再分析"小人物"之所以能创造"大历史"的缘由。

1942年毛泽东同志在延安发表《在延安文艺座谈会上的讲话》，科学地回答了中国文艺为谁服务、如何服务等问题，让高扬"人民性"的"人民美学"得以强调和确认。从此，中国文艺创作有了根本遵循，中国文艺面貌焕然一新。

虽然在中国文艺创作的漫漫长路上也曾出现过高大全式人物，但历史的大潮终会显露出人民才是社会的组成者，才是社会中最大多数的一般人，平时他们潜藏在历史的风波中，关键时刻他们冲破阻挠显露身影。抗洪抢险救灾前线，无数张面孔写着一样的二十岁，火灾现场无数的背影上刻的也都是一样的感人事迹。当人民面临危机的时候，总是出现那样一群人身先士卒，最后带领全体人民战胜艰难险阻。电视剧作为典型的文艺作品，真正实现了"艺术来源于生活，又高于生活"，《功勋》《我们这十年》等主旋律现实题材电视剧正是抓住了这个根本,再加上极其用心的创作,才实现口碑、收视率"双丰收"。

20世纪90年代上映的电影《蒋筑英》,真实再现了老一代科研人员的工作和生活场景。这样的电影在20世纪有数十部,如今《功勋》让观众又找回了当年的那种感受。电视剧用最真实、朴素的表现方式,尽可能复原老一代科研人员的工作和生活场景,让00后年轻观众也了解穿草鞋、住茅屋、爬峭壁、吃窝头的"伟人"生活。电视剧的表现手法比电影更细腻,人物刻画也更立体,由此才能更吸引人心。

在这里,笔者想为年轻观众推荐其中一个单元——《默默无闻张富清》。张富清同志在退伍之后就来到地方工作,那时候的湖北恩施来凤县作为鄂、湘、渝三省交界地带,是老少边穷地区代表。现在的年轻人可能只顾领略湘鄂风光,却未曾想过这样的美景在没开发前是什么样子。张富清作为党员,什么工作都身先士卒,爬峭壁、下险滩,一根绳子似乎很有用,但当真正遭遇风险的时候作用又几乎为零。他带着一家老小住在四处漏风、用破木板和席子搭建的房子里。张富清当县长时,没有一条好裤子,身上穿的破军裤已经很多年了,草鞋坏了就打赤脚。这样的人,甘居山沟里,一待就是几十年。直到他年老时,儿子偶然发现老父亲的勋章,才"挖掘"出这样一块时代宝藏。观看过那带着雨水和汗水的电视剧,笔者真心佩服这样的党员干部,他们是靠着自己的实干,为老百姓谋了那么多福利,使得天堑变通途,挂壁公路人头攒动,几辈子未曾走出大山的老乡终于有机会走向外面的世界。

在《我们这十年》里,人物的生活环境显然好转了,但在北非的光伏基地,水是当地最宝贵的资源,洗澡是对辛苦工作最大的犒劳;在新疆的平房里还是几个人挤挤更暖和,如果没有基层干部的多次动员,无人机喷洒农药还是无法推广;广东的茶楼里,两块五的素肠粉如果不涨价真是越干越赔;农村里只剩下老弱病残,年轻人早就出门打工了;去四川的山路依然难走,遇到山体滑坡极可能有人员伤亡;等等。

看过这部电视剧,笔者最大的感触是接触到了原来未曾接触过的"新生活",这种真实感比戴着AR眼镜观看还真实。手抓羊肉真的可以香到舔手指,粤港澳大湾区的蓝天大海就在办公室楼下,大排档上一起吃夜宵的全是青年创客,一部电视剧呈现给人们许多未曾体验过的生活场景。

探究这部电视剧为何好看,笔者觉得尽力抒写"人民美学"是其根本原因,这种美学观念"肯定普通人的历史价值,与'人民群众是创造历史的主体'这一马克思主义哲学观相契合"。一方面,把"人民"表现得活灵活现,另一方面,又把"人民的生活"展现得淋漓尽致。

在《我们这十年》这部电视剧中,更为人称道的是它通过报告时代的主题和声、交融互渗的类型混响、摹画现实的情节合奏与人物群像的声部共鸣,别开生面地传达了社会主义核心价值观,完成了对时代的讴歌与礼赞。整部电视剧以不同的单元,展示了自党的十八大以来,祖国各条战线,广阔疆域内具有代表性的人物和事件,基本映照了10年间祖国发展的全貌。这11个不同的单元,就像11个不同的声部,虽然各唱各的,却烘托出同样的气氛,让人看过之后"心之所向"。电视剧创作紧扣关键词"我们"与"十年",以普通人与时代的共情,折射出平民史诗与国家发展的共鸣。

麦克卢汉在《理解媒介》里说,地球会变成一个大村落,可如今从中国到美国乘坐最快的交通工具也要十几个小时,即使在飞机、高铁如此发达的现代,人们也不可能说到哪个城市马上就到。"地球村"梦想何时才能实现?或许,看电视可以成为另外一种补偿我们人生遗憾的方式。感谢艺术创作者能够制作出像《我们这十年》这样的电视剧精品,因为通过电视剧,我们真切体验到了陶俑复活的惊喜与震撼,我们深刻感受到了中华传统文化的博大精深;未来中国将在科技创新方面不断突破,我们对未来充满期待和信心,因为"未来已来";中国的义乌,世界的义乌,中国的小商品搭载欧洲班列走向世界各地……

一部优秀的电视剧可以通过虚构的故事和角色,让观众体验不同的生活和情感,既可以弥补人们在现实生活中无法经历的人生体验,又可以引发更多的思考和共鸣。感谢艺术创作者们的辛勤付出,让人们有机会能够通过影视艺术感受人性的光辉和温暖。

3. 影视作品《狂飙》解析

2023年开年首部热剧毫无疑问被《狂飙》锁定了。就像2022年的开年大戏《人世间》一样,这次轮到《狂飙》成为银屏宠儿。老百姓街谈巷尾的交谈中时不时流出"强盛集团""强哥""大嫂"等关键词。

2023年2月,《狂飙》平均收视率位居上星频道晚间时段电视剧类节目第一名;在爱奇艺平台上,《狂飙》热度值突破11 800,刷新最高纪录;中央电视台电视剧频道收视率破三;酷云直播关注度历史峰值突破3.99%;微博评分9.5。《狂飙》真正实现了收视、口碑双登顶。凭借天花板级别的高人气和好口碑,《狂飙》"成功破圈",追《狂飙》似乎成为一个全民话题。于是,我们发现,近年成功破圈的影视作品越来越多,中国主旋律影视剧似乎一齐驶上了快车道。

该剧讲述了某市以一线刑警安欣为代表的正义力量,与高启强为代表的黑恶势力,展开长达20年的生死搏斗的故事。电视剧通过群像叙事,在全国开展扫黑除恶常态化的背景下,展示了中央督导组雷霆出击,全国各地协同专案组彻查犯罪团伙及其背后的保护伞，最终拨云见日，还百姓一片朗朗青天。整部电视剧设置了3个明显的单元，分别对应时间节点——2000年、2006年、2021年。电视剧采用正叙与倒叙交叉运用的艺术表现手法，抽丝剥茧地讲述了黑恶势力不断攀附权贵，逐渐发展壮大的过程，以及一代代警察卧薪尝胆，前赴后继，不惜牺牲生命与黑恶势力抗争到底的经历。每个单元围绕一个核心事件展开，之后3个单元再汇聚成一代人的命运轨迹。有分有合，时间线索清晰，人物事件集中，非常贴合观众观赏心理，是近年难得的佳作。

据央视网报道，导演徐纪周表示，《狂飙》的剧本是他自己写的，演员也是贴合剧本角色找的。剧名来自毛主席诗词："国际悲歌歌一曲，狂飙为我从天落。"徐纪周借用毛主席诗词里的"狂飙"二字比喻扫黑除恶大风暴。此次《狂飙》的艺术创作另辟蹊径，不同于以往的扫黑除恶剧，《狂飙》中的每一个人物都是多元的、立体的，没有谁一开始就是坏人，也存在坏人变好人的契机。电视剧通过生动的艺术表现手法，真实再现了黑恶势力的内部组织结构，从内向外，揭露了"毒瘤"溃烂的真实缘由。

《狂飙》的大火与出圈，归因于它站在了全民性上。开播至今，《狂飙》热度不断，如今在百度搜索栏输入"《狂飙》"，有几十页搜索页面，其中的信息真可谓是"满满当当"。进入信息时代，人人都可成为传播者，那些或喜爱这部电视剧，或对这部电视剧生发出"真知灼见"的观众都想在网络空间留下点儿什么，于是上万条信息组织成一个信息库。另据相关统计，《狂飙》在当年春节前后的各大平台上保持热搜话题均为同期第一，特别是随着剧情的发展、情节的推动，社交媒体上也涌现出"狂飙热"，各种热搜榜上排序前50名的话题中，有超过三成的榜词与其有关，《狂飙》已然成为当时最火的词条之一。真正将《狂飙》推上"风口浪尖"的还是普通观众。《狂飙》的受众群体没有明显的年龄限制，各个阶层的人都可能成为它的忠实粉丝。再加上电视剧上映时间正值中国春节，家人、朋友聚在一起，总得聊点儿什么，一部精彩的电视剧正是适宜的聊天话题。

相比于同时期热播的影视作品，《狂飙》之所以能牵动观众这么高的关注度，主要来源于导演从社会现实中提取素材，真实展现了黑白交锋下京海市的众生百态，电视剧引入反派成长视角，将类型元素运用到极致。虽是同样的题材、同样的故事类型，该剧却带给观众耳目一新的感觉，因此产生了巨大影响力。

曾有热心观众拿同类型电视剧《人民的名义》同《狂飙》相较，引发热议。二者都是年代大戏，都属于近年火爆银屏的热门电视剧。但《人民的名义》站位更高，一出场就是各种大手笔，大开大合的气势更适宜表达中央反腐倡廉的精神，尤其是40多位老戏骨的倾情献艺，为全剧增色不少。《狂飙》里的人物更具辐射力与穿透力，和通常的扫黑剧不同，《狂飙》这部电视剧的前半部分主要讲述高启强是如何"好人变坏"的，这是国内影视作品中少有的反派人物成长史，高启强完全跳出了脸谱化、扁平化的反派人物塑造模型。从没钱没识的小鱼贩，到后来黑恶势力的代表，从被市场管理员欺凌的弱势群体，到横行霸道的黑帮老大，高启强做了很多不光彩的事，背负了诸多命案。

笔者认为在《狂飙》中存在 3 类人群，分别对应黑、白、灰 3 种颜色。安欣是白道的代表，高启强是黑道的代表，那些披着警察外衣却为黑恶势力撑起保护伞的人是灰道的代表。在这其中，黑、白的界限是什么？白、灰的界限是什么？电视剧中不断闪回的剧情给了我们明确的答案。

有些人本性纯真，却在站队时选错了队伍，于是人性在金钱、利益、地位、权利的诱惑下最终沦为自己曾经最不想看到的样子。曹闯、李响、杨建都曾面向警徽发誓，他们最初也都是体恤民情、兢兢业业的好警察，但无奈于自己意志力薄弱，最终走向了歧途。

高启强喜欢读书，却因为家境贫寒，年纪轻轻就放弃学业承担起供养弟弟、妹妹的重任，但他偶尔也看看《孙子兵法》之类的书，读书让他逐渐变得有思想，有城府。家人是他的软肋，对待妻子，他是一位好丈夫，对于妻子的孩子，他将其视如己出。虽然，他是复杂的、有野心的，但他也是有情义的、重感情的。但终究贪念战胜了人的理智，使他一步步走向灭亡……

安欣终其一生，为人正直、善良、固执，20 多年来呕心沥血，虽受保护伞层层阻挠，早生华发，但仍心存斗志。眼看最好的战友李响牺牲，恶人却逍遥法外，他失落过、压抑过，也退缩过，但最终仍没放弃希望。随着指导组的到来，他用自己的方式检验了对方是真扫黑还是假把式，在得到满意的答案后，他选择与光明、希望站在一起，加入他们，发挥自己最大的能力，将京海市的这块疮疤彻底揭开。

除了主要角色，剧中还有一些人物群像令观众难以忘怀。高启盛曾经是令人羡慕的高才生，天资聪颖，刻苦好学，但他不甘心忍受别人的欺侮。他虽聪明，却心无定数，注定会走向灭亡。高启盛对高启强的依赖和仰望是刻在骨子里的。兄妹三人从小相依为命，那个破烂的家是兄妹三人心底里最柔软的地方。高启盛虽然表面上看起来很聪明，但他的内心充满了亏欠、怨恨和自负，最终因贩毒被警察通缉，坠楼而亡。

老默是《狂飙》中高启强手下的杀手，只要强哥说"想吃鱼了"，他就要为强哥解决心头大患。老默在监狱里曾放弃过希望，是安欣用孩子鼓励他好好活，于是他努力表现，很快就走出了监狱大门。本来，他可能走上一条光明大道，但为了报强哥的恩情，他还是选择了重操旧业。老默在监狱中也曾获得过许多表彰，至死也没有忘记对安欣的感激之心……没有谁一开始就是坏人,人都是在一步步选择中逐渐迷失,忘了是非,所以只有把握好自己的本心,才能永远走在阳光下。

通过这样一部电视剧,观众从"权力越大,越容易走向深渊,因为束缚越小,越容易触碰红线"中读懂磅礴的法制正气;从"难受就是看得少,看多了就习惯了"中感悟麻木是一种悲哀;从"尊严,也可能把人带偏"中体味人后的苦尚且还能克服,人前的尊严却无比脆弱。剧中的正邪对立不仅是人情社会的利益者和法治社会的守卫者之间的对决,也是真心与安心的对决。"拨乱必须清源,长治方能久安。"坚守正义的道路很困难、很艰辛,正因为有了这些正气凛然的人去争取黑暗中的一丝光亮,才有了下一个天亮。

许多一线工作人员,如剧中的安欣和谭思言,他们像黑暗里闪光的萤火虫,但却可以引发"星星之火,可以燎原"的态势。面对腐败之风和黑恶势力,党员干部要永远保有一颗炽热的心,牢记手中的权力只能为党、为国、为民办事,唯有不断坚定心中的信念,方能始终走在光明下,无愧于自己。

影片的最后,高启强被判死刑,安欣去监狱探视高启强。高启强对安欣说:"这二十年来,我吃过最好吃的饺子,就是二〇〇〇年那次我被抓进了公安局,你给我吃的那顿饺子。"安欣回答:"我们那个徐组长,有一天突然问我,说如果倒退二十年,你还会不会给高启强吃这顿饺子?我张嘴就说,打死都不会的。"高启强却反驳安欣:"你会的……"确实如此。安欣的纯粹、善良与美好,帮助了许多犯人改过自新,开启全新人生。他牺牲自我,把自己的一切都奉献给了事业,安欣曾说自己无亲无故,自己的命不值钱,所以要永远冲在第一线。虽然人生没有那么多"如果",但角色照进现实,引发了观众对社会与人性的深刻反思。

除了这些高屋建瓴的层面,在一些细节上,《狂飙》也处理得非常好。如为了更好地体现时代变迁,《狂飙》在场景布置、服装造型、通信设备等方面也一丝不苟,于细微处见真心,在"润物细无声"的表述中,帮助观众进行时间定位。

《狂飙》是一场披着警匪剧外衣的精神盛宴,取材于社会生活中的真实案例,讲述了我国改革开放以来一些地方经历的阵痛。20年的社会变革,那一特定历史时期的社会生态早已改观,如今的百姓生活在法治社会里,无论是幸福感还是获得感都逐年攀升。

每个人的一生都是狂飙的一生,克制欲望,坚持原则,守住底线,守住自己的一生,方能人生不悔。

第十五章　电影艺术的时空传播美

　　随着 21 世纪的来临，人类进入了信息社会与知识经济时代。日新月异的科学技术深刻影响着人类大众文化的传播与发展。

　　电影艺术作为当今世界大众文化中传播最广、最快，对人们的思想意识、生活方式影响最大的艺术创造和文化传播方式之一，从其诞生之初就受到人们的广泛关注。如今世界上大部分国家都设有专门的电影艺术研究机构，这些研究机构在电影艺术发展过程中不断更新原有理论体系，建构符合时代发展的新内容要求。虽然当代电影艺术研究，已经成为世界各国电影理论研究中的"热点"，但是电影艺术研究成果还不够全面也是公认的事实。

　　电影艺术从根本上说是一门时空艺术，可是，在学习和研究电影艺术的过程中，有的研究成果只是简单地著文描述某部电影作品中的时间美和空间美，并没有深入探讨电影艺术的时空本性。所以笔者尝试立足长期以来被人们忽视的电影艺术的时空本性进行深入研究，不仅详细阐述电影艺术的时间美和空间美在当代华语影坛中的具体体现，还将深入探讨电影艺术中不同时空组合方式的美学效应，以及这种美学效应对电影艺术时空本性的揭示和传播。

　　我国电影艺术发展的历史表明，电影艺术虽然属于典型的舶来品，但是，我国电影艺术并不是欧美电影艺术的简单翻版，而是具有鲜明的中国大众文化特征。电影艺术不仅是科技工业，也是美学与艺术。科技手段没有民族和国家界限，然而美学与艺术却有着明确的民族性格。换句话说，尽管电影艺术是国际性的，但电影艺术也具有鲜明的民族特色，因为电影艺术的发展离不开民族文化的土壤。因此，电影艺术融入中国的历史，也是电影艺术逐步本土化的过程。我国电影艺术能否在世界影坛拥有独立地位，关键在于其是否生成了具有民族特征的艺术品格。所以笔者在对我国当代电影艺术的时空本性进行探讨的过程中，还尝试结合中国传统美学的研究方法进行深入研究。

　　中国传统美学是一种以中华文化为基础，对美和审美观念进行深入探讨和研究的学科。它包含了对美的本质、美的形式、美的价值和美的实践等许多方面的思考。中国传统美学的内涵主要包括以下几个方面。

　　(1) 天人合一。中国传统美学认为，美是天人合一的表现。人与自然的和谐统一是美的本质,只有在这种和谐统一中才能体现美的真正内涵。

(2)和谐平衡。中国传统美学强调和谐平衡,认为美是和谐与平衡的统一。这种和谐与平衡不仅体现在人与自然的关系中,也体现在人与人、人与社会的关系中。

(3)自然本真。中国传统美学认为,美是自然本真的表现。只有真正的自然之美才是美的本质,人类的文化和技术只是对自然之美的补充和拓展。

(4)道德伦理。中国传统美学认为,美是道德伦理的表现。美的价值不仅在于它的形式和外在表现,更在于它符合内在道德伦理标准。

(5)审美实践。中国传统美学强调审美实践,认为美的体验和实践是人类追求美的根本途径。只有通过审美实践,才能真正体会美的内涵和价值。

在中国传统美学中,搅乱时间节奏往往和艺术家的创造精神联系在一起;在电影艺术中,时间要素和空间要素从来就不是限制艺术家表述的因素。在中国传统美学中,生命是一条绵延不绝的流,以时间统摄空间,世间的一切都在时间的流动中活了。在电影艺术中,艺术家以打破事件原有进程,截断时间之流,撕开时间之皮,到流动时间的背后把握生命的真实,拷问永恒的意义,思考存在的价值。在中国传统美学中,虚实是一对重要概念,虚实结合,虚中有实,实中有虚。在电影艺术中,作为一种创作方法,线性时空结构、交错式时空结构、套层式时空结构、拼贴式时空结构,对电影艺术的传播和发展产生了重大影响。

相对于蓬勃发展的中国电影市场,中国电影的美学建设仍属草创阶段。实践先行,理论滞后,成为当今中国电影艺术的痼疾。如何迎接世界电影艺术的挑战,如何保持中国电影艺术的民族特色,如何壮大和发展中国电影事业,这些都是当代中国电影艺术研究亟须解决的问题。

第一节　电影艺术的美学特征

根据艺术形象的存在形态区分艺术样式,一般可将艺术分为时间艺术和空间艺术两大类。音乐和文学作品中的艺术形象不具有空间具体性,只存在于时间发展之中,所以被称为"时间艺术";绘画、雕塑、建筑等造型艺术,只存在于一定的空间之中,而不存在于时间发展之中,所以被称为"空间艺术";而电影艺术、戏剧和戏曲艺术,不论是银幕形象还是舞台形象,都既存在于时间的发展之中,又存在于具体的空间之中,所以电影艺术、戏剧和戏曲艺术又被称为"时空艺术",它们可以灵活地安排时间和空间,甚至可以打破现实世界的时间顺序和空间局限,建立新的艺术组合方式。

电影艺术和其他艺术门类一样，在长期的社会实践中不断总结规律，积累经验，并最终形成自己独具特色的美学特征。在此，我们以电影艺术的美学特征为切入点继续深入挖掘电影艺术的时空本性。

1. 运动性与造型性

从本质上看，电影艺术是一种采取空间形式的时间艺术。时间艺术奠定了运动性在电影艺术中的决定性作用，而空间形式又奠定了造型性在电影艺术中的重要地位。

近年，一些研究学者常用"视觉艺术"涵盖绘画、雕塑、摄影、电影、电视，乃至计算机艺术等多个艺术门类。显然，电影艺术与绘画、雕塑、摄影等传统艺术相比相同之处在于造型性，它十分关注空间艺术的造型意识。但是，电影艺术与传统艺术也有很大差别，它们的不同之处首先表现在电影艺术同时还具有运动性，电影艺术是运动的空间艺术，具有时空复合特征。因此，运动性与造型性的统一、时间与空间的统一，成为电影艺术区别于其他艺术门类的鲜明特征。

电影艺术要在延续的时间中完成叙事功能，因为电影艺术既是空间艺术，也是时间艺术。同时，作为"活动的绘画"，电影艺术又是通过每个画面内部的运动和这些画面在运动中的延续，再现客观世界中人和事物的演变状态，并通过摄像机的运动营造丰富多变的视像效果。运动性是电影艺术区别于绘画、雕塑、摄影等一切静态造型艺术的根本特性。电影艺术中强有力的、逼真的、富于表现力的运动，是其他任何艺术形式都无法比拟的。因此，运动性成为电影艺术重要的美学特征之一。

随着电影艺术空间意识的发展，造型性也日益被提高到新的高度来认识，这使得电影艺术的造型性超越单纯艺术手段的范畴，成为电影艺术本性自我确认的标志和象征。电影艺术的造型性已经不仅是一种表现手段，还是一种创作原则和思维方法。我国电影艺术观念的更新，突出表现在对电影艺术造型性的重新认识与对空间形式的探索上。

从美学特征来看，电影艺术的运动性与造型性既有相异之处，也有相同之处，它们之间是一种辩证关系。

电影艺术的运动性与造型性是两种不同的特性，从根本上讲，它们的区别在于，运动性注重电影艺术的时间意识，运动美主要是电影艺术时间进程之美；而造型性强调电影艺术的空间意识，造型美主要是电影艺术空间结构之美。事实上，作为时空综合艺术，电影艺术应当而且必须将运动性和造型性置于同等重要的地位。电影艺术所表现的一切，可以说都是在时间中展开的，也都是在空间中存在的。运动性不能脱离造型性，因为电影艺术的运动只有在无数画面的相互联结中才能完成;造型性更离不开运动性,因为电影艺术画面造型的叙事、抒情等诸多功能只有在不断的运动中才能实现。

此外,还需特别指出的是,我国电影艺术在继承和借鉴中华民族优秀美学传统的前提下,也致力于追求运动与造型、动与静的有机统一。中国传统美学思想认为动、静是密不可分的,有动必有静,有静必有动。历代艺术家一贯主张以静示动、寓动于静、动静合一,并且在创作实践过程中,不断运用这种朴素的辩证思维铸造意象、营造意境。我国电影艺术家也自觉借鉴中国传统美学的思维方法用以处理动与静、运动性与造型性的关系,强调诗情与画意的统一,赋予电影作品鲜明的民族特色,丰富电影艺术运动性和造型性的美学内涵。清人王夫之云:"太极动而生阳,动之动也。静而生阴,动之静也。"因此,在电影艺术创作中,人们既应重视"动之动"的阳刚之美,也不应忽略"动之静"的阴柔之美。电影艺术的运动美和造型美正是动与静、阳与阴、刚与柔、实与虚交叉复合的流动美。

2. 综合性与技术性

电影艺术是建立在现代科学技术基础之上的综合艺术,它融会吸收了多门艺术的优势和长处,特别是融合了现代科学技术的一系列最新成果,才在短短的时间里迅速发展起来,成为20世纪最重要的大众文化艺术之一。

综合性是电影艺术重要的美学特征之一。电影艺术正是因为吸收了多门艺术在千百年实践中积累起来的艺术精华,所以才迅速发展起来。电影艺术的综合性,首先,表现在它综合了戏剧、文学、绘画、雕塑、建筑、音乐、舞蹈、摄影等多门艺术中的多种元素,并对其进行了具有质变意义的化合改造,使得这些艺术元素在被引入电影艺术之后相互融合发展,并形成电影艺术新的美学特征,最终促使电影艺术成为一门崭新的、独立的艺术形式。例如,文学作品中的各种体裁都或直接或间接地给电影艺术以巨大影响。美国电影理论家乔治·布鲁斯东曾一针见血地指出:"电影艺术与文学作品的联系在于二者都是时间艺术,它们都要在流动的时间中描绘动作和塑造形象,从而表现人物的性格和心理。"电影艺术与文学作品的区别在于前者同时还是空间艺术。正是因为电影艺术是时空综合艺术,可以通过四维空间直接诉诸观众的视觉、听觉,所以电影艺术中的艺术形象是具体的、可见可闻的,而文学作品中的艺术形象却是抽象的,无法见其面、听其声的。

其次,电影艺术综合性的美学特征,绝不限于上述各种艺术元素的简单融合,从深层意义上讲,电影艺术的综合性突破了艺术层面,更加集中地反映为美学层次上的高度综合性。电影艺术在美学层次上的高度综合性,主要表现在时间艺术和空间艺术的综合、视觉艺术和听觉艺术的综合,体现为再现性和表现性的统一、纪实性和哲理性的统一、叙述因素和隐喻因素的统一。

最后,电影艺术综合性的美学特征还体现在现代科学技术与艺术的综合。电影艺术诞生至今只有100多年时间,作为最年轻的艺术,电影艺术其发展之快、影响之大、覆盖面之广、观众人数之多,是其他任何艺术都无法比拟的。作为人类科技、文化高度发展的结晶,电影艺术融会了大众文化艺术和现代科学技术的各项成果,成为现代化的大众传播媒介,也成为最具影响力和传播力的现代综合艺术。

3. 逼真性与假定性

电影艺术从诞生之日起,就开始寻找其特殊的表现形式。卢米埃尔兄弟是纪录片的创始者,梅里爱是第一位把电影艺术引入戏剧和其他艺术的先驱,由他们创立的两大流派后来在世界电影史上一直延续下来。卢米埃尔兄弟创立的纪实派,强调电影艺术的逼真性,梅里爱创立的戏剧派则强调电影艺术的假定性,他们各自抓住并强调了电影艺术美学特征的一个方面。事实上,真正的电影艺术是逼真性与假定性的有机统一,虽然它们有时显得各有侧重。

逼真性是电影艺术的美学特征之一。电影艺术的摄像技术,能够逼真地记录和复原客观世界,科技的发展更使得它能够逼真地再现事物的声音和色彩。因此,在所有艺术形象中,电影艺术形象最真实、最具有直观性。从某种意义上讲,电影艺术的本性就是活动的照相术,具有逼真性。

电影艺术的逼真性,还在于它能够真实地再现时间与空间。法国纪实美学大师巴赞认为,电影艺术与其他艺术相比,其伟大之处在于只有电影艺术能够最有效地把观众直接带到现实本体面前,他把电影艺术的表现基础看作视觉与听觉的真实,以及时间与空间的真实。巴赞强调:"电影的特性,暂就其纯粹状态而言,仅仅在于从摄影上严守空间的统一。"他还指出,基于这种观点,电影的出现使摄影的客观性在时间方面更臻完善。摄影的美学特征在于揭示真实。巴赞认为,电影摄影不仅具有照相似的再现空间的功能,它还可以同时记录时间,具有再现现实的时空性,因而电影艺术与摄影一样,其"美学特性在于揭示真实",这种"真实"自然应当包括视听的"真实"与时空的"真实"。电影艺术为了保持这一特性,必须注意时间和空间的"真实",保持时间和空间的统一,而不能随意分切。巴赞曾批评蒙太奇美学理论随意分切和组接镜头,他认为这样做破坏了镜头的暧昧性和多义性,破坏了时空的统一性,也破坏了时空的真实性。因此,巴赞提出长镜头摄影与景深镜头,用以取代和对抗传统的蒙太奇手法。巴赞认为,长镜头可以通过影片在时间上的延续,保留现实时间的真实,而景深镜头则可以保留现实空间的真实。

电影艺术可以高度逼真地再现物质世界的影像、声音，乃至于运动，但是，电影银幕毕竟只是以二维空间的平面图像表现三维空间的立体世界，展现的只是现实的影像，而不是现实本身。更进一步讲，电影艺术之所以成为艺术，是因为在自然现实与艺术再现之间存在着一条界线。这一点，甚至连巴赞也不得不承认。

电影艺术创作的方方面面都离不开假定性。电影艺术中的时空并不是客观现实生活中的真实时空，而是一种再造的时空或创造的时空。电影艺术能够中断时间、空间的自然连续性，根据影片剧情的需要重新组接，造成与现实时空不同的银幕时空。

此外，我们还需特别关注电影艺术中逼真性与假定性的辩证关系。如果从中国传统美学的"虚实"范畴来看，可能会得到更多启发。"虚实"作为中国传统美学的重要范畴，在艺术创造与艺术理论中被运用得十分广泛，二者对立统一。虚与实，无论是在中国传统哲学还是在中国传统美学中，都不仅仅是指两种性质相反的特性，更是指它们之间互对、互补、互动的态势，虚实相互包含，你中有我，我中有你。尽管对"虚实"含义的具体理解，在中国古代不同艺术领域各不相同，但从大体上讲，它涉及真与幻、实在与虚构、有形与无形、直露与深藏、有限与无限、客观与主观等不同理论层面上的一些规律性问题，也涉及生活真实与艺术真实等现实的关系问题。在中国古代戏曲、小说等叙事文学中，关于虚实关系的论述，更接近电影艺术实际。从总体上看，中国传统美学十分讲究虚实结合，如明代戏曲理论家王骥德说："剧戏之道出之贵实，而用之贵虚。""以实而用实也易，以虚而用实也难。"明代文学家谢肇淛也认为："凡为小说及杂剧、戏文。须是虚实相半，方是游戏三昧之笔。亦要情景造极而止，不必问其有无也。"文学理论家强调小说和戏曲创作不必拘泥于生活中的真人真事，完全可以根据需要进行修改加工，但必须适度才符合艺术真实的要求。

此外，中国传统美学的虚实论还涉及有形与无形的辩证关系，涉及神与形、意与境、情与景、心与物、显与隐等诸多关系，这些无疑给电影艺术中逼真性与假定性的辩证关系提供了有益启示。

以上以电影艺术的美学特征为切入点详细阐述了电影艺术的时空本性。由此，可以得出这样的结论，电影艺术作为时空综合艺术，从其诞生之初就具备了特殊的美学品质，而这种美学品质一旦被人们关注就会对电影艺术发展起到重要的推动作用。

完成了对电影艺术时空本性的理论探讨，接下来我们将深入实际，走进当代华语影坛，以读者耳熟能详的电影作品为研究蓝本，继续深入挖掘电影艺术的时空传播美。

第二节　电影艺术的时间美

对于生命和时间的思考，是人们极其敏感的话题之一。时光不断流逝，生命由盛而衰，这是任何人都无法回避的事实。我国古代伟大的思想家、政治家、教育家、儒家学派创始人、"大成至圣先师"孔子曾说过："逝者如斯夫，不舍昼夜。"在这里，孔子把时光比作流水，寄托了他对生命的复杂感情。时间的流逝是电影艺术最根本的特征之一。虽然电影艺术叙述的动力和戏剧产生的效果绝大部分依赖于空间来实现，但是银幕上的空间转换又是通过观看胶片在一定时间内的运动完成的。

1. 时间与电影时间

中国人有独特的时间观，在过程中看待生命，生命是一条绵延不绝的"流"，以时间统摄空间，世间的一切都在时间的流动中活了。中国人的时间观中有一种超越的思想，即所谓"意象在六合之表，荣落在四时之外"，它是中国传统美学极富价值的文化瑰宝。

从《阿飞正传》到《重庆森林》，从《东邪西毒》到《春光乍泄》，尽管王家卫的电影早在20世纪90年代就确立了独特的电影风格，尽管这种电影风格也早已确立了王家卫在华语影坛举足轻重的地位，但对于内地观众而言，真正认识王家卫是从2000年《花样年华》的公映开始的。这部影片上映伊始，卖座势头直追国外影片，凭借该片获得戛纳影帝的梁朝伟和身着旗袍摇曳多姿的张曼玉更是成为当年最登对的银幕情侣。

如今，虽事隔多年，但《花样年华》独具的时间美感仍备受观众喜爱。王家卫在电影中既赋予了时间冥想的品质，又赋予了时间绝妙的美感。

一对邻人，他们各自家庭中的另一半不是常年在外，就是有家不回。于是，两位异性在点点滴滴的时间积累中彼此留意，在脸上写着孤独寂寞的表情中相互靠近。电影细致地表现了他们相互吸引的过程：擦肩而过、默然不语、偶尔交谈，继而又默然不语……片段式的呈现意味着一段漫长的过程，这其中时间起着神秘的发酵作用。

书籍既可称为时间的潜影，又可称为时间的媒介，一叠书从这一边流动到那一边，既暗示着孤寂时光，又暗示着落寞心情。在咖啡馆里，男人缓慢抽烟，女人细啜咖啡，艰涩的对话、欲言又止的神情在时间的定格中变得意味深长……随后，他们又一前一后出现在长长的阒无人际的街巷、雨中。呵护成了对方嗔怪的理由,嗔怪又成为双方表露心曲的方式。

此外,在该部影片中我们还可以寻找到更多雕刻时光的艺术元素:缓慢的节奏、时间的暗影、忧郁的情绪、伤感的情节、漫长的夜晚、连绵的细雨,甚至连转身、对话、手部动作都是那样悠缓、那样有韵味。与其说这部影片是对20世纪60年代香港生活方式的追怀,毋宁说是对散发着蓝调气息的欧美爵士时代的时尚礼赞。

总之,电影艺术用特殊而严谨的方式操纵着人们对时间的体验。

2. 电影艺术时间美的多种表现形式

巴拉兹曾在《电影美学》中提到,电影时间有3种表现形式:物理时间、心理时间和艺术时间。物理时间是指电影中实际发生的时间,是影片中角色经历的时间。例如,一部电影的时长可能是90分钟,这就是它的物理时间。心理时间是指观众感知的时间,是观众在观影过程中经历的时间。这种时间可能会因电影的节奏、剧情的紧凑程度及音乐等许多因素而有所不同。例如,一部电影可能在物理时间上是90分钟,但观众却会觉得它的心理时间更长或更短。艺术时间是指电影中导演想要表达的时间,是电影的叙事时间。这种时间可能会与物理时间或心理时间不同。例如,一部电影的物理时间是90分钟,但导演可能会通过快速剪辑让观众感觉时间过得更快,或者通过慢动作让观众感觉时间过得更慢。

巴拉兹举了一个例子说明艺术时间的3种表现形式:一部再现赛跑过程的短片,在这部短片中,导演可能会使用慢动作镜头表现运动员奔跑,让观众感觉时间变得更慢。同时,导演也可能会通过快速剪辑表现运动员动作,让观众感觉时间变得更快。这样,观众就会在心理时间上感知与物理时间不同的时间长度,从而更好地体验电影的艺术时间。以下以这3种时间表现形式为理论基础,详细论述电影艺术时间美感在华语影片中的具体体现。

(1)放映时间。

放映时间是胶片机械运动的时间过程,是艺术家对影片实际进展时间处理的结果。放映时间与物理时间同步等值,具有客观实在性。但是,物理时间具有一维性和难以逆转的特征,在其流程中没有任何东西能以完全相同的形态重复发生,而放映时间却不同,一部电影不但能够重复多次放映,甚至还具有逆转性,可以从结尾向开头放映。很多电影工作者正是抓住电影艺术的这一特征,把它发展成一种艺术性技巧,从而突显电影艺术的时间美感。

如在电影《阳光灿烂的日子》里,马小军和刘忆苦在"老莫"过生日时的那场戏。马小军失控地砸碎酒瓶一次一次地捅向刘忆苦的胃部,观众本以为接下来会看到一场血腥的场面,可是此时,时间突然逆转,酒瓶恢复完整,流淌在地上的酒也回到了瓶中,神奇的事情出现了,刘忆苦不但没有事,还一脸茫然地看着狂怒的马小军。这个动作重复,再重复,直到最后,画外音响起:"千万别相信这个,我从来就没有这么勇敢过,这么壮烈过……"电影将已呈现的回忆推翻,一个慢动作镜头倒回,故事又重新开始,影片有了不同的结局。此处这个基于电影艺术放映时间的蒙太奇技巧的使用不仅巧妙地说明了回忆的模糊性,还深刻挖掘出少年马小军当时潜在的心理状态。不可否认王朔的原著本就很精彩,但姜文导演的电影让时间有了更动人之处。

(2)叙述时间。

叙述时间即影片表现的事件和情节的实际进展时间,在电影艺术成长初期,叙述时间等于事件过程的物理时间。如世界电影史上最早的影片《火车到站》(也译为《火车进站》)、《工厂的大门》等,摄像机处在同一机位不间断拍摄,因而拍摄时间和放映时间是等同的。可是自从拍摄视点开始不断变化,尤其是蒙太奇技巧的出现,事件情节的过程时间与电影艺术的叙述时间由原来的同步变为不完全同步,事件过程的延续时间与描述事件的故事时间之间也开始出现差异。

获得第 26 届金鸡奖最佳影片奖的《云水谣》用一个多小时的放映时间为观众叙述了一个长达半个多世纪的爱情故事,这就是电影艺术叙述时间的美学魅力。

《云水谣》主要讲述了 20 世纪 40 年代发生在台湾的一个爱情故事。年轻俊朗的医学院高才生陈秋水被王家聘为家庭教师,并与王家千金王碧云日久生情,敏感的王母发现女儿的变化后,委婉地辞掉了秋水。失落的秋水回到老家西螺,终日闷闷不乐,而此时身在台北的碧云也难忍相思之苦。不久,碧云以外出写生为由费尽周折,终于寻找到秋水的老家西螺,从此二人不顾一切地相爱了。时局动荡,秋水为逃避国民党抓捕欲潜逃至大陆,在那个雨水与泪水滂沱的夜晚,秋水与碧云以简单的订婚形式相互交付承诺,从此,一条海峡隔开了两颗相爱的心……围绕着这样一条主线,一段凄美的爱情故事,就此展开。

影片采用插叙的表现手法,通过作家陈晓芮对姑妈王碧云的一系列追问,开启了那段尘封了半个多世纪的酸楚回忆。从表面看,陈晓芮只是故事的讲述者,透过她,故事才得以在现实与回忆中自由转换,实际上,笔者更倾向于将她看作王碧云"镜中我"的代表。片中,王碧云与秋水的相互思念、子路对碧云的单相思、秋水母亲对儿子的牵肠挂肚、金娣对秋水的爱怜与牵挂……每一份思念都绵延不绝。也许是由于思念中掺杂了太多泪水的缘故,所以最终酿出的只能是孤单自斟、无法快乐共饮的苦涩。这种苦涩,来源于过程,却爆发于结果。影片最后那一场雪崩和紧接着王碧云再也不能自控的痛哭,将剧情推向高潮,任凭画面随着黑幕渐渐隐去,那撕心裂肺的哭声仍久久回荡在观众脑海中,让人无法平静。

在中国传统美学中,搅乱时间节奏往往和艺术家的创造精神联系在一起。在电影艺术中,电影创作者有时为了表现主题的需要,一方面会舍弃某些情节,另一方面又会加强对某些情节的叙述,甚至还会把不同时空中出现的情节交叉排列、重新组合。在电影艺术发展历程中,时间元素和空间元素从来就不是限制电影艺术家表述的因素,只要电影艺术家致力于表现人物内心的体验世界,表现影片的主题,那么一切事物都是可以利用的。在不断"揉搓"的时间元素和空间元素面前,电影艺术家可以用一小时表现五十年、一百年,同样也可以用一小时表现一分钟、两分钟。

(3)感知时间。

感知时间即观众在观看影片时其主观感受中的时间流程。由于观众在欣赏影片时都是从各自的主观角度出发的,所以不同的观众对同一部影片的感知时间难免会有差异。熟悉影片内容、曾有过相似体验的观众会比不熟悉影片内容、没有过相似体验的观众感知时间短;喜欢影片的观众会比不喜欢影片的观众感知时间短;熟悉电影语言的观众会比不熟悉电影语言的观众感知时间短。两部时间长度相同的影片,情节曲折、节奏较快的影片比淡化情节、节奏缓慢的影片,观众的感知时间也要短一些。

时间是一种感觉。苏轼曾有诗云:"无事此静坐,一日似两日。若活七十年,便是百四十。"在无争、无斗、淡泊、自然、平和的心境中,一切都是静寂的,有如阳春季节,太阳暖融融的,我们感觉时间的流淌似乎也停止了一样。在中国传统美学中,艺术家着力追求静寂,因为只有在静寂中才有天地日月长。静寂不是环境的安静,而是内心的平和。只有在内心的平和中,人们才能忘却时间,艺术家才能与天地同在,与气化的宇宙同吞吐。

无论是中国传统美学,还是当代电影艺术,静寂的意境都是一脉相承的。电影艺术家只有体味"永恒"的价值,才能创作出优秀的电影作品;观众只有在观影的过程中荡涤心灵,使心灵处于片刻的安宁,才能体会电影艺术家通过银幕传递给人们的关于人生和命运的感喟。

3. 电影艺术时间美的自由性和能动性

美的现象错综复杂,却依然有着严格的规律。把握"美是主体对客体的评价""美是一个形容词"这样的本质,可以理清复杂的审美现象,把握艺术的运行规律。

在电影艺术幼年时期,镜头本身的延续时间、镜头内部动作的实际进展时间,以及观众对时间流逝的主观感受几乎都是一致的,但这只是电影艺术还不成熟的表现,还未能体现出电影艺术自身的时间特征。电影艺术发展至今,更多的情况是3种时间在形式上无法等同,因为电影艺术的时间美具有极强的自由性和能动性。

电影艺术时间美的自由性和能动性首先表现为现实时间的延展、浓缩和省略。

慢动作镜头是将动作进展的实际时间延展的最典型做法,慢动作镜头也是对动作的强调。普多夫金曾说,在银幕上运用慢动作镜头可以使观众看到很奇怪的景象,看到在现实生活中存在但平常却感觉不到的景象。他还称慢动作镜头为"时间的特写"。慢动作镜头使动作的细节得以呈现,并且赋予动作新的韵律,增添了影片正常播放所没有的美感,给观众以视觉享受和强烈印象。

在张艺谋导演的影片《英雄》中,电影的镜语系统一个最重要的组成部分就是慢动作镜头的大量运用。一种技巧的重复使用可以产生一种风格,这种风格就是对电影时空的创造性超越。如《英雄》中几个高潮段落的武打镜头,无一例外都使用了慢动作镜头:棋馆一战,无名与长空对决,慢动作镜头造成了观众审美时间和情节时间的双重延拓;万箭攻城段落,慢动作镜头有力地表现了残剑临危舞字的气概,以及无名与飞雪以肉身挡强弩的豪情;无名与残剑湖上一战,慢动作镜头与大远景交叉使用,达到了中国传统绘画追求的意境美境界。

电影艺术中的慢动作镜头,与中国传统绘画和文学作品中的白描手法具有相似的美学功能,它们都是通过虚化与表现内容无关的因素,对目标进行集中化、细微化描绘。这种艺术技巧不仅可以造成时空延拓,产生视觉凝聚作用,还可以引发审美延滞,产生"超于像外"的意境美。中国传统绘画中的白描手法是完全用线条表现物象的画法。此画法因取舍力求单纯,对虚实、疏密关系刻意对比,故而有朴素简洁、概括明确的特点。中国传统绘画中的白描画法多见于人物画和花鸟画。文学作品中的白描手法是为读者喜闻乐见的一种描写手法。它运用最精练、节省的文字,粗线条地勾勒出人物最精准的精神面貌。这种描写手法不仅要求作家准确地把握人物的性格特征,而且还要求用传神之笔加以点化,如鲁迅先生的小说就多运用白描手法。白描手法,不仅可以运用于小说创作中,还可以运用于散文和诗词创作中。

在电影艺术创作过程中,慢动作镜头就是借助白描的表现手法,对电影艺术中的场景和动作进行修饰,进而产生特定的时间体验。

在电影艺术中,时间性存在意味着表象性存在。对于中国电影艺术来说,电影艺术家不要做世界的陈述者,而要做世界的发现者,要有超然于时间之外的真实追求。电影艺术的主要功能在于发现,而不在于记录。在人们的意念中,时间是无可置疑的,人人都有一颗听"时"心。

在电影艺术中,时间性存在又是一种情理性存在。在时间帷幕上,映现的是人具体活动的场景,承载的是人说不尽的爱恨情仇。时间意味着秩序、目的、欲望、知识,时间意味着无限的一地鸡毛,时间也意味着说不完的占有和缺憾。"昔我往矣,杨柳依依,今我来思,雨雪霏霏。""昔年种柳,依依汉南。今看摇落,凄怆江潭。树犹如此,人何以堪。"时间记载了人们的遗憾和缺憾、失落和茫然。电影艺术要撕开时间之皮,走到时间背后,寻找自我性灵的永恒安顿,摆脱时间性存在带来的心灵困苦。

通过以上论述,可以得出这样的结论:电影艺术的时间美是电影艺术时空美的重要组成部分。在电影艺术中,观众可以通过时间的流逝体验生命超越;观众可以通过蒙太奇技巧领略跨越时空的爱恋;观众可以通过夸张的慢动作镜头造成审美时间和情节时间的双重延拓;观众还可以不为叙述时间所驱使,尽情地在过去、现在和未来的艺术世界中徜徉。

中国当代电影艺术中的时间美就是以对现实时间的超越,以"意象在六合之表,荣落在四时之外"为美学基础的。一般人为时间所驱使,而电影艺术家却是可以驱使时间的人。电影艺术可以超然于现实世界,利用镜头、剪辑技巧和拍摄技法制造出另外一个有过去、现在和未来的艺术世界。这样的电影艺术时间观以超越具体时间为起点,以归复生命之本为旨归。

第三节　电影艺术的空间美

电影空间与传统空间艺术的空间特征明显不同:电影艺术的再现性和纪实性决定了其画面空间是物质空间的再现。与绘画、雕塑、摄影等只能记录物质及其运动的瞬间状态,或者只能占据位置并显现体积与规模的其他空间形式相比,电影空间无疑具有巨大优势。

1. 空间与电影空间

从美学角度来说,电影空间的优势在于它创造了一种独有的美学空间。在电影艺术中,电影创作者不仅可以依据自己的艺术构思,安排和创造电影空间,还可以对现实空间进行夸张、扭曲、变形等艺术处理。

银幕借二维平面展示三维空间,观众由此可以毫无阻碍地进入想象世界。

坐在黑暗的观众席上舒适地看电影,观众们渐渐地被剥夺了在真实世界中为自己定位的感知能力。电影让人们处于旁观者位置,强化对影像的感知。在这样理想的观影条件下,观众仿佛占有了整个银幕空间,并产生身临其境之感。只要电影一开始,无论从生理上,还是从心理上,人们实际上都成为面对银幕的隐形观众。人们目睹事件的发生,除非影片中的人物直接面对摄像机,否则在影片人物所能感知的范围内,观众们都是不在场的。人们通常是积极参与的旁观者,在放映机投射到银幕的影像中,透过人物的肩膀凝视他们,人们的身影会投射在银幕上,但却不是其中的一员,人们会手舞足蹈,但对电影进程却毫无影响力。电影艺术对银幕空间的组织其最终目的是让人们能目不转睛地观看发生的一切。

作为对观众的奖励,电影艺术对空间的处理总是不时地触摸并满足其内心期待。简单地说,人们之所以从观影中获得快感,是因为在电影艺术对空间的精心组织中反复观看想看的东西。

在电影艺术中,对于银幕上的单个镜头,很难严格地说它是二维的还是三维的,但毫无疑问的是,二者之间在不停地进行变换,就像人们的注意力也会在影像呈现的绘画、建筑和雕塑风格间不停地变换一样。当人们观看银幕时,会被银幕上的运动吸引,甚至可以感受到影像中的运动其实就是现实空间中的运动。电影艺术空间为营造场面、叙述故事提供了机会,电影艺术用二维影像代表三维空间。

2. 电影艺术空间美的多种表现形式

电影艺术的空间表现形式,主要有纪实性空间与表现性空间两大类。我们以这两种空间表现形式为理论基础,详细论述电影艺术空间美在华语影片中的具体体现。

(1)纪实性空间。

摄像机的特性使得电影艺术具有照相性,电影艺术中的新闻纪录片、艺术性纪录片等,其中的空间表现都是纪实性的。这些片种多以真人真事为对象,直接表现社会生活,其画面影像空间自然也都是实实在在的真实空间的再现。艺术性纪录片,或选择直接在事件发生地拍摄,或经过美工、道具的加工恢复事件发生时场景的原貌,以达到纪实性目的。

"我为什么会拍《可可西里》?因为这个题材充满了力量。"就是这样一个朴素的意图让导演陆川用两年半的时间艰难地完成了一部作品。影片《可可西里》是根据真实故事改编而成的,故事的发生地可可西里位于我国版图的西部、青藏高原的中心地带。1985年以前,可可西里生活着大约一百万只珍贵的藏羚羊,由于欧洲和美洲市场对藏羚羊绒的需求量增加,我国境内的可可西里无人区爆发了大规模的藏羚羊屠杀行动。短短几年时间内,约一百万只藏羚羊几乎被杀戮殆尽。从1993年起,可可西里周边地区的藏族人和汉族人在队长索南达杰的率领下,组成了一支名为野牦牛队的巡山保护队,志愿进入可可西里进行反盗猎行动。在前后5年多的时间里,野牦牛队在可可西里腹地和盗猎分子进行了无数次浴血奋战,两任队长索南达杰和扎巴多杰先后牺牲。

影片《可可西里》是以一位记者在可可西里的所见所闻为线索展开叙事的。在短短的17天里,队员们每天都在死亡的边缘挣扎。回顾全片,我们来看其中的几处细节:刘栋陷入流沙,挣扎,可还是在缓慢下沉。此处导演采用了固定镜头拍摄手法进行拍摄,观众不用移动眼球就能真切地看到一个生命是如何终结的。随后,镜头慢慢拉远:货车,散落一地的麻袋,一望无垠的沙地。影片的结尾,巡山队队长日泰被子弹击中胸膛。此处导演采用了恰到好处的固定镜头和远景镜头相结合的拍摄手法进行拍摄。没有脸部的特写,没有细节的捕捉,我们甚至看不到躺在地上的日泰的面容。我们不忍想象,导演也不忍拍摄,于是,在长镜头的定格中,我们眼睁睁地看着一位英雄无可奈何地逝去。除了真实表现可可西里艰苦的自然环境和队员们壮烈牺牲的悲惨景象,此部影片还把艺术触角伸向了更为广阔的伦理空间,扩展到了对人性深刻剖析的领域。人性的善与恶、贪婪与无私、崇高与猥琐,在影片中通过纪实性拍摄手法表现了出来。猎杀藏羚羊的团伙为了一己私利,将黑洞洞的枪口无情地对准藏羚羊,毫不犹豫地开枪、补枪,熟练地剥皮,狡猾地将丝绒藏入衣服夹层中……

(2)表现性空间。

电影艺术的表现性空间是体现创作者思想意图的空间,是作品主题的形象化外现。在电影艺术中人物的心理、情绪和感受,除了通过演员的表情、肢体和台词传达以外,空间也参与其中起到表现和烘托作用。如影片《阳光灿烂的日子》中打群架那场戏,卢沟桥下宽广的平地衬托出打架人数的众多,而低矮阴暗的桥洞又映射出人们压抑的心理和紧张的情绪。

其实,电影艺术的空间表现形式,既可以是纪实性的,也可以是表现性的。

很多电影评论家都称《黄土地》既是纪实的,也是写意的。一方面,此部影片通过质朴的画面造型,呈现出陕北高原的山川土地和民俗风情。另一方面,影片中的大部分镜头都充满象征意味,饱含着年轻一代创作者对民族历史的沉思。在影片中,顾青作为新生活的代表,携来了世世代代庄稼人感觉不可思议的外界信息。但是,在这片黄土地上,历史的积淀毕竟太深厚了,顾青在短短的时间里根本不可能触动这千年不变的顽固。在影片的结尾,顾青再一次来到他曾经采风的村庄,当全村人都在虔诚祈雨时,唯一的例外却是憨憨,他奋力冲出重围,迎着顾青的方向跑去。通过这个极具冲击力的影片高潮,创作者不仅旨在表达翠巧的悲剧将不再重演,也隐约透露出黄土地上即将改天换地的时代气息。

3. 电影艺术空间美的修饰技巧

对电影艺术空间美进行修饰的镜像语言是一种直接诉诸观众视听感官,以直观、具体、鲜明的视觉形象传达具有特殊含义的艺术语言。画面是电影空间的基本组成元素,参与画面形象创造的表演、场景、照明和色彩都在构成特殊的电影镜像语言方面起到重要作用。由摄像机的运动和不同镜头的组接、剪辑产生的蒙太奇技巧,不仅形成了银幕空间形象的构成法则,也完善了电影空间镜像语言的修辞规范。

(1)电影艺术的画面与构图。

当我们欣赏一部影片时,最先接触到的就是画面。在影片风格的形成和表现过程中,画面构图技巧起到了重要作用。所谓画面构图是指画面中人物、景物的安排与布局。画面构图的总体要求是突出那些富有视觉表现力的内容。

清人梁廷楠曾在《曲话》中这样说过:"情在意中,意在言外,含蓄不尽,斯为妙谛。"此可谓中国传统美学的最高境界。如果用这几句话为影片《城南旧事》的艺术表现形式做注脚,恐怕也是最恰当不过的。

影片《城南旧事》延续了原著抒情的风格。在故事情节上既不追求大起大落,在电影手法上也不追求精雕细琢。淡淡的夕阳、古朴的乡景民俗,如诗一般的画面,让电影处处流溢出韵味。由于影片是在特定的社会历史风貌中开掘人与人之间的感情,抒情而细腻地刻画人物精神世界的活动,所以又具有一种深沉委婉、宁静淡泊的意境和散文式的叙述风格。

看《城南旧事》,观众心头会漾起一丝温暖。影片不刻意表达什么,只一个场景一个场景地从容描绘一个孩子眼中的老北京,就像生活在述说它自己,那样不疾不徐,温厚醇和,那样纯净淡泊,弥久恒馨,那样满是人间烟火味,却无半点儿追名逐利心。整部影片朴素、淡雅,怨而不怒、哀而不伤,以离别为基调,用散文的叙述方式带给观众一种中国传统水墨画的观影效果,点染顿挫。导演把影片总的色谱定位在以土黄、青灰为主的基调上,全影片中仅有英子的衣裳和秋天的枫叶透出一缕红火。从总体来看,黄灰色调中仅有的那一抹艳丽,更加烘托出惆怅氛围,给人以往事如烟、哪堪回首的感受。

(2)蒙太奇与电影镜头。

蒙太奇这个外来语,曾使很多人认为其神秘莫测,实际上,蒙太奇的原理并不复杂,它的艺术作用也不难理解。蒙太奇是法语 Montage 的音译,原是建筑学上的名词,指安装、组合、构成。20 世纪 20 年代中期,库里肖夫和爱森斯坦等电影艺术家把这个名词引用到电影艺术中,表示镜头的组接及通过镜头组接产生的艺术效果。

在电影《和你在一起》中,影片结尾处多维时空交叉叠印的蒙太奇效果,不仅是导演艺术才华的生动展示,更是影片题旨的深刻阐释。

小春抱着象征着自己生命和灵感来源的小提琴奔跑,他在茫茫的人海所组成的世界中苦苦寻找。寻找什么?寻找他的父亲?寻找他的生命源头?寻找他的人生价值与生命归宿?

带着血泪印痕的音符交织而成的情感旋律,从小春的内心深处迸发出来,向着人生与灵魂的世界呼唤。黑白的世界里,又是茫茫的人流,一个婴儿和一把小提琴被弃置在火车站的一个角落。这个婴儿连同那把小提琴被一个好心的男人抱在怀里,好心的男人是刘成,被弃置的婴儿是小春。在比赛的舞台上,林雨在演奏,展示一种娴熟的技巧;在人生的舞台上,小春通过琴弦倾诉着自己埋藏在心中的爱与思念。

特写:技巧的演示;情感的倾诉;掌声中,林雨在谢幕;父子相拥在一起……

鲜明的艺术形象带来的是强烈的人格对比,犀利的镜头语言叙说的是巨大的价值反差。这就是蒙太奇技巧产生的艺术效果。

与其他形式的艺术欣赏相比,电影艺术欣赏最大的特征是始终伴随着生动逼真的视听形象。在电影艺术中,镜头是构成影片的基本元素,如果把镜头比作文学词组,那么,一个镜头就是一个句子,一个长镜头就是一个相对完整的叙述段落。

从影片《站台》开始,观众认识了贾樟柯。在贾樟柯的电影作品中,那些很长的跟拍镜头留给了观众深刻的印象。这些动辄长达数分钟的单调画面(甚至没有背景音乐)看似违背了电影艺术的基本原则,实际上却成为影片的点睛之笔。贾樟柯作为第六代导演的代表人物,在电影作品创作过程中,他不再像他的前辈那样把目光投向群体意识维度,而是把摄像机镜头直接对准当前日常生活中的个体,以及每个个体具体的情感与内心世界。

"谁有创可贴……谁有创可贴……?"这是影片《世界》开场留给我们的疑问。女主人公不停地叫喊,随着她的叫喊,镜头不停地切换,并来来回回在每个人的脸上掠过,最后又定格在女主人公身上。刺耳的叫喊、冗长的镜头,刺激着观众的每根神经。

桃和安娜坐在人力三轮车上一路在夜色中穿行,歌声响起,镜头先是随着车跟拍,然后缓慢拉起,把观众们从萦绕乡愁的夜色中拉回到现实:一个表情漠然的三轮车车夫在奋力向前蹬着车,远处是灯火阑珊的世界公园。接下来,从伤感到现实的跌落又是通过一组长镜头完成的。

通过以上论述，我们可以得出这样的结论，电影艺术的空间美和电影艺术的时间美一样都是电影艺术时空美的重要组成部分。在电影空间中，观众可以体验激动人心的虚幻世界；在电影空间中，观众可以体验中国传统美学的山水写意情趣；在电影空间中，观众可以通过交叉叠印的蒙太奇技巧体验情节的错落有致；在电影空间中，观众还可以超越现实空间进入表现空间的广阔天地，尽情领略想象中的美丽世界。

中国当代电影艺术空间美的表现形式，一方面，是对现实空间的如实描述，而另一方面，又是对表现空间的尽情展现，这些都是以中国传统美学"意象在六合之表，荣落在四时之外"为美学基础的。回顾电影艺术发展史，我们发现电影艺术家和普通观众最大的区别就在于他们具有独特的空间意识。

第四节　电影艺术的时空组合美

电影艺术的特征使得电影艺术似乎有一种不受任何自然时间和物理空间束缚的力量，相比于其他艺术形式，电影艺术似乎更能摆脱时空的客观规定性，从而获得更大的发展空间，而这种发展空间又突出体现在电影艺术不同时空结构的组合方式上。

在电影艺术构成叙事的过程中，线性时空结构、交错式时空结构、套层式时空结构和拼贴式时空结构等不同的时空组合方式伴随着电影艺术的兴起而出现。直至今天，作为电影艺术创作方法的延续，电影艺术时空组合美仍然是电影艺术时空美的重要组成部分。

1. 线性时空结构的美学效应

线性时空结构是电影艺术创作中最基本的时空组合方式。这种时空组合方式依照事件进程的自然顺序组织情节，推进剧情。它通常以时间为轴线，展开事件及人物性格的发展进程。采用此类结构的影片情节完整，讲究起、承、转、合，情节与情节之间具有紧密的因果关系，剧情发展也具有严格的逻辑性。由于脉络清晰，叙事性较强，矛盾冲突集中，符合现实生活的逻辑和顺序，因此这类结构的影片非常受观众欢迎，很多好莱坞电影都采用这一叙事结构。

下面以原生态影片《樱桃》为例，阐释线性时空结构的美学效应。电影《樱桃》是旅日导演张加贝的得意之作，这是一部歌颂母爱的农村题材电影。影片讲述了大山深处一位智力有障碍的美丽女子渴望孩子、抚养孩子并保护孩子的感人故事。影片因着力刻画母爱，也被观众称为新版的《妈妈再爱我一次》。

《樱桃》这部电影之所以选择农村题材,是因为农村生活相对于城市生活更加质朴,更加接近人类生存的本性;之所以选择一位智力有障碍的母亲,是因为智障人士的行为既能展示人类的社会性,又能无所顾忌地展示人类的天性;之所以选择原生态拍摄方式,是因为原生态拍摄方式可以不顾及镜头的表现力,只强调摄像机就是人的眼睛,注重从独特视角表现事态发展,从而给观众留下充分的想象空间。

此部影片在时空组合方式上选择了最简单、最质朴的线性时空结构进行叙述,影片以红红的画外音作为主线,按照时间顺序组织情节。信息时代给人们带来的巨大压力使得很多观众都寄希望于在观影过程中获得暂时的放松和解脱。这部原生态影片犹如在繁华的都市里给人们开垦出的一片绿洲,当人们工作疲乏、心情烦躁时,可以来此享受舒适和安逸,获得真诚。试想如果这样的原生态影片采用非线性时空组合方式,将极大地破坏影片效果——观众一方面陶醉在山清水秀的环境里,另一方面又要不停地转换思路以跟上摄像机和导演的步伐。所以对于《樱桃》这一类原生态影片来说,采用线性时空结构是最适合的,因为它可以利用最简单的表达方式表现最纯朴的感情。

线性时空组合方式运用于此类影片中还有一个好处,那就是能客观地表现故事情节的真实性。

2. 交错式时空结构的美学效应

当代电影人急切地想在电影艺术中实现当代艺术(包括文学、戏剧、绘画、诗歌等)的集中体现,因为当代电影的中心议题已不再是古典时期的简单叙事,而是对当代社会生活和人类生存状况做出的全面描摹和多维判断。前文所谈及的线性时空结构显然难以完成这一重任,于是交错式时空结构在这一背景下逐渐显现。

电影的叙事结构与电影的表达方式密切相关,选择了一种叙述结构,就意味着选择了一种表达方式,而这种表达方式又将携带电影的某些风格特征。下面将以两部风格迥异的影片为例,阐释交错式时空结构的美学效应。

2007年姜文的又一力作《太阳照常升起》公映,这是一部具有魔幻现实主义审美特质的电影作品。电影吸收了西方后现代电影的结构方式,创造性地创建了新的魔幻的时空游戏电影结构方式。在电影中时间成为艺术的修辞媒介,准确地呈现了一代人碎片式的荒谬、躁动和狂热的生存状况及内心世界。

《太阳照常升起》的时间线索是1976年春、1976年夏、1976年秋、1958年冬。虽然按照春夏秋冬叙述了4个故事,但是整部影片却颠倒了故事的叙述结构。在影片中,叙事结构采用印象派的散点洒墨方式,银幕上呈现的是碎片式的生活现象，事件本身却隐藏在时间的帷幕背后，通过人物的交谈追叙事件，再把事件置于人物的交谈之中。初次观看此部影片时，许多观众最大的感受是"乱"，和现实存在差距，没错，这正是影片所要突出表现的超现实主义风格。整部影片所套用的故事情节完全超越了它在社会学意义上的本来含义，最主要的戏剧冲突不是外在的情节，而是内在的心理。用中国传统美学研究方法进行解析，就是"欲"与"礼"的冲突。姜文在影片中并没有简单地描述这种冲突，也没有着重描写文明社会对本能冲动的压抑，而是带着强烈的个人感情，为人的本能欲望欢呼。就是这种与众不同的欢呼使得姜文超越了第五代导演的人性解放和寻根概念，从而站在了一个更新的角度俯视人性。

费里尼曾说过这样一句感人的话：斯皮尔伯格很幸福，他喜欢的东西全世界都喜欢。但并不是所有的导演都这么幸运，现在来看，姜文就不是幸运的，因为《太阳照常升起》离大众惯常的思维模式太远了。

对于中国电影，姜文的确是个开拓者。他总能在固定的电影模式中发出不一样的光彩。姜文寄希望于《太阳照常升起》，希望借助它来和观众共同探讨人生意义。"本能"到底对人的一生起着怎样的作用？我们应该怎样看待人性？我们为什么要活着？人生不如意事十之八九，而太阳照常升起！

香港导演关锦鹏执导的电影《胭脂扣》和《太阳照常升起》一样，也是采用了交错式时空结构，但两部影片的风格绝然不同。《胭脂扣》曾是当年香港新电影的代表作，影片把过去与现在、回忆与联想、幻觉与现实糅合在一起，造就了一个既新颖又独特的叙事结构——用20世纪80年代的视点观察20世纪30年代的生死恋。

《胭脂扣》讲述的故事是在相距半个世纪的两个交错并置的时空中展开的。20世纪30年代，妓女如花和富家公子十二少相恋，但却因身份悬殊受尽阻挠，两人相爱无果后决意服毒殉情，并相约来世再续前缘；20世纪80年代，已经变成幽魂的如花寻找苦等了半个世纪的十二少，当她在朋友的帮助下，找到当年的十二少时，却发现五十多年前的爱情早已破灭，因此她选择决然离去来祭奠这段曾经刻骨铭心的爱情。影片中两个交错的时空是以如花经历人鬼两界的命运为脉络的，故事题材本是人鬼情，但导演关锦鹏却独创新意，利用时空交错，叙述营造了一种全新的时空传播美。

也许是等待，也许是留恋风景，五十多年的时间还不够吗？为了一个承诺，一个信念，一个男人，她足足等了五十多年，一场隔世的等待。当岁月流逝，感觉变成怀念。其实，爱情就是等待，等待一种感觉，等待一个谜团。等待不过是一场虚构的迷惘，人生如戏，戏如人生。"凉风有信，秋月无边，亏我思娇的情绪好比度日如年,虽然我不是玉树临风,潇洒倜傥,可是我有我广阔的胸襟,强健的臂弯!"一曲《客途秋恨》,她唱得百转千回,余音绕梁。一个是欢场中的当红女子,一个是出身豪门的俊俏子弟,他们的相逢是那样偶然却又不可避免。当四目相接时,他们在彼此心中感受到了如生似死的漫长。那天,他附在她耳边说:"你有很多种样子。浓妆,淡妆,男装,不化妆。哪一样我都喜欢。可是哪一种才是真的呢?"兜兜转转五十余载后,繁华如梦烟已散,阴阳两隔聚首难。到底何谓真?何谓假?他送她嵌入她名字的对联花牌"如梦如幻月,若即若离花";他送她精致的金色洋床;他为她与家庭决裂,沦为戏班里的戏子……可是,他却在赴约的最后一刻胆怯了、背叛了,徒留她一人独自体味凄婉、孤独和苍凉。她死了,可是他却宁愿苟活。"青楼情种,如花魂断怡红,阔少梦醒,安眠药散偷生。"于是,阴阳两隔,恩爱成灰。终于找到他,本来她是有资格指责他的背叛的,可是她没有。因为爱,她保留了那份善,对他,对自己。面对这个腰弓背驼、寄人篱下的孤独老朽,浅浅的吟唱、淡淡的告别已足矣。哀莫大于心死,不如就此了断。

如此一个简单的关于爱与背叛的人鬼情故事,被演绎得如此凄婉苍凉。时空交错,命运交错,爱与背叛交错,就是这样的叙事方式带领观众徜徉于醉生梦死的欢乐场,感受妩媚的风情在眼角和指尖缓缓流过。

在电影艺术中,艺术家通常是以破坏原有的时间逻辑来建立一种新的生命逻辑,他们经常以对人们习以为常的秩序的破坏实现这种时间超越。为了建立新的生命逻辑,他们总是尽情地揉搓时间,打破时间节奏,以不合时来说时,以不问四时来表达对时间的关注,以混乱的时间安排来显现他们对生命的思考。

3. 套层式时空结构的美学效应

如果说交错式时空结构的电影以淡化情节、淡化故事而取得丰富的表现视角,并赢得观众认可,那么套层式时空结构并不排斥故事和情节,因为它把重点转向了如何讲述复杂的、有意味的故事。套层式时空结构一般都包含两个叙述层面,一个是此时空的故事,另一个是彼时空的故事,两个故事在交替行进中互有渗透。

下面以两部同时采用黑白影像和彩色影像进行叙事的电影为例,阐释套层式时空结构的美学效应。

《我的父亲母亲》是一部以爱为主题的唯美电影。影片的主要内容是通过一段回忆展开的。初恋的回忆,是人生中最美妙的感觉,当父亲过世,年迈的母亲回忆起她当年梦系魂牵的初恋,观众不但体味到初恋情愫的凄美动人,甚至还品读出主人公对美妙人生的执着追求。

导演张艺谋曾说,《我的父亲母亲》是一部讲述爱情、家庭、亲情的电影。一个纯朴的姑娘爱上了一个年轻的男人,一爱就是一辈子,他们的爱情很真诚。这是张艺谋第一次用诗意、浪漫、抒情和单纯去表现一个爱情故事,这部电影是舍浓郁而求单纯。影片拍摄的景色很优美,色彩也很鲜艳。故事放在一个几乎与世隔绝的空间中展现,自然环境的优美更为二人的爱情增添了几分色彩。此部影片并没有按照常规方法进行处理,而是反其道而行之,现实选用黑白影像表现,而回忆却选用彩色影像表现,现在时的冰冷与过去时的美好形成强烈反差。

关于爱情,也许真的像有些人说的那样:不在乎天长地久,只在乎曾经拥有。初恋,对于大多数观众而言意味着刻骨铭心,一生一世。没有华丽的演员阵容,有的只是唯美的画面、引人入胜的配乐及羞涩甜蜜的初恋情怀,导演用最平实、舒缓的镜头为我们讲述了一个爱情童话。爱是人类永恒的主题,的确,生命中如果缺少了爱,就像失去了赖以生存的空气,生命的意义也将渐渐消失。

观众喜欢张艺谋的电影,是因为他在电影中经常采用毫无矫饰的实物进行拍摄,《我的父亲母亲》正是这样一部影片。一出场,就是东北农村暗沉寒冷的冬天,一丝凉意从心底渗透到每根骨头。黑白的画面,穿着厚棉袄的人群,悲伤的情绪、纯朴厚实的气息从画面上吹落下来,沉积在观众心底。父亲死了,儿子赶回来为父亲办丧事,而母亲却固执地想把相濡以沫几十年的父亲抬回来。正当沉重的气氛逐渐凝滞时,故事却突然一转,一个明朗俏皮的春天倾泻而来。

在这部电影中,张艺谋对细节的把握非常到位,一个搪瓷碗,一个发夹,一件红棉袄,让观众仿佛置身于那个小山村,和影像中人物一起聆听父亲的读书声。此部影片既没有浮华尘世的艳丽和空虚,也没有复杂到百折迂回的情节。平淡,朴实,内容是如此简单,画面是如此极致,单纯的艺术,单纯的人性。可是,谁又能说得清这简单下的款款深意呢!通过这部电影,观众在喧嚣吵闹的都市生活中感受到一丝宁静,以及由这宁静带来的人性中最美好的一面——纯真的爱情。

另一部采用套层式时空结构的力作是香港导演关锦鹏在 1992 年推出的《阮玲玉》。该片因视角独特、熟稔运用套层结构、触及问题深锐,引发各界广泛关注。关锦鹏在片中复原了 20 世纪 30 年代的生活图景,让观众恍若进入时光隧道,回到了半个多世纪以前。《阮玲玉》的套层式时空结构对于 20 世纪 90 年代香港商业化的电影环境来说,显然具有某种艺术实验性和巨大挑战性。

关锦鹏是极少数将阮玲玉搬上银幕的导演之一,更为出众的是,关锦鹏的《阮玲玉》并非纪录片,却格外成功地还原了真实。影片采用历史时空和现实时空交错并置的套层结构。将阮玲玉旧片、演员对阮玲玉表演的再现、演员与导演分析阮玲玉表演技巧的真实场景熔为一炉,在电影、历史和现实 3 个时空中闪回切换。

此片从整体来看，有两个大的套层结构：一个是阮玲玉的生平；二是扮演阮玲玉的演员张曼玉在片场的情景。作为叙事的外层空间，影片中20世纪90年代的现实时空采用纪录片方式，使用黑白影像；而作为叙事的内层空间，影片则采用故事片方式，使用彩色影像。在《阮玲玉》中，历史的故事与现实的记录被模糊了。

通过电影我们看到，阮玲玉的存在即一个证明：在觥筹交错、声色犬马的浮华背后，真实的20世纪30年代的上海滩，真实的艺人生活，真实的女性宿命，在这样一个女人身上，经过惊心动魄的以死绝世得到充分印证。检阅黑白影像，《故都春梦》《野草闲花》《三个摩登女性》《小玩意》《城市之夜》《人生》《归来》《再会吧，上海》《香雪海》《神女》《新女性》《国风》……这个只有25年天命的女子留下了29部影片。老上海的真实影像不再是金粉浮世，更多的是挣扎于尘寰中的生灵那一张张饱含屈辱与痛苦的面容。凡俗中最卑贱的女子，被她演绎出呼之欲出的精魂。

《阮玲玉》这部电影采用现实与往事交替进行的套层式时空结构，既用影像重现当年，又把现实的演员、导演和对老电影人的采访一起引入，这种叙事上的强烈对比，使得整部影片透出强烈的解说意味。一边是陈旧的旧上海叙事，另一边是符合市场潮流的现代话语，阮玲玉被这种双重声音同时述说着、解构着。

导演既要呈现一个真实可感的阮玲玉，又在不断提醒我们，这一切不过是虚构的，不过是张曼玉在扮演阮玲玉。张曼玉模仿阮玲玉那凄艳的表情，那一瞬间镜头仿佛扭转了时空，画面变成黑白，模糊的影像，哀愁的美人，苍老的时光。

虚实是中国传统美学中一对重要的概念，虚实结合，虚中有实，实中有虚，在虚实之间，中国艺术对虚更为重视。词宜清空，清者不染尘埃，这是诗人的感受；虚实相生，无画处皆成妙境，这是画家的感受。中国的诗词和绘画艺术中，意境就产生自虚实相生的结构机制。蒲震元将意境分为"实境"和"虚境"两个组成部分。实境之所以能激发虚境，在于其内部存在一种虚实相生结构，在诗词中它表现为景语与情语的交融；在水墨画中它表现为景物之实与笔墨之虚的交融，以及实体要素与布局空白的交融。

电影艺术由于同时具有时间和空间两个纬度，所以它的意境生成机制显然要比诗词、绘画复杂得多。在电影艺术创作过程中，在空间向度上，物质现实为实，镜头语言为虚，物质现实与镜头语言虚实相生，画面实体要素为实，布局空白为虚，实体要素与布局空白虚实相生；在时间向度上，叙事为实，抒情写意为虚，叙事与抒情写意虚实相生。

4. 拼贴式时空结构的美学效应

电影艺术发展至今,距离现代电影的兴起已有一个多世纪,虽然现代电影的遗迹多多少少还会存在,但已不像当年那样带着艺术的光环闪烁天下。当下的电影艺术更多地呈现出后现代语境中艺术的双重特性:一方面,电影人仍以前卫的姿态对古典和现代电影进行大刀阔斧的变革;另一方面,电影艺术和其他大众文化一样日益散发着媚俗艺术的气息,以此博得观众认同。时空组合方式此时也呈现出一种新的样态——拼贴式时空结构,并接二连三地涌现出一批电影,如《甲方乙方》《爱情麻辣烫》等。

拼贴式时空结构由若干个叙述时空组成,这些叙述时空似乎只是在自说自话,因偶然性随机进行,相互之间并不发生任何关系,影片消解了叙事的连续性和情节的逻辑性,取而代之出现碎片化倾向。这种倾向与机械复制时代密切相关,在机械复制时代,"人们可以轻而易举地拥有复制的艺术作品,可以在近距离内逼视它的一切隐秘的细节,于是艺术作品的'光环'消失了,它的'崇拜价值'严重下降了,而它的'展览价值'则大大增加了"。

如今走进影院观众更看重的是影片的趣味性、观赏性和节奏感。在几个叙述时空的拼贴中,传统意义上的讲故事已经成为一门没落艺术,故事本身也已走了样:没有前因,没有后果,没有背景,也没有预示,有的只是情境和场面。

下面以两部内容活泼、形式轻松的影片为例,阐释拼贴式时空结构的美学效应。

1997年,由冯小刚执导的影片《甲方乙方》开创了中国电影史上的一个先河——此部电影成为中国电影史上首部贺岁电影。这部电影一经上映,马上引起全国观众注意,在当年的电影评选活动中,该电影曾一举摘得第二十一届大众电影百花奖最佳影片奖、最佳男主角奖、最佳女主角奖三项大奖。

但是当年在影片筹拍时,对于《甲方乙方》的影片叙事方式,无论是投资方、制片方还是审查机构全都拿不准,因为之前电影从来没有这样拍过。

传统的叙事电影往往是单线的,最多两条线交叉推进,然而《甲方乙方》这部电影却像小品晚会一样,通过姚远和北雁来串场,将一个一个小品故事串联在一起。虽然它的情节铺排结构符合叙事电影的一般规律,但是这种小品化的建构电影的方式确实很新颖,在当时也确实很难说能否为观众所接受。

好梦一日游,哪怕真的只有一天。因为人生实在存在太多不完美、太多遗憾,所以我们才会有梦。《甲方乙方》主要讲述了一伙待业电影人如何开创为人圆梦的事业,虽然情节上看起来有点儿天方夜谭,可是却表现出中国传统美学中的人本主义思想。整部影片由五个故事构成,把都市人的喜怒哀乐交代得尤为清楚,其中既有爱情,更有人情。

在这部电影中,北京人爱调侃的性格和对白充斥其中,再加上"好梦一日游"公司奇思妙想的场面设计、天马行空的故事情节,让观众大饱眼福。此部影片不但故事情节现代化,主题也符合商业社会发展。人生处处掺杂着烦恼和忧愁,不是谁都能像影片中的那些顾客一样幸运,可以排解自己的烦恼实现自己的愿望,哪怕只有一天。虽然姚远一帮人圆的是别人的梦,但是他们也在一场场梦的穿插空隙中实现了自己的梦——留住房子、找到幸福。

《爱情麻辣烫》是西安电影制片厂1997年出品的一部时尚电影,主要演员阵容庞大,有濮存昕、郭涛、徐帆、邵兵、徐静蕾、文兴宇等。全片用一对即将成家的年轻人准备结婚的过程贯穿整部电影,片中的五个故事贴近当代生活,富有新鲜活力,观众可以从中体会少年朦胧的初恋滋味;感受青年轰轰烈烈的热恋激情;寻找年轻夫妇婚后生活的平凡、平淡与幻想世界的差距;偷窥人到中年再次面对爱情考验时上演的离婚大战;欣赏步入黄昏的老年人沐浴夕阳之恋的美好情景。影片在一个个完整的故事中嵌入不完整的人生情感,以独特的结构、全方位的视角向观众展示当代社会丰富多彩的城市生活。

观众喜欢聪明的导演,观众更喜欢聪明的导演用聪明的手法把故事的情节和细节串联起来,就像日本的《情书》和法国的《公寓》一样。无疑,《甲方乙方》这部电影的导演串联故事的手法也是巧妙的,如同一副永远不断的、一环扣一环的多米诺骨牌。

在中国传统美学中,超越时间就是超越人的局限性。拼贴式时空结构是电影艺术中斩断时空纠缠的最有效做法。在拼贴式时空结构里,所有的叙述时空都呈现片段化、零散化,时空转换也是通过偶然性或任意性拼接完成的。在电影艺术中,虽然先进的剪辑技术和组接技巧已经可以帮助我们完成对自然时间和物理空间的超越,但是真正意义上的"斩断"还需要电影艺术家和观众长期不懈的努力才能完成。

以上所谈及的交错式时空结构、套层式时空结构和拼贴式时空结构都是相对于线性时空结构而言的非线性时空结构。作为区别于线性时空结构的电影表现手法,非线性时空结构的审美意味何在?

第一,非线性时空结构能够充分体现电影艺术的时空特征。电影艺术最大的特点在于它是一种看的艺术,观众能看见物质现实,看见人类的心理世界(如潜意识、梦境、幻想),看见现实的特殊形式(如灾难、战争),看见视觉在正常情况下无法看见的东西(大至无法看全、小到无法察觉或转瞬即逝的东西),还能看见过去和将来。电影摄影机成了杂食动物,它似乎可以吞食一切——虚构故事、纪实素材、笔记、小说片段——无所不包、无奇不有。电影蒙太奇又将这些"看"毫无痕迹地联结在了一起。由此，当代电影成为名副其实的综合艺术，电影艺术既可以像哲学一样思考，也可以像文学一样讲故事，还可以像史诗一样承载无尽的情意。在电影艺术的自由时空里，观众可以在这一秒看见三百年前的历史，又在下一秒回到此时此刻的情境，也可以在同一时间观看不同空间发生的故事，观众可以体验在别的艺术形式中无法体验到的视觉享受。

第二，非线性时空结构是一种更富个性的电影创作手法。在这类电影结构中，观众更容易发现创作者的影子。因为在古典叙事电影中，叙述者几乎是隐而不见的，而在非线性时空结构中，个人急切的表达、独到的眼光和自然流露的真情的确为电影艺术增色不少。

第三，非线性时空结构赋予电影艺术更深刻、更复杂的主题意味。电影艺术的多重时空不仅要求对文本进行理解，还需要对隐含的意义进行解读。站在中国传统美学立场，古典叙事被认为是"拙劣"的，因为它的主题十分确定和明白无误，而多重时空、非线性时空却带给电影艺术多义性及歧义性，无疑为电影艺术带来了新的审美意味。

通过以上论述可以得出这样的结论：从电影艺术的线性时空结构到非线性时空结构，电影艺术的时空组合美已经远远超越了其技术和技巧层面上的意义，它们自身具备了更为深刻的中国传统美学意味，那就是采用最佳结构手段彰显电影艺术叙事。由此，我们坚信在今后的发展过程中，电影艺术的时空组合美将为电影艺术家开启更为广阔的创作空间，同时也将为电影理论研究者提供更为深刻的美学探讨主题。

第五节　小结

银幕世界的未来与人类文明的未来有着千丝万缕的联系。在五千多年的人类文明史上，有多少当时可望而不可即的梦想，如今已变成让人叹为观止的现实。电影艺术就是人类曾经梦寐以求的艺术形式和传播媒介之一。一百多年前，它还只是一种梦想，19世纪和20世纪之交它终于变成了现实。如今，每年有数以万计的电影作品问世。电影艺术以其新奇的表现手段、鲜明的视听形象、生动逼真的时空组合方式反映着当今社会人们的心灵世界。

从电影艺术的时间美到电影艺术的空间美，再到不同时空组合方式的美学效应，电影艺术极大地提高了人们的审美能力。"意象在六合之表，荣落在四时之外"，中国传统美学的精华也在电影艺术中得以体现。中国电影艺术家以自己的"灵想"铸造电影艺术的时空传播美。

21世纪人类社会进入了信息社会与知识经济时代。在这个飞速发展的时代,经济全球化与文化多元化成为不可阻挡的历史潮流,大众传播媒介发挥着越来越重要的作用。从某种意义上讲,电影艺术已经成为当代社会生活中不可或缺的艺术种类,尤其是伴随数字技术的发展,21世纪电影艺术将进入人类文化发展史上又一个崭新的发展阶段。

纵观电影艺术发展进程,任何一个时代都具有独特的烙印与标记。电影艺术时空传播美作为当代电影艺术的重要组成部分,更彰显了独具特色的艺术魅力,而这种独具特色的艺术魅力正是本书所阐述的中国传统美学观念与电影艺术的时空本性在电影艺术中的体现。

电影艺术是一种世界性艺术形式,但它同时又以美学特征和文化性格区分不同民族与国家的艺术风格。因此,我们明确地认识到,应当以中国传统美学的独特视角研究中国电影艺术,既吸收世界电影艺术的精华,又坚持中国传统美学的特色,实现中国传统美学与西方艺术美学在中国当代电影艺术实践中的融合。只有这样,我们才能创造出具有现代意识与民族风格的电影作品。

电影艺术的发展已经经历了百年历程,在这一百余年的时间里,电影艺术工作者用镜头记录下无数精彩瞬间和无数难以忘怀的经典岁月。面对21世纪电影艺术发展的新挑战,我们诚心期盼电影艺术工作者能够克服困难、开拓进取,呈现更多更好的电影作品,奉献更加出色的精神盛宴。

第十六章　大众流行文化之畅销书文化现象解读

畅销书是指在一个时代里,或者说在一段时期内,非常受读者欢迎的书。在书店管理中,畅销书是指销进比与销售频率极高,销售时间非常集中,销售量也非常大的书。

畅销书(bestseller)一词最初起源于美国。畅销书的特点是非常符合"当时"人们的阅读口味。虽然畅销书不一定是经典名著,自身的文化韵味也没有那么强,但畅销书的出现往往与当时社会的热点问题和发展趋势密切相关,能够较为准确地反映人们的兴趣和需求,因此也有学者将其视为大众流行文化样态。

第一节　我国畅销书发展历史概述

梳理我国畅销书发展历史,我们发现它的出现可能比其他大众文化现象早得多。

1. 20 世纪初到中华人民共和国成立前——畅销书发展萌芽期

20 世纪初到中华人民共和国成立前的这段时间,曾是我国畅销书发展萌芽期。这一时期鉴于新文化运动思潮的影响,大批具有先进思想的文学爱好者开始发表小说,他们的著作是最早一批畅销书。如果扩大范围,我们发现《新青年》杂志算是我国最早的一批畅销杂志。

这一时期诞生了大量的文学佳作。鲁迅先生的作品集曾经历过数次再版;茅盾虽初出茅庐,但也在文坛占有一席之地,他的作品《子夜》曾风靡一时;还有就是老舍和巴金的很多作品,如《骆驼祥子》《家》《春》《秋》等都是当时的畅销书。这一时期的畅销书读者多是具有先进思想的学生,他们更愿意接触揭露社会真相的文学作品。

20 世纪三四十年代,因为特殊的文化环境,曾出现过鸳鸯蝴蝶派文学作品,还有张爱玲的文学作品。这些作品曾深受当时都市有闲阶层的喜好,但这些作品随着社会发展,慢慢远离了时代主旋律。

纵观萌芽期的畅销书,虽然良莠不齐,但毕竟出现了一个阅读小高潮,这一大众文化现象,也较符合当时的社会发展规律。

2. 中华人民共和国成立到 1976 年——畅销书发展高涨期

我国畅销书发展高涨期是在中华人民共和国成立到 1976 年之前的这十七年间。这段时期,百废待兴,人们的工作热情和生活热情及其高涨,人们对于新生活充满信心,随着物质生活条件的不断改善,人们急于丰富自己的精神世界。

这一时期我国印刷出版业逐渐发展,并成立了人民出版社、人民文学出版社、机械工业出版社、中国青年出版社、工人出版社等许多专业的出版社,这些出版社秉持"双百"方针,出版了大批优秀的文学作品,并将这些作品推向普通百姓。

这一时期的畅销书主要有这样几大类:一是再版经典名著,如中国古代四大文学名著等,印数都在 200 万册以上;二是引进的苏联小说,如《钢铁是怎样炼成的》《静静的顿河》等,当时的文学爱好者以熟读苏联小说为荣;还有一类就是中国当代文学著作,如《红岩》《青春之歌》《林海雪原》《红日》等,这些文学作品为坚强人们的品格奠定了坚实基础。

纵向比较我国畅销书发展的上述两个历史阶段,畅销书的发展受到当时的社会条件和政治、经济、文化等许多因素的制约。

3. 20 世纪八九十年代——畅销书发展蓬勃期

1978 年党的十一届三中全会以后,我国的文化事业全面复苏,这一时期先后掀起了"伤痕文学""反思文学""寻根文学"的发展热潮,一批文学作品陆续推向市场,如周克芹的《许茂和他的女儿们》等。1981 年,依照茅盾先生遗愿,设立了茅盾文学奖,20 世纪 80 年代之后推出的第一批文学作品很多都曾获此殊荣,一时间人们争相购买获奖著作,出版市场一派活跃景象。

20 世纪 80 年代中期,"金庸热""琼瑶热""三毛热"席卷中国大陆,港台文学以其通俗易懂的特性迅速俘获读者"芳心",这类作品很快成为书店柜台上最畅销的文学读物。当时的新华书店里人头攒动,不是买书的,就是看书的,人们对于畅销书有了深刻体会。20 世纪八九十年代曾引发两个热潮,一是人们阅读这些小说的热潮,二是文学批评家研究这些小说的热潮。

下面以"金庸热"为例,介绍武侠小说的发展情况。金庸(原名查良镛)是我国武侠小说的泰斗级人物,他的作品不仅在国内广受欢迎,还被翻译成多种语言,在国际上享有很高声誉。据金庸研究者保守估算,金庸作品至少出版了 3 亿册。金庸的武侠小说以精彩的故事情节、丰富的人物形象、深刻的思想内涵和独特的文学风格著称。

下面是对他的几部代表作品的解读。

(1)《射雕英雄传》。这部作品是金庸的成名之作,是"射雕三部曲"的第一部。讲述了金国入侵南宋时,郭靖和黄蓉等人所经历的一系列故事。小说以郭靖的成长为主线,展现了他从一个普通少年成长为一代英雄的过程,同时也反映了当时政治、文化和社会的复杂现实。小说人物形象鲜明,情节曲折,语言优美,思想深刻,被誉为中国武侠小说的经典之作。当该文学作品被改编成影视作品,至今在70后、80后读者(观众)心目中,黄日华、翁美玲主演的83版《射雕英雄传》电视剧仍然是经典中的经典。在这之后,相继有几部同题材影视剧陆续上映,所以在不同年龄段的观众心目中,又有了不同的郭靖和黄蓉形象。

(2)《神雕侠侣》。这部作品是"射雕三部曲"的第二部。讲述了杨过和小龙女之间的爱情故事。小说以杨过的成长为主线,展现了他从一个孤儿成长为侠客的过程。金庸在该作品中将武功与性格结合起来,在武功中写个性,成功地塑造了许多鲜活的人物形象。"射雕三部曲"中,《神雕侠侣》的辨识度是最高的,尤其是小龙女的形象,尤其引人关注。

(3)《倚天屠龙记》。这部作品是"射雕三部曲"的第三部。作品以安徽农民朱元璋揭竿而起建立明朝为背景,以张无忌的成长为线索,叙写江湖上的各帮各派、各种人物的恩怨情仇。金庸把我国历史上元朝的兴衰和江湖道义、恩怨情仇结合起来,通过多种人物形象表达了作者既反对异族侵略,也反对本民族暴政的思想。《倚天屠龙记》的出版进一步扩大了金庸武侠小说的影响。

(4)《天龙八部》。这部作品是金庸的另一部代表作品。讲述了段誉和虚竹等人所经历的一系列故事,其故事发展之离奇、涉及人物之众多、历史背景之广泛、武侠战役之庞大、想象力之丰富当属金庸小说之最。

(5)《鹿鼎记》。这部作品也是金庸的代表作品。作品塑造了一个与以往武侠小说完全不同的小人物形象,并借这个小人物形象讽刺了那些道貌岸然的伪君子和迂腐顽固的旧思想。小说内容大开大合、大起大落,表现了各民族和谐相处、民族国家进步统一的思想。这部作品是一部悲剧性的英雄史诗,是金庸为无数江湖英雄唱出的无尽挽歌。

总体来说,金庸作品不愧是武侠小说的代表,也是中国当代文学的经典之作。他的作品不仅在故事情节、人物形象和文学风格上有着独特魅力,更重要的是,金庸作品中包含了大量的中国传统文化知识,这些知识对于提升读者的文化素养、坚定读者的意志品质具有重要作用。

时间进入20世纪90年代,这时我国的图书市场,不论是品种还是数量都出现大幅攀升,读者也日趋成熟,他们开始理性选择畅销书。此时的图书市场逐渐由卖方市场向买方市场转移。

此时，许多欧美精品图书登陆我国，如美国、欧洲等文学作品均已形成较为稳定的图书市场和读者群体，我国图书市场出现了"百花齐放，百家争鸣"的新格局。此时的图书出版商开始瞄准市场行情，随时依据市场动态调整出版任务，这一时期的畅销书初具市场规模。

在20世纪的最后两年，我国图书市场发生了一件轰轰烈烈的大事——随着《第一次的亲密接触》的热销，网络小说进入人们的视线。于是，读者们纷纷发现，原来人人都有机会成为作家，这时的畅销书是和读者走得最近的。

《第一次的亲密接触》被公认为是中国网络小说开山之作，也是我国互联网发展史上的第一部畅销小说。《第一次的亲密接触》由中国当代作家痞子蔡所著，小说讲述了主角痞子蔡因在网上的一条留言邂逅女孩轻舞飞扬，并发展成为知心好友，最后，女孩因疾病离开人世的故事。小说描述了"一杯大可乐两份薯条""泰坦尼克号""香水雨"等一幕幕故事场景，给读者耳目一新的感觉。小说以网络为背景，探讨了网络对人类交流和情感的重要影响，同时也反映了当时社会年轻人的生活状态和价值观念。小说的语言诙谐幽默，情节紧凑有趣，人物形象鲜明，深受读者喜爱。小说的成功为我国网络文学发展开辟了新的道路。

第二节 解析21世纪我国畅销书文化传播现象

本节专门讲述有关21世纪我国畅销书的发展情况。

梳理我国畅销书发展情况，我们发现畅销书的出版传播是由一系列相互作用、相互影响的过程构成的，这是一个开放的、多元的、立体的综合系统。

这个综合系统的运行过程如下。

第一步：无论哪个阶段的畅销书出版和传播都是以市场和读者为中心的，所以需要进行选题策划、读者调研和市场调研。

第二步：依据当时的大众文化发展情形或社会文化背景组织撰写和出版，畅销书最重要的特点是符合时代发展潮流。

第三步：将畅销书投放到市场上接受市场检验。

第四步：读者挑选畅销书的过程是下一个生产循环的开始。读者选择某一类畅销书，就意味着在一个阶段内，这类畅销书是符合读者潜在阅读需求的，如果出版社乘胜追击，再接再厉，很有可能抓住这个机会锁定忠实读者。

1."议程设置功能"理论在图书出版市场上的表现

图书出版商可以依据传播学"议程设置功能"理论，人为地为读者设置一些阅读议题，吸引读者购买。在这个过程中，媒介的作用无时无刻不渗透在畅销书传播过程中。也正是通过大众传播媒介从中架起沟通桥梁，读者和出版商（作者）之间才建立了一个良性的互动过程。

当人们运用传播学视角解析畅销书传播现象时，相比于专业类图书，畅销书早已被潜移默化地纳入媒体设定的"议程"中，接下来只要媒体不断通过各种方式增加其曝光率，畅销书便会顺理成章地被读者关注，进而产生购买行为。

进入21世纪人们对婚姻家庭关系产生了许多新的看法，于是出版商和作家联手为读者奉上了暗合当时社会热点事件或契合读者阅读心理的佳作，如《新结婚时代》。此书是著名作家、"中国家庭婚姻小说第一人"王海鸰的作品。小说一上市即受到读者热捧，紧接着又被拍摄成影视作品，在各大电视台热映，再次引起观众对它的关注，这本小说曾多次掀起销售热潮。

在这个瞬息万变的时代，婚恋观经历着前所未有的碰撞，传统的恋爱模式正在被现代的思维方式冲击，不仅是年轻一代，即使是中老年人也面临着诸多情感的困境与挑战。作家王海鸰在备受关注的小说《新结婚时代》中为读者揭示了真实的社会景象，深刻而又细腻地展现了两代人面临的三种错位婚恋的起伏跌宕。

小说的主角顾小西是一个出身于高知家庭的女编辑，她与来自农村的大学生何建国的婚姻成为城乡差异的真实写照。从他们的婚姻，读者看到两个成长背景截然不同的人如何在各自的家庭价值观、生活习惯和处事原则中摸索前行，而这样的摸索过程处处充满了冲突和疼痛。何建国的家人经常打破顾小西原有的生活规律，让顾小西感觉自己仿佛成为整个何家的公共资源，这种压迫感逐渐让两人的关系变得紧张。

而在顾小西的好友简佳和顾小航之间读者看到了另一种婚恋模式——姐弟恋。简佳作为成熟的都市女性与年轻的顾小航相恋，两个人不仅要面对社会的偏见和歧视，还要面对自己内心深处的挣扎和不安。这种不安源自两人在年龄、经验和对待事物上的态度，这些差异让他们的关系始终如行走在钢丝上。

此外，小说中还有一个情节让读者印象深刻，那就是顾小西的父亲与保姆发生的情感纠葛，这是一段所谓的忘年恋。当中老年人在情感上寻找新的归宿时，他们面临的社会压力、家庭纷争和内心挣扎更为复杂。

在《新结婚时代》中，作家王海鸰成功地通过小说向我们展示了在现代社会中，当传统与现代观念发生冲突，人们如何做出选择，如何在各种压力和困境中寻找自己的位置。王海鸰的《新结婚时代》是一部对当代中国婚恋现状进行深度挖掘和剖析的作品，不仅告诉了读者婚姻的复杂性，还揭示出当代中国人在家庭、社会和个人之间经历的种种挣扎。对于希望了解当代中国家庭伦理和婚恋观念的读者,这部小说都是一部不容错过的佳作。

《新结婚时代》是作家王海鸰继《牵手》《中国式离婚》之后,"婚姻三部曲"的完结篇。之后,越来越多的畅销书作家尝试写作这种作品,如《裸婚——80后的新结婚时代》《结婚十年》《中国式结婚》《幸福像花儿一样》《婆婆的镯子》等。

2. "意见领袖"引领图书出版市场发展潮流

自从拉扎斯菲尔德等人发现"两级传播"中"意见领袖"的重要作用,人们发现在畅销书出版市场也存在这样的"意见领袖"。畅销书市场的"意见领袖"可能会借某档访谈节目,非常自然地引出他对某本书的关注,由此吸引读者目光;或是借助其人际传播的强大攻势,以潜移默化的方式影响读者的思考或选择,将畅销书推向火热的市场大潮。

在图书市场上,判断一位作家成功与否,其作品的销量多少是非常重要的衡量标准。有这样一位作家,她的每部小说都有不菲的销量,是名副其实的畅销书作家;同时,她的小说还被翻拍成电视剧,火爆荧屏,她的作品几乎人尽皆知,她就是桐华。

桐华是中国当代女作家、影视策划人。对于很多读者来说,桐华这个笔名最初是和一部穿越剧牢牢绑定在一起的,这部穿越剧就是创造了网络文化巅峰的《步步惊心》。当年,网络空间里的"意见领袖"以最短的时间捧红了这部小说,之后据此改编的同名电视剧也收获了相当不错的收视率。在第一部清宫小说搬上荧屏后,她的《大漠谣》《云中歌》也陆续搬上荧屏。桐华所涉猎的题材可以用多变来形容,既有童话、神话,也有古代历史、现代都市题材,获得"中国好书奖"的作品《散落星河的记忆》还尝试用科幻元素作为背景。

据中国文艺网报道,2011年配合电视剧上市的《步步惊心》新版小说刚上市一个月就售出30万册,并连续两周蝉联国内权威图书零售监测机构开卷公司畅销书周冠军。一部早几年推出的网络小说竟能再度火爆图书市场,令出版方都感到十分"意外"。

3. 畅销书"销售法宝"解析

(1)内容创新,形式创新。

如今,改革开放已经四十多年,我国的市场经济也已日臻成熟,如何在未来的图书市场上使畅销书立于不败之地,是中国出版人亟须思考的问题。有人提出,选题创新是畅销书的生命线,要想占有市场,好的选题是成功的一半。在未来的图书市场上,出版商如果能做到"人无我有,人有我新,人新我特,人特我优,人优我快",避免同质化现象和跟风浪潮,必将百战百胜。

具体做法如下:

首先，图书出版商需要追踪市场热点，适应读者的心理需求。市场热点来源于社会热点，所以图书出版商要随时追踪社会热点事件，并通过积极渠道与读者建立联系，通过社会调查等多种方式，了解读者的实际心理需求。

其次，寻找市场空白，培养读者的阅读兴趣。社会生活不断发展，各种新问题、新情况频出，以前不曾想象的事情如今竟出人意料地发生了，所以现在的社会生活中没有绝对的"不可能"。出版商和作者可依据社会变化，寻求图书市场的空白点或文学创作的空白点，以"议程设置"的方式培养读者的阅读兴趣。

最后，还可以利用传统出版业和多种媒介的传播优势整合资源。现在的读者群体五花八门，需求也多种多样，想靠一本书或几本书占据市场，是绝对不可能的。因此，图书出版市场应该充分利用传统出版业的发展优势，整合资源，出版系列图书，满足读者的多样需求。在整合资源的过程中，图书出版业还可以和影视资源或其他媒介资源进行整合，借助多种媒介形式的传播优势，如追踪某档火爆荧屏的电视节目，为其出版图书，如《百家讲坛》系列图书、《朗读者》系列图书、《中国诗词大会》系列图书等。

（2）文学与影视相结合。

畅销书与影视作品是最佳拍档。影视剧情节曲折，视觉冲击力强，节奏紧凑，但小说更擅长对人物心理和语言进行描摹，所以一部热映的影视剧和同名小说一起上市，双向满足观众（读者）需求，一定能够形成较好的传播效应。

《亮剑》可能是中国电视剧市场重播率最高的电视剧之一，这部电视剧最早于2005年在中央电视台综合频道首播，然后不断在各省市卫星频道重复播出。该电视剧改编自都梁的长篇小说《亮剑》，但受限于电视剧时长，所以编剧只是改编了长篇小说的一部分。电视剧上映后，出版商再次推出同名小说。据搜狐网资料，小说《亮剑》自1999年发表以来，受到各界好评，截至2023年1月累计销售400余万册。

《人世间》是中国当代作家梁晓声创作的长篇小说，被誉为中国当代文学的经典之作，于2017年12月首次出版，2019年获得茅盾文学奖，掀起第二波出版热潮。2022年1月根据同名小说改编的电视剧在中央电视台综合频道播出，成为2022年开年最重要的文化传播现象。借助电视剧热播，小说再次迎来销售高峰，几乎在各大书店都是文学艺术类小说销售排行榜第一名。

《人世间》自出版以来，受到广泛好评和高度关注。同时，该小说还被翻译成多种语言，在国际上广泛传播。依此改编的影视剧和话剧，以及流行歌曲收获受众一致好评，进一步提高了《人世间》小说的知名度和影响力。

（3）文学与网络相结合。

近年网络小说牢牢占据年轻读者市场,尤其是像《盗墓笔记》《鬼吹灯》《悟空传》《斗罗大陆》《雪中悍刀行》《斗破苍穹》《庆余年》《诛仙》《后宫·甄嬛传》等这样的重量级网络小说,坐拥千百万粉丝。如果将优质的网络小说出版成图书,不仅会丰盈图书市场,还会进一步提高作者的社会影响力,所以近年许多网络写手愿意和出版商联手,将自己的作品变成铅字,在传统图书市场再分一杯羹。除了将网络小说变成纸质图书,还可借助网络渠道,开拓畅销书销售途径,多条腿走路,将畅销书更好地推向人民大众。

《盗墓笔记》是作家南派三叔创作的一部系列奇幻冒险小说,共有九部,分别为《盗墓笔记(1~8)》和《盗墓笔记外传:藏海花》。在这部系列作品中,南派三叔精心创设了一系列情节,细致入微的古墓设定和布局,极大地丰富了文本的想象空间,给读者提供了深入探索和不断解谜的乐趣。作品中人物形象栩栩如生,有血有肉,有情有义,作家通过人物性格特点的描绘和角色间的互动,让读者深深感受到属于每个角色的独特魅力。全书张弛有度,悬念迭出,扣人心弦,读者在阅读过程中,仿佛随着书中角色一同踏入未知古墓,体验各种惊心动魄的冒险。作者讲述故事的能力超强,能够通过文字营造出令人毛骨悚然的气氛、深入人心的剧情,给读者带来极致的阅读体验。此外,《盗墓笔记》系列小说中的人物感情也处理得十分细腻且真挚,无论亲情、友情还是爱情,都给读者留下了深刻印象。

另一部开启中国通俗小说"盗墓时代"的作品是《鬼吹灯》。《鬼吹灯》是天下霸唱创作的系列小说,最早连载于天涯论坛,后被起点中文网获得连载版权,2006年9月《鬼吹灯之精绝古城》出版。2017年7月,据"2017猫片·胡润原创文学IP价值榜"发布的消息,《鬼吹灯》排名第12位。截至2020年,由该小说改编的影视作品已达10余部。美国《时代周刊》评论:"《鬼吹灯》丰富饱满的想象力,成为它最让人刮目相看的地方。"如今,《鬼吹灯》的销量已超过2 000万册,无论是小说还是影视作品,常年占据各大平台榜首,实实在在收获了千万粉丝,对大众文化传播产生了巨大而深远的影响。

(4)有声小说三分天下。

随着有声资源的发展,将纸质小说以有声小说的方式在网络上进行广泛传播,也成为一条很好的推广畅销书的途径。在信息时代,很多都市白领及学生都喜欢利用碎片化时间收听有声资源并以此获取知识。随着近年樊登读书的兴起,人们找到了一条"躺着也能读书"的方法。有许多有声小说爱好者表示,一部好的图书可以反复收听,甚至达到几十遍之多,这是因为听众在文字的有声世界里寻找到了文字的真谛、知识的力量。因此未来大力拓展有声小说也可能是打开畅销书市场的方法之一。

在网络空间里,有声小说《活着》和《平凡的世界》焕发了"第二春"。

《活着》是中国当代作家余华创作的长篇小说,被誉为中国当代文学的经典之作。曾获香港"博益"15本好书奖、意大利格林扎纳·卡佛文学奖、第三届世界华文冰心文学奖等。2018年入选中国改革开放四十周年最有影响力小说,同年还获得2018年中国版权金奖——作品奖。

小说以一个普通农民福贵的生命历程为主线,展现了中国农民在战乱、饥荒、贫困等历史背景下经历的痛苦和磨难。小说主人公福贵出生于一个富裕的地主家庭,自幼衣食无忧,连上学都要家里的佣人背着去,从小就显露出顽劣的一面。

成年之后的福贵,确实没给他爹带来一点儿奇迹,非但没有收敛,反而更加放纵自己,毕竟他家里还有一百亩良田。福贵他爹看着福贵的样子,常常暗自叹气,虽嘴里责怪他不能光宗耀祖,可也不见有什么行动。其实,福贵自有他的想法,他觉得整天想着光宗耀祖的人非常累,为什么不及时行乐呢?于是他每天都在城里吃喝玩乐。后来,福贵娶了一个妻子,是城里一个老板的女儿,名叫家珍。家珍非常漂亮,而且又很贤惠,勤俭持家,对福贵不离不弃,但是福贵却对她不屑一顾。福贵喜欢赌博,还经常到城里的青楼,面对他的岳父大人,也总是一副玩世不恭的样子。

然而福贵命运的转折点终究还是来了。按照福贵家里原来的情况,正常过日子可以过得非常好,但一切都毁于福贵在赌桌上的肆意放纵。当怀胎十月的妻子跪在赌桌前劝他回家时,他对妻子拳打脚踢。后来,误入歧途的福贵在被人设计的圈套里越陷越深,自认为家大业大的他每次赌输之后,从来不看账本,糊里糊涂地就签字画押,就这样福贵把家里所有的田产和房屋都输了个精光。当奸诈狡猾的龙二把账本放在他面前时,他才知道为时已晚。

从赌场到家,这条路福贵再熟悉不过了,曾经他穿着绫罗绸缎,梳着抹了油的头发,趾高气扬地走在这条路上。而今日不同于往时,他输光了家产,再也不是那个衣食无忧的地主家的儿子了。就这样,福贵亲手将自己的家产拱手让人,成了一个穷人。他遣散了佣人家丁,可谓是从巅峰跌到低谷,冰火两重天。当赌坊的人到他家收田时,他父亲被活活气死了。福贵同时失去了父亲和财产,却让他悟到了人性。他看着一家老小,终于醒悟自己得找点儿事情来做养活他们。思来想去,他决定去找赢了他家产的龙二,成了广大农民中的一员。虽然种田的日子又苦又累,可福贵的心里总是踏实的。福贵最幸运的是身边有两个好女人,一个是他的母亲,一个是他的妻子。母亲说:"人穷点没关系,只要活得开心就好。"家珍心甘情愿脱下绸衣换上布衣,下田干重活。

然而这个家庭的苦难才刚刚开始。福贵的母亲病倒了,他带着家里所剩不多的钱财去城里给母亲请医生。当时正值战争时期,福贵不幸被抓了壮丁。辗转数年,命运弄人,本来一家子等着福贵请医生回来救命,结果福贵却消失得无影无踪。家珍一个人辛苦地拉扯着孩子,照顾着老人。与此同时,福贵也在部队里与死亡几次擦肩而过,福贵想念家乡,思念亲人,每次想起母亲和妻子都忍不住泪水涟涟。后来解放军解救了福贵,并把他送回家乡。时过境迁,母亲早已病逝,只留下一双孤苦伶仃的儿女和家珍相依为命。

原以为命运的捉弄到此就可以结束了,福贵也以为家人的不幸是对自己的报应,但生活交织的苦不会因为个人的悔恨而终止。福贵的儿子有庆善良懂事,可为了给县长妻子献血,无良的医生不顾有庆安危,一直抽血,就这样有庆死了。命运是何等悲凉和荒诞,当福贵知道那位县长竟是自己出生入死的挚友,福贵想报仇却不知从何下手。即便有再多苦难,生活依然要继续前行。福贵托队长给女儿凤霞找了个好对象,小两口也过上了一段安生的日子,但是这种快乐太短暂了。凤霞生孩子时难产不幸离世,女婿二喜因为放不下凤霞,干活时也出了意外,最后只留下一个四岁的儿子苦根。家珍的身体每况愈下,在去世前却说自己很幸福,福贵对她这么好,下辈子还要和他在一起。从此家里只剩下福贵和外孙苦根,可苦根七岁时因为吃了太多豆子被撑死了。此时,福贵哭了,在这个世界上他一个亲人都没有了。

人生之于福贵,痛苦总是多于幸福,还有什么比失去亲人更让人痛苦的呢?福贵在风烛残年时尝尽了苦涩,能够陪伴他的只有一头老黄牛。经历了无数苦难的福贵,终于悟透了人生哲理,他说:"做人还是平常点好,争这个争那个,争来争去赔了自己的命。像我这样,说起来是越混越没出息,可寿命长,我认识的人一个挨着一个死去,我还活着。"

《活着》是一本普及率非常高的畅销书,可也很少有人能细细品读,因为整体的感觉太沉重了,许多读者经常是拿起来看了两三页就放下了。所以,当转换传播方式,诉诸读者听觉,借助声音的魅力传播信息,反倒容易使人听得入迷。如今,在各大平台上都能搜索到有关余华《活着》的相关信息,如在喜马拉雅平台上,相关信息近百条,最高播放量达四千多万。

另一部天花板级别有声小说是《平凡的世界》,在喜马拉雅平台上,相关信息百余条,最高播放量达四亿多,其影响力可见一斑。

(5)科幻文学一枝独秀。

中国科幻文学近年来逐渐引起读者广泛关注,科幻文学以其新颖的题材和脑洞大开的想象，成为众多年轻读者和科学爱好者的最爱。纵观中国科幻文学作家排行榜，真正成名的作家较少，刘慈欣是其中的代表性人物。他的作品使科幻文学在传统文学圈内站稳了脚跟。依据《2023 中国科幻产业报告》，2022 年，中国科幻产业总营收 877.5 亿元。总体来看，中国科幻产业迎来黄金机遇期，各板块展现出较强的发展势头。科幻阅读产业 2022 年总体营收 30.4 亿元，同比增长 12.6%。其中，少儿科幻图书出版数量增加。数字阅读营收首次超过纸质阅读，科幻产业纸质阅读、数字阅读、有声阅读三大市场结构渐趋平衡。据"微信读书"榜单显示，中国科幻阅读市场仍以像刘慈欣这样的顶级作家的作品及国外译介的经典科幻作品为主，中国原创科幻新作仍有较大发展空间。

《三体》是中国作家刘慈欣在 2006 年推出的长篇科幻小说，曾获第十八届中国科幻文学银河奖科幻特别奖、第二十二届中国科幻银河奖特别奖、第二届全球华语科幻星云奖最佳长篇小说金奖、第一届西湖·类型文学双年奖金奖、第九届全国优秀儿童文学奖科幻文学奖、2020 年中国版权金奖作品奖、2021 十大年度国家 IP、第 73 届雨果奖最佳长篇、轨迹奖最佳长篇科幻小说奖、克拉克想象力服务社会奖、第 51 届日本星云奖海外长篇小说部门奖等国内外奖项，是近年中国文学著作中为数不多拿到诸多海外奖项的作品。

《三体》主要讲述的是一位名叫叶文洁的女科学家，在生活中遭受到一些悲惨境况，使她对世界和人类感到失望。一次偶然的机会，叶文洁向一个外星文明发送了一串带有地球坐标具体位置的电磁波信号，这就意味着她主动暴露了地球位置。这个外星文明，因为在它们的星球上有三颗太阳，所以被称为三体文明。三体文明的科技比人类文明先进许多，但是因为它们所处的星球有三颗太阳，所以乱纪元和恒纪元很不规律，环境也很恶劣，多灾多难，不适宜稳定发展。于是在收到来自地球的信号后，它们派出了太空舰队，准备前往地球，并占领地球。它们利用高科技"智子"封锁了人类基础科学，让人类基础科学就此止步，并长期利用"智子"监视地球。几百年后，三体文明的舰队就会到达地球，《三体》讲的就是未来几百年人类如何应对这场侵略的故事。

三体文明的星系非常奇特，虽然它们所处的星球适合居住，能够孕育生命，但它们的星系有三个太阳。科学中有一个难题，叫三体问题。大概是说，三个天体在相互之间的万有引力作用下，它们之间的运动规律无法精准预测，因此三体问题始终是一个未解之谜，三体文明就被这个三体问题困扰。在我们的太阳系，只要太阳稍微出点儿问题，人类就要"流浪"，由此可见太阳的变化对地球的影响非常大。三体文明所在的星球，它们的三个太阳之间经常无规则运动，很容易出现灭绝整个文明的危机，而他们的科技又无法指数爆炸式发展，因此它们渴望占领地球,谋求稳定发展。

此外,《三体》还讲述了黑暗森林法则、降维打击、面壁者、二向箔、曲率驱动等各种想象力十足的故事情节。马斯克说宇宙终将走向热寂。宇宙存在了大约138亿年,地球存在了大约45亿年,如果50亿年后,地球上将不再有生命,那么我们所熟知的每一个人,所有的一切都将不复存在,都将泯灭在宇宙中,我们注定只能是一缕阳光中停留的一粒尘埃。

《三体》是中国科幻小说到目前为止的巅峰之作,品读这部小说,你可以尽情发挥你的想象力。

(6)文学作品中的常青树。

时代的寓言——品读《白鹿原》。

1988年,时年46岁的陈忠实觉得自己写作了大半辈子,却没有一部让自己特别满意的作品,这位满脸沧桑的关中老汉凭着一股不服输的狠劲儿,带着铺盖卷重回白鹿原,回到乡下的祖屋。他开始破釜沉舟、不分昼夜地写作,这一写就是四年。1993年《白鹿原》问世,30年来畅销不衰,累计销售300余万册,受到了无数读者的追捧和喜爱。1998年,该部小说获得第四届茅盾文学奖。同时,小说还被改编成同名电影、电视剧、话剧、舞剧、秦腔等多种艺术形式。2019年9月23日,《白鹿原》入选"新中国70年70部长篇小说典藏"。

《白鹿原》主要讲述了白、鹿两家三代人,在白鹿村这片古老的土地上,活过,爱过,恨过,折腾过,共同上演着各自不同的人生命运。《白鹿原》的故事始于清末,伴随着清王朝覆灭,两个家族在这里爱着,恨着,坚持着,奋斗着,每个生命的生死沉浮都是在偶然间发生,斗争不断,从来没有真正的胜利者。回头想来,谁的人生不是这样泥沙俱下,时而清醒,时而混沌,时而执着,时而软弱。想得的得不到,不想得的有时偏落入手中,在历史洪流的一瞬间,什么是真实的人生,什么又是真实的活法,没人给出确切的答案。

第十七章　大众流行文化之漫画与大众传播发展研究

　　漫画,作为一种大众文化表现形态,深受广大读者喜爱,是大众文化传播与信息传递的重要媒介之一。在我国,漫画不仅肩负着寓教于乐的功能,还发挥着传递重要政治信息和经济信息的作用。

　　回顾漫画的发展历史,可以追溯到远古时期人们在河床和石壁上的简单涂鸦,直到19世纪,漫画才逐渐成为一门独立的艺术门类。在我国近代文化史发展进程中,漫画的发展是和章回小说的发展密不可分的;近代报业兴起之后,漫画也曾在报纸上辉煌过。进入21世纪,随着网络的发展和智能手机的普及,漫画的传播载体也与时俱进地更新换代了。

　　今天,我们身处数字科技飞速发展的高速路上,各种新兴软件和制播方式再次将漫画推向了信息发展最前沿。漫画的绘制彻底摆脱了纸笔的束缚,即使是零基础,也可以通过各种制作软件制作出漫画或动画作品。所以,漫画的制作越来越依靠新技术、新设备和新平台,而不再是绘画者。如今在漫画圈里,"大动漫""大IP"等概念迭起,促使漫画作为文化工业的一个重要组成部分为国家社会发展和经济腾飞做出巨大贡献。未来,以动画片和手机游戏等新产品为发展支撑,我国的动漫产业将日益兴隆。

　　以下将以时间发展为线索,简略概述近四十年中国漫画的发展历程。

第一节　继往开来:百花竞放的中国漫画(1976—1994年)

　　1976年以后,新的文艺政策体现出对艺术的极大尊重,1979年召开的中国文学艺术工作者第四次代表大会将文艺标准调整为"思想性和艺术性统一",强调以"四项基本原则"为一切工作指针,同时宣布把创作自由和评论自由作为根本性指导方针。之后,艺术家们被束缚已久的艺术个性得到解放,面对国家的新发展形势和逐渐好转的社会环境,创作热情空前高涨,创作出大量作品,讽刺、幽默漫画因其特殊的政治宣传功能重放光彩。这一时期,大量的讽刺、幽默漫画频频刊登在报纸上和期刊上,人们用一种更"有效"的方式纾解心怀。

1979年1月,《人民日报》创办了漫画增刊《讽刺与幽默》,它是我国出版时间最长的漫画刊物,也是目前全国唯一以漫画为主要表现形式的报纸。《讽刺与幽默》以精美的漫画、短小精练的文章、辛辣搞笑的文笔风格著称,让读者捧腹大笑的同时引发深思。各种漫画富含哲理,亦庄亦谐,大到国际时事、社会生活,小到家中琐事、柴米油盐,几乎无所不包。该刊创刊以来深受大众读者喜爱,刊发的漫画和文章转载率极高。20世纪80年代,该刊达到高峰发展时期,发行量高达130余万册。

《讽刺与幽默》拉开了漫画报刊发展的序幕,之后国内陆续创办了一批漫画报刊,如《幽默大师》《漫画月刊》《中国漫画》等。众多讽刺、幽默漫画的兴起,极大地鼓舞了作者的积极性,也带动了更多对漫画感兴趣的读者加入其中。随着我国漫画事业欣欣向荣地发展,各种漫画培训班日渐增加,为中国漫画事业储备了大量后备人才。

《讽刺与幽默》是我国读者在改革开放之后最先接触到的漫画报纸。在过去的四十多年时间里,这张报纸伴随一代代读者慢慢长大。这本报刊作为引领我国漫画发展方向的特色刊物,翔实地记录了改革开始四十多年的发展历程。

1979年1月20日《讽刺与幽默》正式诞生,起初是作为《人民日报》的增刊每月出版一期。从1980年起,在经历了一定的办报经验后改为每半月出版一期。现在该报纸仍由人民日报社主管,但由环球时报社主办,是全国唯一一张以漫画为主要表现形式的报纸,旨在讽刺时弊、幽默生活。2020年5月12日,北京人民在线网络有限公司与人民日报社《讽刺与幽默》报在人民日报社新媒体大厦举行合作签约仪式,双方将充分发挥各自优势,共同打造国家级新闻动漫传播示范平台,全面推动我国新闻动漫传播示范基地、线下培训、动漫版权等项目的建设与发展。2020年10月20日,"人民VR+"传播平台上线仪式在人民日报社新媒体大厦举行。"人民VR+"由《讽刺与幽默》报社提出创意布局,由中国移动通信集团有限公司、中国电信集团有限公司作为渠道支持,由北京兰亭数字科技有限公司提供技术支持。在全媒体融合发展的大背景下,5G技术的普及将促进媒体的深度融合和VR传播平台的创新发展。"人民VR+"平台,以"人民VR+党建"为引擎,后续还会逐步推出"人民VR+文旅""人民VR+科教""人民VR+健康""人民VR+金融""人民VR+会展"等一系列数字产品。

如今,《讽刺与幽默》是全国首屈一指的集新闻性、故事性、知识性、艺术性于一身的漫画刊物,它的受众群体主要为中小学生和青年群体,也包括部分老年人群体。近几年由于搭载了高科技手段,漫画的表现形式更加多样,收获了大批新读者。《讽刺与幽默》通过高质量漫画为读者评析时政热点,抨击不良现象,引导读者关注国家大事，为青少年思想政治教育工作提供了辅助支持。

近年，《讽刺与幽默》更是抓住党和国家的大政方针开展宣传活动，先后发表了大量脍炙人口的漫画作品，如《堵住公款"吃喝风"》《吃喝可以很便宜》《有效锁定》《老虎入笼》《惊涛骇浪中行船》《中石油"五鼠"落马，反腐动真格》《盛宴》《套中"娃"》《禁区》《井喷》《懒政》《生命时钟》《"欲"令智昏》《与官共舞》《臃肿的单位》《越俎代庖》《奇葩证明》等，生动形象地反映了进入21世纪以来个别官员的贪腐行为和权力滥用现象等。以上漫画作品紧密结合国家政策发布背景，反映党和国家的最新方针政策，发挥主流媒体对公众政治生活的"议程设置"功能，以及新闻媒体对党和政府的舆论监督功能。

新闻漫画是图像和文字有机结合的多模态话语文本，其隐喻的特性使得图像的说服性有时甚至胜于文字，其创作手法夸张，通过变形、扭曲、夸大或缩小等方法，以强烈的冲突对比表达创作态度。正是借助这些特殊的表达方式，创作者敢于将社会上针砭时弊的热点问题通过漫画形式进行讲述和评析。"寓庄于谐""一笑了之"但却可以产生"此处无声胜有声"的宣传效果。

在《讽刺与幽默》之后，《漫画月刊》创办于1985年，是我国改革开放后诞生的第一本漫画期刊，是全国同类期刊中创刊最早、发行量最大、实力最强、影响最广的刊物，被誉为"中国漫坛第一刊"。《漫画月刊》发行于全国，辐射传播至美国、俄罗斯、澳大利亚、日本和东南亚等各国，是一本具有国际影响力的优秀漫画刊物。《漫画月刊》的读者群十分广泛，不受年龄和职业限制，是一本真正的老少皆宜的时尚幽默期刊。

漫画是一种跨越民族、国界的"世界语"，以漫画形式创意制作的广告，形象生动、独具特色，具有强大的视觉冲击力。2012年《漫画月刊》迎合时代大潮开展转企改制活动，由此不仅增强了企业活力，还更好地确立了读者群体和作品范围，为期刊持续发展奠定了坚实基础。

首先，确立了读者群体范围。之前漫画类期刊都将读者定位为中小学生，极大限制了创作者的创作范围。其实中青年群体也是一个不容小觑的漫画消费群体。漫画爱好者一旦形成观看漫画的习惯，不仅会产生持续的观看行为，还会带动漫画的周边产品消费市场。所以《漫画月刊》重新调整了读者群体范围，扩大了目标读者群体，设定了一个较为广阔的发展空间。

其次，调整了稿酬和广告发行政策。《漫画月刊》通过提高稿酬刺激创作者积极投稿，同时积极扩大期刊的广告版面，与更多有意向合作的广告商洽谈，为期刊注入经济活力。

最后，关注高科技的加持，通过数字技术为期刊发展带来长远发展的动力。

依据《第51次中国互联网络发展状况统计报告》,随着2022年10月中国共产党第二十次全国代表大会的胜利召开,我国数字经济持续保持较快发展,2022年,信息传输、软件和信息技术服务业增加值增长9.1%;全国网上零售额137 853亿元,比2021年增长4%,为保持国民经济稳定增长做出积极贡献。在这样的时代背景下,期刊实行数字化出版不仅开放性更高,更新更为及时,也可以降低出版成本,助推企业快速发展。《漫画月刊》必须积极行动起来,紧跟时代潮流。

在中国报纸漫画和期刊漫画逐步发展的进程中,还迎来了和国外漫画界的密切交流,在这一过程中,70后、80后读者是第一代受益者。改革开放之后,我国陆续引进了一些外国漫画作品,如被称为"日本漫画之父"的手冢治虫的《铁臂阿童木》。为了更好地适应中国读者的阅读习惯,《铁臂阿童木》被制作成连环画形式,这部作品为70后、80后读者留下了难忘的童年记忆。在这之后,中国电视台引进、译制了一批海外动画片,也因此留下了一批连环画作品,如《聪明的一休》《花仙子》《机器猫》等,这些动画片深深影响了一代青少年的视听感受。动画片声画兼备,既有好听的音乐、浅显易懂的对话,还有活动的画面,让那时的青少年真正享受了一场视听盛宴。与动画片同时推向市场的还有制作成连环画的读本,这些读本可以多次阅读,不仅便于传阅,更使青少年读者长久拥有了对动画片中人物和事件的记忆。在这些海外动画片繁荣我国电视荧屏的背景下,现在被我们称为周边产品的一些文教用品和生活用品也极大地丰富了青少年的日常生活。

20世纪八九十年代,日本漫画的发展对中国的影响是巨大的,因为当时大部分流行的漫画作品均来自日本。在日本漫画中,中国青少年读者真切感受到天马行空的想象和精彩曲折的故事,尤其是日本漫画极具冲击力的画面令中国青少年读者赞叹不已,这些漫画作品成为当时中小学生课外阅读的热门。

第二节 "5155工程"时期的中国"新漫画"(1995—1999年)

在外来文化的强烈影响下,中国漫画家开始重整旗鼓大步向前,逐渐形成了具有中国传统文化特色和当时的时代特色的中国"新漫画"。这种"新漫画",一方面,吸收了外来文化的影响,另一方面,还保留了中国传统文化的绘画精华。我国发展历史悠久的讽刺、幽默漫画和传统连环画,以及商业美术为其发展奠定了坚实基础,中国"新漫画"也从中获得了充足的养分蓬勃发展。

"5155工程"是由中共中央宣部和原新闻出版总署从1995年起实施的中国

儿童动画出版工程项目。"5155工程"实施以来,涌现出一批漫画作者,这期间中国原创漫画作品层出不穷,引起了读者广泛关注,也持续培养了一批忠实的漫画读者。

探究"5155工程"顺利实施的原因,主要包括以下几点。

第一,社会环境的变化及文化事业体制改革的推进,为"新漫画"的产生和发展提供了环境和政策保障。20世纪90年代中期,我国改革开放已初见成效,市场经济体制逐渐走向正轨,经济多元发展的同时带来文化市场的繁荣,这些大的时代背景为"新漫画"发展铺平了道路。

第二,大众文化的普及及其对艺术创作的影响,为"新漫画"的产生和发展提供了给养。大众文化兴起于改革开放的时代背景下,繁荣于都市,大众文化以丰富多彩的形式满足了人民群众日益增长的精神需求。"新漫画"就是其中既满足了人民群众的审美需求,又丰富了大众文化市场的新兴艺术形式之一。"新漫画"作品既符合大多数读者的心理需求,又适应市场发展,因此在这一时期得以迅猛发展。

第三,在《画书大王》的引领下,创作者对漫画创作新形式进行的探索,为"新漫画"的产生与发展积累了后续发展力量。《画书大王》创刊于1993年8月20日,是一本漫画类期刊,1994年8月第24期停刊,虽然只出版了短短一年,但是《画书大王》的出版带动了整个中国漫画界的发展,也使国际出版业看到了中国漫画市场的希望。

第四,技术革新及"读图时代"的来临加速了"新漫画"的产生与发展。革命性的技术革新同时也催生了革命性的文化创新,视觉符号经过几个世纪的发展,终于在20世纪90年代迈入"读图时代"。城市的快节奏生活使人们无法静下心来阅读大段文字,于是图片"粉墨登场",成为人们获取信息的主要来源之一。其实"读图时代"的来临不是偶然的,而是有着充足的技术准备的。当人们进入经济快速发展的时代后,快速阅读成为时代必需,这期间没有比图片和图像更适合的载体了。在大众文化快速发展的进程中,文化也成了快餐消费品,图片和图像使得人们可以在较短的时间内获得较多信息,而且相比于文字,图片和图像的信息转换更便捷,接收也更省力。在这期间,尤其是在日常工作和生活中,人们对较深奥的信息的获取相对较少,对于浅显易懂的信息需求相对较多,再加上印刷技术快速发展,这一切都导致"新漫画"有机会走上快速发展的道路。

虽然"5155工程"没有持续展开,但作为一个新的开始,它为中国漫画发展开创了一条新路,也培养了一批先锋艺术家,这一切都为中国漫画的后续发展奠定了坚实的基础。

在"5155工程"的深刻影响下,漫画得以正名。漫画对青少年的娱乐教育功能也被重视起来,一些"新漫画"作品在传达娱乐信息的同时,还肩负起传播知识的重任,对全面提高中小学生的素质具有重大意义。

"5155工程"的实施,还代表着国家对文化事业的日益重视。随着漫画期刊的持续发展,我国的文化产业中有了专门针对青少年群体的文化消费品,政府部门也将青少年读物作为文化产业的一个重要消费分支加以重视。

纵观"5155工程"的实施过程,国家文化部门对原创作品予以较多关注,这一时期创办的五本漫画期刊,成为中国原创漫画的主要阵地。大批原创漫画作品在这一时期得以出版,带动了漫画期刊的普遍发展。这一时期的原创漫画作品,内容丰富、形式多样、种类繁多,科普、文化、科幻类卡通读物居多,质量也越来越高,一些漫画作品的创作水平甚至可以与世界知名作家相媲美,中国的原创漫画作品在世界漫画之林崭露头角。

第三节　市场化时期的中国原创漫画(2000—2005年)

进入21世纪,随着中国加入世界贸易组织,中国与世界的联系日渐增多,改革开放的步伐也推动中国原创漫画市场化和全球化,优秀的漫画作品成为全球文化交流的重要组成部分。中国原创漫画在经历了"5155工程"的哺育后,整体面貌有了较大提升。进入21世纪,随着我国改革开放进程的不断加快,市场经济越来越深入人心,大众的商业意识逐渐增强。在这种情形下,读者已经非常认同"文化也是一种商品"的观念,漫画期刊市场既面临市场发展的机遇,又面临更好地适应消费者需求的挑战。各种动漫刊物你方唱罢我登场,一时间涌现出大批优秀的漫画创作者和专业漫画创作团队。这一阶段的原创漫画不仅在国内持续升温,也在欧美市场闯出属于中国"新漫画"的一片天地。

综观这一时期的中国漫画市场,我们发现漫画创作者的多样化创作趋势值得关注。有些创作者的画风偏向唯美细腻,有些创作者的画风趋向写实、客观,当然还有一些创作者其漫画作品的故事性较强。多元化的漫画作品无论是内容,还是形式,抑或是选材,都较上一时期有了较大发展,因此收获了越来越多的忠实读者。

为了更好地适应市场变革和社会发展,漫画创作者逐渐摆脱单枪匹马的创作方式,开始寻找"利益同盟",逐渐摸索出流水线式的生产方式。从选题到构图,从脚本绘制到上色、补白,从印刷出版到经营销售,各部门之间分工协作,效率极高,利用最短的时间拓展了漫画市场,一方面,巩固了消费者,另一方面,又确保了收入稳定。在越来越好的市场趋势带动下,越来越多的年轻人加入到漫画创作领域,为中国的漫画市场注入了新鲜血液和源源不断的发展动力。

市场化时期,"新漫画"的发展和漫画期刊的经营策略发生巨大变化。20世纪80年代,幽默、讽刺漫画主要关注时政热点和社会问题,创作者的目的是更好地鞭挞社会丑恶、揭露事件真相。进入21世纪,随着消费者需求的越来越多样化,漫画作品的宣传方式也越来越多样化,除了继续承担"议程设置"功能和引导舆论的重要作用,更多的关注点放在了营造轻松愉悦的生活空间以及知识性、娱乐性信息的传播和普及上。这一时期的目标消费群体也发生了较大变革。《讽刺与幽默》的读者群体主要是关注时政热点的读者群体,20世纪90年代盛行的漫画期刊的读者群体主要是青少年群体,而进入21世纪,漫画期刊的读者群体向各个年龄层浸润。消费方式也不仅仅是购买漫画期刊,还包括其他多种消费方式,如通过线上交易获得更多数字资源等。

21世纪,海量的信息交流、多媒体的视听享受、网络的匿名性和交互性,都驱使动漫产业快速发展。随着互联网技术的高速发展,以及信息传播方式的越来越多样化,我国的动漫产业逐渐兴起。利用网络进行信息传输的成本越来越低,消费群体日渐扩大,消费者进行动漫产品消费的方式也越来越多样。除了线下较为传统的购买方式,一些年轻群体开始通过网络订购漫画刊物,也通过动漫网站付费欣赏漫画作品。漫画刊物消费方式的改革使得目标消费群体越来越清晰化,少男少女漫画、成人漫画、儿童漫画等,市场定位越来越细致,漫画消费方式的改变显现出我国"新漫画"及动漫产业的发展轨迹。

"新漫画"在进入21世纪后在获得经济利益的同时,也遭遇了前所未有的挑战。第一,流水线的生产方式降低了"新漫画"的艺术性,使得大量漫画作品的质量无法得到保证。20世纪80年代初期,国内漫画多是手绘作品,创作者为此倾注了大量心血,画作的质量自然较高。进入21世纪,流水线式的生产方式,虽然提高了生产效率,缩短了发刊时间,却不可避免地降低了漫画的艺术品质,有些绘制环节由于是多人同时操作,甚至出现了画风不一致、前后矛盾等现象,有时为了迎合市场需求,部分内容出现了低俗化倾向。

第二,"读图时代"改变了读者的阅读方式,有些读者(主要指老年群体)跟不上时代步伐,逐渐脱离读者队伍。以前读者购买了一份报纸之后,通过报纸增刊欣赏漫画作品。后来出版了专门的漫画期刊,一些喜爱漫画的读者逐渐成为漫画期刊的忠实消费者,常年购买,养成了固定的消费习惯和阅读习惯,这一类目标群体多数为年龄较大的中老年群体。进入21世纪,网络的快速发展使得他们不能迅速适应网络社会,随着市面上报刊的逐渐减少,这一类消费群体买不到心仪的报刊,所以逐渐退出漫画消费市场。

第三,在市场经济条件下,部分漫画创作者和经营者过度追求经济利益,导致侵权现象时有发生,严重阻碍了中国原创漫画的阔步发展。台湾漫画大师敖幼祥的长篇作品《乌龙院大长篇》漫画系列在面世不足一个月的时间里连续遭遇盗版。盗版现象的出现,一方面,损害了创作者的经济效益,另一方面,严重阻碍了原创漫画的长远发展。在市场经济条件下,如果不能很好地解决盗版问题,原创漫画的发展将面临更多挑战。

文化产业的发展除了受制于市场,还受制于文化体制改革。为了更好地保障文化产业健康发展,国家出台了许多政策和管理体制,这些政策和管理体制在为动漫产业保驾护航的同时,也从整体上提高了我国文化产业的实力。"新漫画"作为文化创意产业的重要组成部分,在推进经济发展和文化繁荣方面贡献了积极力量。

借助于"新漫画"不断增长的文化实力,中国"新漫画"市场上具有中国传统文化特色的动漫产品越来越多,日式漫画市场逐渐萎缩。究其原因,一方面,这一时期日式漫画的发展无法更好地适应中国读者的消费需求,另一方面,日式漫画黑白双色的表现形式,无法适应快速发展的中国漫画市场。

第四节 初露端倪的"中式漫画"(2006年至今)

在文化与市场经济日益融合发展的背景下,具有浓郁中国传统文化特色的"中式漫画"开始在国际漫画舞台上扮演重要角色。我国原创漫画一直有着非常好的发展机遇,国家和政府搭台,出版社和民营资本唱戏,动漫产业呈现出日渐葱茏的发展态势。在近三十年的发展过程中,中国动漫产业逐渐摸索出更加适应中国国情的产业运营模式,动漫产业和社会主义市场经济同步发展,逐渐成为中国创意文化产业的重要组成部分。2006年,财政部、教育部、科技部、信息产业部、商务部、文化部、税务总局、工商总局、广电总局、新闻出版总署联合印发《关于推动我国动漫产业发展的若干意见》,针对我国动漫产业发展提出了若干条发展建议。动漫产品是广大人民群众特别是未成年人最喜爱的文化产品之一,发展动漫产业对于满足人民群众的精神文化需求,促进社会主义先进文化和未成年人思想道德建设,推动文化产业发展,培育新的经济增长点都具有重要意义。近年我国动漫产业发展较快,一批动漫企业崭露头角,但我们也要看到,我国动漫产业的快速发展与人民群众日益增长的精神文化需要、不断发展的市场需求之间还有较大差距。

文化部作为扶持动漫产业发展的牵头单位，之后又连续推出了一系列相关扶持计划和推广计划，极大地刺激了中国原创漫画的发展，"中式漫画"的产生是我国原创漫画发展的必然趋势。近年，国内的漫画创作者逐步具备了自觉和主动发展原创漫画的能力，也期待能够为中国漫画事业贡献积极力量，越来越多的创作者争相创作出具有浓郁中国传统文化特色的漫画作品，完成了原创漫画凤凰涅槃式发展历程。随着国际文化交流活动的日益频繁，越来越多的漫画家和漫画作品有机会走向国际舞台，在经历了和西方漫画文化的激烈碰撞后，"中式漫画"的创作发展逐渐走向成熟。21世纪既是中国大踏步走向国际舞台的时代，也是中国传统文化复兴的时代。在21世纪，博大精深的中国传统文化作为填补人们精神世界的一剂良药，彰显出强大的生命力，促使人们重新认识中国传统文化，同时也开启了建设"中式漫画"的发展道路。中华五千年文明为"中式漫画"提供了源源不断的精神养料，既扩大了创作广度，又增加了创作深度，中国传统文化的复兴为"中式漫画"赋予了独有的精神内涵。

"中式漫画"是在大众文化、娱乐文化、幽默文化的基础上创新发展起来的，既可以满足人们的娱乐需求，又具有深厚的文化涵养。网络技术与数字新媒体技术加快了"中式漫画"的发展步伐，具备深厚学养的"中式漫画"正搭载高科技列车快速向前进。

与此同时"新中国漫画"理论的提出为"中式漫画"提供了理论指导，为"中式漫画"的长远发展奠定了坚实基础。长期以来，我国漫画界囿于理论滞后，一直没有突破性发展，直到进入21世纪，在大众文化和中国传统文化并驾齐驱的理论研究支持下，"新中国漫画"理论得以提出，并逐渐获得行业内的广泛认可和积极推广。

所谓"新中国漫画"是指在漫画创作过程中针对中国人的审美情趣、文化特质、文化发展规律所创立的，在吸纳外来漫画语言的基础上独创的具有鲜明中国特色的"漫画语言标准体系"。"新中国漫画"理论的提出，标志着中国漫画创作者摆脱了日本漫画、欧美漫画、港台漫画等外来文化的影响，重回中国传统文化发展道路。2004年，陈维东公开提出"新中国漫画创作十定律"，几乎涵盖了"新中国漫画"理论的所有内容。

"新中国漫画"理论相较于日本、美国等国家的漫画理论，具有鲜明特色，主要表现在：

在文化载体方面，"新中国漫画"以具有中国特色的漫画语言作为传播载体，传播中国传统文化。

在主题内容方面，"新中国漫画"以中国传统文化中传统的、现实的元素为编创核心,用更加新颖的传播方式表达中国传统文化的精髓,提倡具有中国传统文化特色的世界观、人生观、价值观,彰显中国传统文化自信心。

在精神内容方面,"新中国漫画"以传承"中国精神"为己任,在表现形式上以章回体为主,以体现中国传统文化的元素为创作元素,以中国人特有的含蓄、内敛性格为创作风格,进行"中国精神"的传播和扩散。

"新中国漫画"理论体系自2004年提出至今,经历了不断发展和完善,现已成为具有中国特色的文艺理论,并被实践证明是正确的发展道路,对于中国漫画发展具有重要的指导作用。

第五节 我国成功举办种类繁多的动漫活动

近些年,在国家的大力支持下,相关单位成功举办了各种动漫节、展览及比赛等活动。一方面,推动了我国动漫产业快速发展,另一方面,也为中国动漫产业在国际动漫领域打响了中国名牌。

1. 中国国际动漫节

中国国际动漫节由国家新闻出版广电总局、浙江省人民政府主办,杭州市人民政府、浙江新闻出版广播电影电视局和浙江广播电视集团承办,是国家级的动漫专业节展,也是我国规模最大、人气最旺、影响最广的动漫专业盛会。先后被国家"十一五"和"十二五"时期文化发展规划纲要列为重点扶持的文化会展项目。中国国际动漫节自2005年以来每年春天固定落户杭州举行,每年都评选中国动漫最高奖项"金猴奖"。

作为我国最具规模和权威的动漫节之一,每年的中国国际动漫节都会吸引来自全球的动漫迷前来参加。这里不仅有丰富多彩的活动节目,还有众多的展示平台,用以展示具有创意的动漫作品和相关产品。在这里,可以欣赏大型角色扮演(Cosplay),还能和知名动漫大咖进行面对面交流,更有机会参与各种有趣的体验项目和互动游戏。

中国国际动漫节每年均设定不同的年度主题,动漫节的活动主要包括展览、赛事、论坛、商务和活动等几大板块,共计20多个具体项目。

展览是动漫节的核心板块,分为国际展区、国内展区、主题展区等多个区域,分别用以展示来自世界各地的优秀动漫作品和相关产品。

赛事是动漫节的重要板块之一,包括原创漫画大赛、动画短片大赛、Cosplay大赛等多个赛事。这些赛事吸引了众多动漫爱好者积极参与,为中国动漫产业的发展提供了广阔平台。

论坛是动漫节的另一个重要板块,通常会邀请众多动漫行业的专家和学者共同举办论坛,探讨动漫产业的发展趋势和技术创新。这些论坛为行业内人士提供了交流和学习的机会,促进了中国动漫产业的快速发展。

商务板块邀请众多动漫企业和投资机构共同参会,为国内、国际众多动漫企业和创业者提供大量商务合作和投资洽谈机会。

活动板块是指动漫节期间还会举行包括讲座、工作坊、采访等在内的其他多项活动。这些活动为动漫爱好者提供了更多的交流和学习机会。

除此之外,这里还有精彩的 Cosplay 比赛。比赛期间不仅有各种造型神奇的角色,还有最棒的道具和演员进行精彩表演。在这里,动漫迷可以有一个展示自己技能的舞台,并能学习到其他角色扮演者的无限创意和技巧。中国国际动漫节是一个不可错过的盛会,每一年都让无数游客和动漫迷充满期待。

中国国际动漫节的成功举办也积极推动了中国原创漫画大踏步向前进,使"中式漫画"有了更大、更好的展示舞台,通过这样的国际交流,我国的漫画创作者和动漫产业经营者有机会和国际友人进行亲切交流,也能够更好地将我国的动漫产品推向国际市场。在历年举行的活动中,我国脱颖而出了一批动漫企业,这些企业在国际舞台上交流经验、拓展业务,短短几年时间就已和国际接轨。中国国际动漫节的专业化、国际化、产业化、品牌化使我国动漫产业得以快速提升水平,同时也更好地带动了中国动漫产业和衍生品市场快速发展,为推动我国动漫产业成功转型提供了先决条件,更为我国动漫产业从国内走向国际,从动漫大国走向动漫强国注入了发展动力。

中国国际动漫节的组织开展情况主要由组委会负责,秘书处负责策划、执行和实施各项工作。在秘书处的领导下,组委会制订详细的工作计划和方案,确定各项活动的时间、地点、参与人员等信息。同时,秘书处还负责与各个参与单位进行协调、沟通和资源分配等工作,保障活动顺利开展。

在活动执行过程中,秘书处采取多种措施保障活动顺利进行。首先,秘书处制定了严格的安全措施和应急预案,确保活动现场的安全。其次,秘书处组织了一支专业的团队进行现场管理和服务,保障活动的质量和效果。此外,秘书处还通过各种渠道筹集了大量的资金和资源,为活动的开展提供有力的支持。在动漫节活动结束后,秘书处还将对活动进行总结和评估。通过对现场情况、参与人员的反馈、媒体报道等多方面信息的综合分析,秘书处撰写详细的报告,对活动的成果和不足进行总结和反思,为今后的工作提供借鉴和参考。

中国国际动漫节是中国动漫行业的重要盛会,为世界各地的动漫爱好者提供了一个交流、学习和合作的平台。

2. 中国国际漫画节

中国国际漫画节由新闻出版总署和广东省人民政府联合主办。作为我国国家级动漫节庆品牌活动之一，中国国际漫画节搭建起以创意成果交易和人才推介为主要内容的动漫产业平台，有力地推动了我国动漫产业的繁荣与发展。

中国国际漫画节是国内规格最高、规模最大、号召力最强的国际性动漫游戏产业盛会，截至2023年，已在广州市成功举办十六届，包括中国动漫金龙奖、中国漫画家大会、中国国际漫画节动漫游戏展、漫画节在身边、漫画节进校园、漫画节大师班等十余项主题活动。每年均有百余名海内外动漫名家、权威学者、业界精英和超过300家的动漫企业、机构商参与漫画节，获得了圆满成功，取得了良好的经济效益和社会效益。

中国国际漫画节作为全球最大的漫画节之一，吸引了来自世界各地的漫画爱好者和专业人士。在漫画节上，可以看到各种各样的漫画作品。此外，漫画节还举办一系列的活动和竞赛，让来参观的人们可以一起交流、互动和协作。

中国国际漫画节动漫游戏展是漫画节重头戏的展会项目，以其多元化的策展方式，吸引众多动漫名家、多家品牌展商，以及上千家媒体积极参与其中，有效整合了动漫界最优质的资源，吸引了数以万计的动漫游戏爱好者前来观展，现已发展成为华南地区同类型活动的领军者、年轻一代踊跃参与的综合性嘉年华。

在这些展会活动中，最受人们欢迎的莫过于漫画展览和主题演讲。在展览的过程中，观众还有机会聆听漫画界知名人士分享他们的创作经验和心路历程。

3. 我国的动漫爱好者

纵观近年我国成功举办的这些动漫展会，如果没有动漫爱好者的积极参与，各类展会恐怕会黯然失色。动漫爱好者是所有大众文化受众群体中最特别的一类人群，这类人群具有鲜明的身份特征——他们超级喜爱动漫作品，日常生活中将动漫文化作为自己追求的主流文化，他们喜欢Cosplay，甚至把自己活成了动漫作品里的"真实人物"，动漫已经成为他们生活中不可或缺的一部分。当这些动漫爱好者沉迷于剧情和角色世界的时候，他们就好像走进了另一个时空。在他们心中，动漫不仅是一种娱乐，更是一种心灵寄托，当他们感到疲惫或压力过大时，观看一些轻松愉快的动画片可以有效放松自己；当他们需要激发灵感或者深度思考时，挑选一些具有深意的动画片观看也许能够帮助他们获得灵感或者静下心来思考问题。除了观看动画片，动漫爱好者还会通过漫展和好友进行深度交流，加深自己对动漫的了解，并结交一些志同道合的新朋友，这些朋友是动漫迷们的心灵支柱，他们之间相互分享心得，如对于同一个角色的热爱等。

4. 我国的动漫新秀和 Cosplay 文化

20 世纪 80 年代我国读者刚刚接触漫画的时候，以为漫画只分两种，一种是报纸上刊登的新闻漫画，另一种是青少年看的漫画。十年之后，我国的漫画发展呈现百花齐放态势，受众群体也逐渐多样，但总体来讲仍然受日本动漫影响较大。进入 21 世纪，我国的"中式漫画"等原创漫画逐渐占据漫画市场，受众群体不再盲目喜欢某类作品，而是在对比了多种动漫产品后，精挑细选，最后选定某类动漫文化产品作为自己的喜好。动漫爱好者具备更多社会化特征，由此也不断推动新的爱好者和创作者加入这个"创作团队"。

近年，经由各种动漫节和漫画节推出了一系列"新人"，如客心、寂地、猪乐桃、夏达、丁冰等，使中国原创漫画领域呈现出一派欣欣向荣的景象。与此同时，二次元文化也逐渐在中国当代大众文化中崭露头角。全国各地，不同受众群体，因为喜欢动漫和 Cosplay 相聚在一起，不同年龄、不同职业、不同地域的动漫爱好者紧密团结，共同掀起动漫文化热潮。

5. 我国动漫游戏的佼佼者——《王者荣耀》

在动漫产业中，手游是近些年迅猛崛起的一个支柱产业，对于绝大多数中国手游爱好者来说，《王者荣耀》是受众人数最多，且最具影响力的一款游戏。作为一款已经风靡全球的游戏，《王者荣耀》从角色的设计、背景的设定到游戏场景的构建，都融合着中国传统文化和现代时尚元素，因此得以在全球范围内拥有较高人气。

进入 21 世纪，游戏文化作为一种新的大众文化现象，已经得到了越来越多受众的重视和认可。《王者荣耀》不仅仅是一款游戏，更是一种向世界展示中国传统文化的方式，在游戏中，我们可以看到许多中国传统文化元素，如诸葛亮的扇子、嬴政的金甲，还有徐福的海兽等。这些元素不仅是装饰，更是游戏设计者对于中国传统文化的敬畏和传承。

现如今，《王者荣耀》已经成为众多年轻人的文化交流平台。在游戏中，玩家可以和来自世界各地的游戏爱好者进行交流，共同探讨游戏中的文化元素。玩家们在畅玩游戏的同时，也加深了对中国传统文化的了解和认识。

除此之外，《王者荣耀》还为中国传统文化传播提供了新的传播载体。《王者荣耀》通过游戏比赛、公开课、广告代言等多种形式，将中国传统文化和时尚元素融入其中。作为一种新兴的文化传播方式，《王者荣耀》提升了中国传统文化在世界文化体系中的地位和影响。

综上所述，《王者荣耀》是一款具有文化传承和扩展作用的时尚游戏，既可以通过游戏进行交流和互动，还可以让更多年轻人了解和传承中国传统文化。

第六节　信息化时代背景下发展起来的中国原创漫画

随着信息化时代的到来,漫画作为一种重要的文化形态,得到越来越多受众的关注和喜爱。中国原创漫画,作为一种发展迅速的文化形态,逐渐走进更多受众的生活。

中国原创漫画的起步可以追溯到 20 世纪四五十年代,当时一些出版社开漫画风气之先,率先出版漫画杂志,如《大众画报》《人民画报》等。然而,这一时期的漫画作品多为翻译自日本和欧美的作品,中国本土原创漫画作品较少。

到了 20 世纪 80 年代,随着改革开放的深入推进,我国的文化产业逐渐崛起。在这一时期,一些本土漫画家开始崭露头角,创作出一批具有中国特色的漫画作品,如《三毛流浪记》《哪吒闹海》等。然而,这一时期的漫画作品多为艺术创作,商业价值相对较低。

随着互联网的发展和移动设备的普及,中国原创漫画迎来了新的发展机遇。2005 年前后,一些网络平台开始提供在线漫画阅读服务,如腾讯动漫、有妖气等。这些网络平台为广大漫画爱好者提供了更加便捷的阅读方式,同时也积极促进了我国原创漫画的创作和传播。在这一时期,一些本土漫画家开始尝试探索新的创作方式和表现形式,如将中国传统文化元素与现代漫画技术相结合,创作出一批具有中国特色和现代感十足的原创漫画作品,如《十万个冷笑话》《雏蜂》等。这些作品一经推出在网络平台上迅速走红,引起受众广泛关注。

2013 年前后,一些移动应用开始提供在线漫画阅读服务,如漫趣、布卡等,这些应用为广大漫画爱好者提供了更加便捷的阅读方式。在这一时期,先锋漫画家们开始探索更新的创作方式和表现形式,如利用三维技术、虚拟现实技术等现代科学技术手段创作具有科幻元素的原创漫画作品,如《秦时明月》等。这些作品作为中国原创漫画的代表在国内外获得了广泛关注和一致好评。

2014 年前后,随着新的移动应用的出现,如触控、COMIC HIGH、阅界等,这些应用开始采用分账模式和付费阅读模式等营销具有商业价值的原创漫画作品,如《择天记》《全职高手》等。中国原创漫画的发展呈现出加速度发展的态势。

进入信息时代,文化部等政府部门对于中国原创漫画的支持也是推动中国原创漫画得以快速发展的重要因素之一。政府各部门相继出台了一系列鼓励原创漫画发展的政策,包括资金扶持、税收优惠等多个方面。这些政策为原创漫画作者提供了更好的创作环境和发展机会,进一步促进了中国原创漫画产业的繁荣发展。

由此可见，中国原创漫画是在信息化时代背景下，借助数字技术、互联网、政府支持等多种因素逐渐发展起来的，现已成为我国文化产业不可或缺的一部分，为我国迈向文化强国做出了积极贡献。

相比于国外的原创漫画，随着近几年 IP 热度不断升温，中国原创漫画的题材越来越丰富，风格也各具特色。有情感刻画细腻的《长歌行》，有以武侠为背景的《斗罗大陆》，还有近期热播的《锦鲤抄》等。这些原创漫画，不仅营造出精彩的故事情节，更成为受众生活中的沟通媒介。

在这个高度重视知识产权的时代，原创文化显得尤其重要。中国原创漫画正是在这个前提下发展而来的，对于保护知识产权具有重要意义，也为我国文化事业发展做出了贡献。作为技术与艺术、科技与文化完美结合的产物，信息化时代的原创漫画创作必将以数字动漫为突破口，加快建设具有中国传统文化特色的漫画产业。

进入信息时代，人们的各种习惯几乎都发生了变革，交友方式、生活方式、娱乐方式、工作方式、信息接收方式、信息传输方式，以及阅读方式等都多多少少有所改变，这一切巨大变革的前提是互联网的迅速崛起和快速发展。

在互联网快速发展的时代背景下，移动终端和人们关系最亲密，手机是其中体积最小、携带最方便的电子产品，于是，手机顺理成章成为动漫作品接收和传播的完美终端设备。通过手机看漫画可以满足受众随时观看漫画的需求，各种动漫游戏 APP 更是贴合了受众心理开发设计出多种衍生产品，这些 APP 多为免费下载，于是又带来了数以亿计的下载量和浏览量。喜欢手游的群体从小朋友到耄耋老人，几乎涵盖了中国网民中的大部分消费群体。

据《第 51 次中国互联网络发展状况统计报告》显示，截至 2022 年 12 月，我国网民规模为 10.67 亿，较 2021 年 12 月新增网民 3 549 万，互联网普及率达 75.6%，较 2021 年 12 月提升 2.6 个百分点。截至 2022 年 12 月，我国手机网民规模为 10.65 亿，其中网络游戏用户规模为 5.22 亿，约占网民整体的 49%。2022 年我国网络游戏行业呈现平稳发展态势，政策利好持续释放支撑网络游戏行业稳定发展。

互联网技术的发展和逐步成熟带动了网络动漫的快速发展，不仅网络游戏，所有和动漫相关的产品都在这一时期得到快速发展。数字新媒体动漫凭借互联网传播平台及方便、快捷的使用体验而具有广阔前景。如今数字新媒体动漫包含的范围越来越广，既包括漫画、动漫产品及手游，还包括通过数字化技术平台，以网络、手机、移动电视、数字电视、触摸媒体等平台向受众展示的多种动漫形态。

　　进入信息时代,我国的数字技术为动漫产业发展提供了更大的进阶空间,使得众多的创作者和爱好者都有机会利用网络平台发布产品,依据这种发展态势可以预见,在不久的将来,我们一直期盼的"全民动漫"即将成为现实。近年,越来越多的经济活动和商业活动借助网络进行推进,动漫产品的多样性、多元性和个性化使得众多商家非常乐于使用动漫形式进行产品宣传。与以往的动漫产品相比,数字新媒体动漫在创作方面表现出对数字技术的依赖性及传播的广泛性。数字新媒体动漫采用兼容并包的制作方式,将传统媒介产品和数字媒体产品相融合,借助用户原创内容(UGC)进行产品发布。数字新媒体动漫借助网络传播的便捷性进行无限制复制传播,具有广阔的传播渠道,自然容易产生较大的传播影响,这在传统动漫产品的发展史上是无法比拟的。在信息流通的过程中,借助信息传播渠道拓宽,沟通成本大幅降低,非常利于动漫爱好者自行完成大面积的信息扩散。在一传十、十传百的过程中,好的动漫产品不仅收获了忠实的爱好者和消费者,还拉动了更多周边产品营销。

　　现代数字化新媒体动漫产品之所以能够获得如此快速的发展,与国家相关部门的大力支持密不可分,为进一步加快我国数字新媒体动漫发展,2010年6月2日,新媒体动漫公共技术服务平台揭牌成立。新媒体动漫公共技术服务平台是在国家十部委动漫扶持联席会议办公室、动漫扶持专项资金的支持下建设的集动漫生产、数字化采集、数字转换与新媒体制作和作品发布为一体的,全产业链推动的全国性动漫公共技术平台。可以预见,我国数字新媒体动漫的明天将会更美好!

第十八章 大众流行文化之流行音乐传播与发展研究

21世纪的发展兼容并包,热闹非凡,不仅传播媒介发生了巨大变化,就连大众文化样态也日益呈现出紧跟时代发展步伐的态势。流行音乐是社会大众广泛参与的一种文化传播样态,自然也在这场文化变革中身先士卒。作为一种重要的文化传播样态,流行音乐的发展受到了来自政治、经济、文化、科技等诸多因素的制约。在一定意义上甚至可以说,我国流行音乐的发展史也是一条经济制度、文化伦理、审美趣味、艺术观念等的发展之路。

第一节 中国流行音乐发展简史

改革开放之后,国民开始接触流行音乐,从一般意义上讲,我国内地的流行音乐热潮是从20世纪80年代中后期开始的。这一时期的流行音乐不同于旧上海时期的"时代曲",有着朗朗上口的旋律、浅显易懂的歌词,以及老百姓喜爱的社会生活场景。大街小巷,商超公园,只要有人的地方就有流行音乐的广泛传播。

改革开放初期流行的主要是港台音乐,尤以邓丽君的歌著称,当时还很少有内地音乐制作人参与制作流行音乐。这种情况直到20世纪90年代前后才有所改观。在20世纪90年代大陆的流行音乐出现了内地音乐制作人和港台音乐制作人同台竞技的热闹场面。

随着社会发展,国民对流行音乐的热爱度也日渐增长。流行音乐不仅包含着社会百态,更充满人们对美好生活的热烈向往。演唱的歌手要么是顶流明星,要么是歌坛巨匠,不同时期的流行音乐以赏心悦目的形式充斥着人们的社会生活,也为人们在快速发展的时代大潮中打开了一扇不一样的大门,让人们可以稍事休息。进入21世纪,越来越多的音乐制作人在音乐制作这条路上越走越远,不仅形成集团化,通过版权获得大量盈利,更实现了跨界经营,将音乐传播和影视传播、大众文化传播等相互融合,产生了巨大的社会效益和经济效益。大众文化样态也因此发生了巨大变革,大众传媒的形式变化深刻影响了流行音乐的广泛传播。

1. 20 世纪 80 年代的流行乐坛

早在 20 世纪 80 年代,人们通过各种途径获得漂洋过海的流行音乐磁带,一些较早拥有录音机的人,将录音机扛在肩头,使得最早的一批流行音乐飘向大街小巷。虽然人们对当时的流行音乐多持批判态度,可这些不一样的"靡靡之音",却为闭塞已久的国人开启了一道"窗",透过这扇窗,外面的世界出现了"彩虹"。这种不一样的曲风经历了岁月的洗礼后,慢慢地被业界和更多的听众接受。

到 20 世纪 80 年代中期,人们逐渐完成了审美接受转移,大众文化的发展、传播媒介的普及,以及听众的热情推动了我国内地流行音乐的广泛传播。

受限于当时的传播环境,人们收听流行音乐主要通过如下几种渠道:电视台、广播电台和家用录音机。这三种传播渠道又以可划分为两个非常典型的类别,一种是大众传播渠道,另一种是人际传播渠道。在大众传播渠道中,人们没得选,只能被动接收信息,所以什么时间听、在哪儿听都受限制,传播效果较为有限。随着家用录音机的普及,很多家庭购置了这个十分时髦的新"家电",使流行音乐的播放呈现出多样化态势。人们可以随时享用美妙歌声,再不用守在电视机前或收音机前不得动弹。这种双向互动的传播模式,满足了当时的听众极大的心理需求。

2. 20 世纪 90 年代的港台流行乐坛

20 世纪 90 年代香港、台湾的诸多艺人借助改革开放大潮拥入大陆,也让更多国民知道了"四大天王"——张学友、刘德华、郭富城、黎明,以及一众港台歌手——许冠杰、徐小凤、罗文、甄妮、谭咏麟、张国荣、陈百强、梅艳芳、费玉清、李宗盛、齐秦、罗大佑、王杰、张宇、伍佰、张信哲等。这些港台歌手几乎占据了当时大陆的流行乐坛,大街小巷随处可以听到他们的歌声,甚至连大中小学校的歌唱比赛,选手们演唱的也是他们的歌曲。

20 世纪 90 年代初,随着谭咏麟、张国荣争霸时代的结束,香港乐坛出现了真空期,以张学友、刘德华、郭富城、黎明等为代表的新人开始在歌坛崭露头角,香港乐坛迎来了新局面。在"四大天王"最红火的那个年代里,他们四人足以代表整个香港娱乐圈。

(1) "歌神"张学友。

张学友在 1985 年左右开始在香港乐坛崭露头角,并于同年签约环球唱片公司。之后,他在 1985 年推出个人首张专辑《Smile》,这张专辑获得了业界极高的评价和商业上的成功。随着时间推移,张学友的音乐事业不断发展壮大,他也逐渐成为亚洲乐坛的巨星之一。

20世纪90年代初，张学友抓住机会携手宝丽金唱片公司推出了一系列经典歌曲《吻别》《相思风雨中》《每天爱你多一些》《想和你去吹吹风》等，这些歌曲迅速风靡香港歌坛，并借着张学友在广州、上海、北京等地开办巡回演唱会的热潮，在我国内地广泛传播。当张学友演唱的歌曲荣登香港流行音乐榜首时，随即唱片和磁带也在香港地区和内地得以热销，这些成就令张学友得到了"歌神"的封号，他的歌唱事业至此达到了顶峰。与此同时张学友还成功开拓了庞大的海外市场，当时张学友的唱片销量引起了国际流行乐坛和国外媒体的广泛关注，包括美国三大时事性周刊之一的《时代》、美国最具权威的音乐杂志《公告牌》等都对他的音乐成就进行过专题报道。后期，张学友还曾被美国《时代》杂志列入亚洲最具影响力的50位人物之一。

(2) 全能刘德华。

1961年刘德华在香港出生，小时候的他就非常喜欢音乐和唱歌。1985年刘德华参加了香港无线电视台的歌唱比赛，并获得了第一名。之后，他开始踏足娱乐圈，陆续发行了多张音乐专辑，其中包括国民非常喜爱的《忘情水》《中国人》等。除了音乐事业外，刘德华还涉足影视行业。刘德华于1986年主演了第一部电影《英雄本色》，并因此获得了第二届香港电影金像奖最佳新人奖。此后，他陆续出演了许多经典电影，如《倩女幽魂》《无间道》等，至今仍活跃在娱乐圈，是华语娱乐圈当之无愧的"常青树"。

刘德华是四大天王中成名最早的一位，20世纪80年代，他因为参演一系列电影、电视剧被内地观众熟识，但那时的他还没有如今这么耀眼。当时，他还无法和黄日华等《射雕英雄传》的主演们相媲美，但很快人们通过另外一个途径认识了他。他较为独特的颤音唱法，将许多情歌演绎得相当深情，如《忘情水》《冰雨》《中国人》《爱你一万年》《男人哭吧不是罪》《练习》等，可谓是曲曲经典，深受港台和大陆听众喜欢。20世纪90年代，刘德华多次蝉联香港最受欢迎男歌手、亚洲华语乐坛最佳男歌手、全球华语歌曲排行榜最受欢迎男歌手等，得奖无数。刘德华出道至今共发行过百余张唱片，举办过近500场演唱会，演出过100多部电影。他是人们公认的在影视歌多栖发展得最成功的艺人之一。

刘德华之所以深受人们喜爱，还因为他一直以来非常热衷于公益事业。他自1994年成立刘德华慈善基金会以来，一直致力于各项公益事业，他将演唱会收益用于资助需要帮助的特殊人群，如今刘德华基金会在全世界多个国家和地区设有分支机构，他也广泛参与到全球范围内的各类慈善活动中。他不仅捐赠资金，还亲自到贫困地区探望受助者，并给予他们鼓励和支持。刘德华的善举不仅是一种对社会的回馈,更是一种对自己成长的感悟。他曾表示,他的成长经历不容易,所以他深刻理解困难和挑战对于一个人的影响。

(3)舞王郭富城。

郭富城因擅长舞蹈,1984年成功考入香港TVB舞蹈训练班;1990年因代言光阳机车广告在台湾成名,同年推出个人首张专辑《对你爱不完》,仅亚洲销量就突破百万;1991年推出《我是不是该安静的走开》等经典歌曲,自此开始风靡港台娱乐圈。郭富城是第一个以普通话演唱歌曲进军内地的香港歌手,曾三次荣获香港十大劲歌金曲最受欢迎男歌星奖。他以劲歌热舞而著名,享有"亚洲舞王"的美誉。他的舞蹈风格多样,包括爵士、街舞、踢踏舞等。他具有健硕的身型、清新的嗓音,在20世纪90年代中期,演艺事业达到顶峰,郭富城驾驭舞台的能力在香港无人能及,他的演唱会制作水准也屡屡成为香港演艺界的标杆。

(4)文艺黎明。

黎明出生于北京,是四大天王中最具文艺气息的艺人。他外表温文尔雅,具有贵族王子气质,最初是因为主演电视剧《人在边缘》而在香港走红。之后涉猎歌坛,他也是四大天王中最早将重心转移到幕后的艺人。至今他的成名作——《今夜你会不会来》《对不起,我爱你》《我来自北京》等,仍为人们津津乐道。除演艺事业外,黎明的慈善事业做得也非常出色。他是首位担当联合国儿童基金会国际亲善大使的华人,早在1995年就开始涉猎慈善事业,多年来仍热心于慈善事业不改衷肠。

3. 20世纪八九十年代港台影视剧流行歌曲

除了四大天王,当时的香港乐坛新人辈出,涌现出许多歌手,至今仍有很多人活跃在娱乐圈。这些歌手许多都曾受益于港台影视剧在大陆热播的春风。

20世纪八九十年代,大陆电视剧市场还处于恢复期,为数不多的几部电视剧无法满足数以亿计观众的观看需求,因此彼时引进的港台影视剧成为人们欣赏的佳品,一时间《射雕英雄传》《绝代双骄》《大侠霍元甲》和琼瑶系列电视剧等充斥银屏,其中优美的影视剧主题曲、插曲等也成为大陆最早一批流行起来的音乐作品。

1982年一首《万里长城永不倒》打开了大陆观众的心扉,这首歌曲旋律激昂,歌词鼓舞人心,表达了中国人民团结一心、不屈不挠的斗争精神。

接下来的一年时间里,三首电视剧金曲牢牢占据了大陆的电视银屏。1983年香港无线电视台拍摄的《射雕英雄传》风靡一时,其中的主题曲和插曲深得观众之心,共有三首歌曲为人们所熟知,分别是《铁血丹心》《一生有意义》《世间始终你好》。

《铁血丹心》以其词曲搭配之佳传唱至今。该曲将侠之豪迈与情之缠绵交织得恰到好处,旋律悦耳动听,且在武侠剧中反复出现,深深烙印在观众心里,该曲成为当时华语地区最为流行的粤语金曲之一。《射雕英雄传》三部曲之二的《射雕英雄传之东邪西毒》主题曲《一生有意义》是由黄沾填词,顾嘉辉作曲,罗文、甄妮合唱的一首歌曲。《世间始终你好》是《射雕英雄传》系列第三部《射雕英雄传之华山论剑》的主题曲。作为粤语歌曲之佼佼者,《世间始终你好》的传唱度极高,很多歌星等都曾演唱过该曲。这首歌曲中既有武侠的豪情,也有儿女情长的一面,令无数歌迷为之倾倒。

进入 20 世纪 90 年代,作为世界金融中心,香港的经济和文化开放程度较高,受到来自世界各地文化的影响,为流行音乐奠定了坚实基础。这种多元文化样态自然也影响到香港流行乐坛的发展。此时方兴未艾的电影和电视剧产业发展为流行音乐搭建了一个绝好的平台,尤其是 1997 年香港回归以后,内地市场为香港影视歌提供了广阔空间,一时间大量歌曲诞生,如电影《笑傲江湖》的主题曲《沧海一声笑》,《黄飞鸿》的主题曲《男儿当自强》,《赌侠》的主题曲《恨在今天再相遇》,《霸王别姬》的主题曲《霸王别姬》,《唐伯虎点秋香》的主题曲《求神》,《东成西就》的主题曲《谁是大英雄》,《东邪西毒》的插曲《挚爱》和配乐《天地孤影任我行》等。

同一时期,台湾地区的流行音乐选择了一条渐行渐稳的发展道路。台湾流行音乐的演绎风格逐渐趋向大陆,这一点从琼瑶的电视剧歌曲中可以窥见一斑。琼瑶电视剧的流行为大陆观众带来了一批流行音乐精品,《一剪梅》《梅花三弄》《一个女孩名叫婉君》《月朦胧鸟朦胧》《在水一方》《几度夕阳红》《我是一片云》《我有一帘幽梦》《当》《好想好想》《青青河边草》等,当时几乎每部琼瑶电视剧都有一首主题曲或插曲火遍大江南北。

4. 20 世纪八九十年代内地和港台流行音乐并行发展

20 世纪 90 年代,一位来自内地的歌手静静地绽放,她就是王菲。在王菲还不叫王菲的时候,她以一张专辑《王靖雯》正式在香港乐坛出道。在 20 世纪 90 年代她相继推出《容易受伤的女人》《执迷不悔》《我愿意》《棋子》等一系列传唱度极高的歌曲。王菲的演唱技巧十分娴熟,再加上天生的好嗓音,很快在香港娱乐圈站稳脚跟,由此奠定了长盛不衰的演唱道路。1998 年,王菲在中央电视台春节联欢晚会上与他人同台演唱歌曲《相约一九九八》,这首歌曲深受广大观众喜爱。歌曲以优美的旋律和动人的歌词,讲述了两个人相约在 1998 年的故事,表达了友人对过去时光的怀念和对未来时光的期待。很快,这首歌曲在大陆和港台地区引发热潮,成为当时最受欢迎的流行歌曲之一。这首歌曲的成功不仅在于歌曲本身,更在于它所表达的情感和意义深深地触动了观众心灵。

此时的台湾流行音乐多取材于台湾本地的社会生活,歌词文化底蕴深厚,内容也大多反映人间真情。这一时期台湾涌现出一批具有独立创作功底且技艺娴熟的音乐制作人,如李宗盛、罗大佑等,他们为台湾流行音乐的发展奠定了坚实基础。后期,又有一大批歌星陆续走红,如叶倩文、高胜美、周华健、苏芮等。这些人演唱功底深厚,牢牢占据台湾流行乐坛,很多人至今仍活跃在乐坛上,成为教父级人物。台湾歌手多专注于气息的调整和运用,从而较为集中地出现了一批高音歌手,如张雨生、张信哲、林志炫等。他们多靠雄厚的演唱实力成名,所以20世纪90年代,台湾乐坛实力派歌手光辉夺目。后期,许多我们熟悉的台湾歌手又都经历了这样的发展历程,先在台湾走红,然后向大陆发展。例如,李宗盛、罗大佑、周华健、张震岳等都是台湾的著名歌手和音乐人,他们在大陆有着广泛的影响力和知名度,他们的音乐作品深受广大听众喜爱,每当他们在大陆举办演唱会,都会受到大陆歌迷的热烈欢迎。2008年7月25日,他们四人成立了纵贯线乐队,2009年1月26日,纵贯线乐队还登上了中央电视台春节联欢晚会的舞台。

对于80后大陆受众群体来讲,这一时期还有一个深受他们喜欢的演唱组合风靡台湾,这就是"小虎队"。三个年轻帅气的小伙子,边唱边跳,还用手语演绎歌词大意,这种全新的演艺形式,不知牢牢抓住了多少人的心。

20世纪八九十年代是港台歌手流行的天下,虽然其中也有大陆流行音乐存在,但是人们更习惯于将大陆歌曲定位为民歌或美声歌曲。港台歌曲的流行有两个主要原因,一方面,伴随着港台电视剧的热播,港台影视剧音乐得以流行,另一方面,当时的人们急于感受改革开放的果实,较为成熟的港台流行音乐暂时补偿了人们的这一心愿。种种发展迹象表明,大众传媒的传播力量是巨大的,当时各种大众传媒为流行音乐发展做出了巨大贡献。

当时内地的流行乐坛也有所发展。1980年,中央人民广播电台和《歌曲》杂志,曾以听众投票的形式选出了十五首听众喜爱的广播歌曲:《祝酒歌》《妹妹找哥泪花流》《我们的生活充满阳光》《再见吧,妈妈》《泉水叮咚响》《边疆的泉水清又清》《太阳岛上》《绒花》等,这些歌曲标志着听众的审美趣味。

20世纪90年代中后期,大陆流行音乐开始出现井喷式发展态势。进入20世纪90年代中期,大陆音乐人开始从社会生活视角,以及受众群体视角开展创作,大陆流行音乐制作如火如荼般开展起来,中国流行音乐获得大发展机遇。

这一时期翻唱红色经典歌曲是一种尝试,《太阳最红,毛主席最亲》《南泥湾》《我们走在大路上》等作品,以新颖的编排方式和载歌载舞的形式,迅速迎来老少皆宜的发展态势,收获了巨大反响。接下来,《春天的故事》《好日子》等歌曲火遍大江南北。虽然当时的曲风还偏于民歌和美声演唱,但经过十余年流行音乐的熏陶,大陆听众的演唱技巧已经有了较大发展,后来像《好大一棵树》《祝你平安》等流行音乐被普通听众也演绎得十分精彩。此时,不少音乐制作人开始将视线转向普通人的生活和情感,创作了许多情歌及情歌对唱。

1994年,民谣歌曲掀起了校园歌曲热潮,一批象牙塔里的天之骄子,将校园里的生活通过歌曲演绎出来,一时间《同桌的你》《睡在我上铺的兄弟》《青春》等歌曲蹿红,校园成了培养歌手的摇篮,一批批歌手从校园走向歌坛。民谣歌曲的分支有城市民谣和乡土民谣,李春波的《小芳》《一封家书》,于文华的《纤夫的爱》,陈少华的《九月九的酒》等唱响祖国大地。中国幅员辽阔,一方水土养育一方人,流行音乐逐渐呈现出鲜明的地方特色,无论是陕北派,还是岭南派,均吸引了大批音乐制作人欣欣向往。

20世纪八九十年代,流行音乐的发展无一例外地说明流行音乐的发展需要具备一定的政治、经济和社会文化条件。随着改革开放的春风吹遍全国,一批批流行音乐及优秀的音乐制作人如雨后春笋般崛起,为改革开放之后中国流行音乐发展奠定了坚实基础。

5. 进入21世纪后中国流行音乐大发展

明确了大众传媒对推动流行音乐发展具有的重要作用,进入21世纪,有很多音乐人和电视人进行跨界合作,推出一系列流行音乐选秀节目,如《超级女声》《中国达人秀》等,这些电视节目一方面活跃了电视荧屏,另一方面又让流行音乐在民间发酵,两相融合逐渐产生了巨大传播效应。

在这其中,《超级女声》的出现可谓是开创了一个先河,无论是参与的人数,还是社会关注度均达到空前盛况。《超级女声》是湖南卫视从2004年起主办的大众歌手选秀节目。这个选秀节目门槛低,只要选手(女性)喜爱唱歌,不分唱法,不计年龄(16岁以下需有家长陪同),不分地域,均可就近报名参赛。无数少女怀着青春梦想,走进各大电视台搭建的临时工作室,拿起话筒尽情展示自我。最终,通过海选、复赛、晋级赛等一系列赛制,终将李宇春、周笔畅、何洁、张靓颖、纪敏佳、尚雯婕、谭维维等一众歌手推向镁光灯下,成为受到万人瞩目的焦点。虽然这些歌手如今已有了各自的人生道路,但还有很多人仍活跃在歌坛,受到歌迷的热烈欢迎。回首第一届《超级女声》,十九年时间转瞬即逝,当我们回顾当时的演出视频,看到选手们夸张的服饰、略显稚嫩的表演,很多歌迷也许会认不出这就是如今自己喜爱的顶流明星。

不过十几年,我国流行乐坛发生了翻天覆地的变化,在这其中,大众传媒起到的推动作用可谓是巨大的。歌手们不仅唱出了自己的心声,更推出了自己的品牌,未来,还要将我国的流行音乐更好地推向世界歌坛。

我国流行音乐的大发展,除了受惠于大众传媒的推动作用,受众群体也是其中一个非常重要的影响因素。我们还是以《超级女声》为例,讲述歌迷所起到的巨大作用。当时,为了更好地营造节目效果,获得海选资格的选手还需参加复赛和晋级赛,节目组规定,观众可以通过多种形式为喜爱的选手投票,这时就显示出受众力量的强大了。当时很多选手和其歌迷甚至制造出史无前例的拉选票盛况,时隔近二十年,如今在网络上还能找到当年"春"迷和"笔"迷为拉选票,占据飞机场、火车站、步行街、各类商圈及学校门前的新闻。这些歌迷从凌晨到深夜,不辞辛苦,自己出资,帮助喜爱的选手争取宝贵的一票。虽然当时参与投票的受众群体不足以覆盖全民,但毕竟这场大幕沉重且缓慢地拉开了。在这之后,几乎每届《超级女声》海选及投票都会出现这样的盛况。但随着投票方式的多样,越来越多的歌迷转战网络支持自己喜爱的选手,此后各种网络宣传战此起彼伏地竞相登场。

既然谈到了网络,我们就再说说网络音乐的发展情况。进入 21 世纪,网络音乐的兴起使更多音乐爱好者有了施展才华的空间,许多作品借助网络迅速走红,如雪村的《东北人都是活雷锋》,庞龙的《两只蝴蝶》,杨臣刚的《老鼠爱大米》,香香的《猪之歌》,等等。这些歌曲曲调简单,朗朗上口,基本上听几遍就能哼唱下来,所以很快达到了较高的普及率。

我国的电视音乐节目缘起于 20 世纪 80 年代,只不过当时的音乐节目被收纳进综艺节目这一大的范畴之中。进入 20 世纪 90 年代,独立的音乐节目竞相亮相,后来中央电视台及地方电视台还开通了电视音乐频道。各种音乐节目分工明确,既有教育类节目,也有选秀类节目,还有综艺类节目,极大地丰富了电视银屏。多种电视音乐节目样态丰富了观众的收视需求,也提高了观众的音乐素养,更让我国大众文化呈现出一派红红火火的发展态势。

第二节 流行音乐传播与大众文化发展相伴相生

1. 流行音乐和大众传媒的并行发展之路

如今,各种媒介接收装备越发先进,传统的电视和收音机逐渐淡出历史舞台,年轻受众主要借助手机、计算机、蓝牙耳机等新型装备收听音乐,不仅方便,而且音质更好,满足了音乐发烧友的各种需求。大众传媒向受众提供的各种信息,当然也包括各种流行音乐,一方面,丰富了人们的业余生活,满足了人们的多样需求,增加了人们之间的日常交流,另一方面,也减轻了人们的工作压力,据研究人员发现,在减轻人们工作压力方面,音乐是"奇药"。

大众传媒是目前最广阔的传播平台,流行音乐作为大众文化的一个重要分支,自然要借助这个平台大放光彩,大众传媒也必将充分发挥自己的传播优势,将中国流行音乐推向世界舞台。甚至可以这样理解,大众传媒为流行音乐的普及和传播提供了必要的物质基础,社会大众为流行音乐的继续发展提供了精神力量,流行音乐文化作为大众文化的一个重要分支,为大众传媒和社会大众提供了更多契合点,由此多方合作共同促进了流行音乐文化和大众传媒共同繁荣发展的盛况。

在日益强调传播效果的新传播发展时期,流行音乐的反馈是最快的,一方面,因为流行音乐作品短小精悍,满足大众碎片化时间的信息接收习惯,另一方面,因为借助网络这种新型传播媒介,社会大众的反馈会及时通过下载量和转发量使创作者获得收益,也让音乐制作人能够在最短的时间内获得最及时的信息反馈。虽然采取调整和修改的幅度较小,但毕竟在较短时间内完成了一次完整的传播过程,一般的大众文化样态很难收到这样的传播效益。

流行音乐的另一个传播特点是,它是一个不断发展变化并不断进行再创造、再生产的文化传播过程。如今,流行音乐已经发展成一个完整的产业链,在这个产业链中,流行音乐更加多元化,也更加接近世界音乐舞台中央。相比于传统音乐,流行音乐的更新速度在近二十年得到飞速提高,在这其中大众传媒起到了重要的影响作用。

大众传媒不仅影响流行音乐的发展,也影响流行音乐产业的经济利益。20世纪90年代流行音乐的大发展带来了唱片产业的蓬勃发展。为了牟取暴利,唱片公司极力缩短生产周期,再加上现代科学技术的发展,录音棚投入使用。很多歌手依赖后期制作演唱歌曲,虽然一时间唱片市场异常活跃,但很多歌曲质量远不如20世纪80年代和90年代初期。很多歌手都是先在电影、电视剧里混个脸熟,就转战录音棚录几首不痛不痒的歌曲,争夺流行音乐市场。进入21世纪,在大众传媒时代,音乐制作人越来越关注如何借助大众传媒发展流行音乐产业,这既为流行音乐产业积累了丰富的资金资本,也帮助流行音乐更上了一层楼。流行音乐在音乐产业链的支持下,在大众传媒的强力支持下,提供了更多高品质的音乐作品,回馈社会大众的拥戴。同时,也将中国好声音借助大众传媒传向世界各地,让我国的流行音乐走向世界舞台。在这其中,流行音乐和大众传媒不再是单纯的依赖关系,更因为多向互动产生了相辅相成的紧密联系。

在大众传媒日益发达的今天,如何更好地建设和借助新媒体传播流行音乐是摆在我们面前的一个难题。在各种新媒体出现以前，传统媒体能够较好地受传播者控制，所以出现问题的概率较小。但新媒体嫁接于网络，主要通过网络进行传播，而网络在传播产品的过程中又表现出个体性、匿名性等特征，不易进行控制，这就给管理部门提出了一个难题：如何更好地调控新媒体传播？在未来发展进程中，一方面，要加强互联网的建设和管理，另一方面，还要通过创作符合社会主义核心价值观的精品占领前沿阵地，使新媒体不断成为提升高质量文化产品的平台，丰富人们的精神文化生活。在这一过程中，需要网络管理者、音乐制作人，以及社会大众共同努力，由此才能建立一个清朗的网络新媒体发展空间。

当然，在这其中，传统媒体的作用也不能忽视。传统媒体和新媒体不同，传统媒体具有相当稳定的受众群体，这类群体虽然年龄较大，但稳定性好，每天收看节目时间长，而且具有相当的经济实力，可为流行音乐经济产业链贡献一定力量。所以我们在丰富流行音乐的同时，也应分拨精力有效调控这一类受众群体。对于一些特殊媒介，如广播媒介今后也应加强关注，因为随着有车一族的增加，汽车广播将成为陪伴人们的一种非常重要的媒介，每天人们在车上的时间就是流行音乐大放异彩的发展时间。广播媒介受限制较少，尤其不受空间限制和时间限制，近年很多专业的音乐电台一直保持良好的发展势头足以证明广播媒介仍可大有所为。广播媒介是陪伴媒介，既不需要人们投入太多精力，也不耗费人们太多时间，是一种非常好的传播媒介形式，而且接收简单，有时甚至只需操作一步就可尽享音乐带来的快乐，收听门槛极低，老少皆宜。信息技术没有改变传统广播的传播方式，反倒让媒介音质更上了一层楼，可以想象未来广播媒介依然可有较大发展空间。

2. 流行音乐和大众文化的兼容并蓄关系

流行音乐作为大众文化的一个重要组成部分，时刻不应忽视发展方向问题。坚持正确的世界观、人生观、价值观是大众文化产品的职责，无论什么类型的大众文化产品只有契合这一价值标准才能在社会主义市场经济体制下更好地发展。各种西方文化思潮的涌入，既为我国受众开拓了眼界，但也滋生了良莠不齐的信息生产环境。流行音乐作为传播范围最广、传播速度最快的大众文化产品之一，如果不能很好地把控发展方向，将无法持续发展。

目前我国受众的媒介素养得到普遍提升，音乐品位和欣赏格调也日益提高。在大众文化蓬勃发展的今天，高雅音乐和流行音乐并驾齐驱，共同丰富着受众的业余文化生活。流行音乐因其传播方式的不同而被称为流行音乐，其实和音乐品质无关，不能因为被划到流行音乐范畴就降低音乐制作品质，这一点是对音乐制作人的特别提醒。反倒应因为流行速度的加快，更需要制作出精品才能投放到大众文化市场供受众享用。高雅音乐有高雅音乐的责任，流行音乐有流行音乐的使命，两者不可同日而语，大众文化也不可强硬地将两者分而治之。在新的发展时期，我们既要引导两种音乐形式有效形成雅俗共赏的发展方向，同时还要积极提倡流行音乐从高雅音乐中取长补短，提升流行音乐的大众性、娱乐性、审美性和经济适用性。

第三节　歌以咏志——历史时刻的音符记忆

1. 亚运会宣传曲《亚洲雄风》

刚刚进入20世纪90年代时，最先飘向大街小巷的流行音乐非《亚洲雄风》莫属，它是1990年在北京举行的第十一届亚洲运动会的宣传曲。"我们亚洲，山是高昂的头；我们亚洲，河像热血流……"那一年，国民衣服上几乎都印着熊猫盼盼，大街小巷重复播放这首《亚洲雄风》。在几乎一年的时间里，这首流行歌曲成为全中国人民最喜欢的歌曲之一。

这首歌之所以广受欢迎，一方面，是因为歌曲本身极具吸引力，另一方面，是因为歌曲蕴含了一种团结奋进的精神力量，这种精神力量是当时的国人急需的一种力量。亚运会是中国第一次举办的综合性国际体育大赛，又恰逢我国国民经济取得阶段性胜利，这一鼓舞人心、振奋士气的赛事，恰到好处地契合了当时的时代背景。

当年的两大实力唱将——刘欢与韦唯的激情演唱也为这首歌曲增色不少，这首歌曲成为北京亚运会期间流传最广的歌曲，而伴随这首歌的广泛流行，刘欢与韦唯的歌唱事业也达到了一个巅峰。

《亚洲雄风》完全超越了体育歌曲范畴，这首歌曲激昂高亢的旋律显示了华夏子孙的强大富足和同亚洲各国的深厚友情。亚运会期间，这首歌曲在整个亚洲都产生了深远影响。

2. 香港回归期间的流行音乐热潮

在亚运会之后的第七个年头，又有一件大事发生，这就是香港回归祖国怀抱。1990—1997年，中国社会发生了巨大变化，流行音乐也有了较大发展，逐渐占据人们的生活中心。每到夜晚，大街小巷的KTV里歌声不断。1997年，香港回归，流行音乐又迈了一个新的发展台阶。《公元1997》《东方之珠》等一系列歌曲一时间唱响大江南北。

在这一众歌曲当中《公元1997》是传唱最广的歌曲之一。当时演唱这首歌曲的都是大陆的顶流歌手，如林萍、孙国庆、朱明瑛、韩磊、田震、孙浩、江涛、毛宁、李娜、孙楠、彭玲、王霞、左纯、冯桂荣等。"一百年前我眼睁睁地看你离去，一百年后我期待着你回到我这里，沧海变桑田，抹不去我对你的思念，一次次呼唤你，我的1997年。"这首歌曲的歌词创作以祖国母亲为视角，回顾了百年前的离别、百年间的思念及百年后的期盼，充分展现了祖国人民对香港的真挚情感。伴随这首歌曲火遍大江南北的还有这首歌曲的音乐短片（MV）。一众歌手在舞台上倾情演唱，前排的小学生们手捧蜡烛伴随歌曲晃动。视频以倒叙的方式，以黑白照片及百年前拍摄的视频再现历史，同时在画面中闪现中英谈判、回归倒计时、天安门升旗等场景。这种多重时空交错的鲜明对比，带来了独特的传播效果，在社会上迅速引起巨大反响。很快，在电视、广播、磁带、数字视频光盘（VCD）等传播媒介的推动下，《公元1997》响彻大街小巷。

除《公元1997》外，还有一首歌曲成为当时传唱不衰的金曲，它就是《东方之珠》。这是1997年香港回归之际，由刘德华（香港）和内地女歌手合唱的一首歌曲，词曲创作者为罗大佑（台湾）。"小河弯弯向南流，流到香江去看一看。东方之珠我的爱人，你的风采是否浪漫依然。"这首歌曲共分为两个部分，主歌部分运用了非常柔和的中国五声音阶，营造出一种隽永、舒展的古典传统意境。而在适合合唱的副歌部分，则又运用了西方古典音乐的作曲技巧，以更严谨的和声与华丽的结构，使作品呈现出一种大气恢宏的艺术效果。这首歌曲因为是男女声合唱，非常适合演绎，所以一直是人们在各种公开场合表演的压轴之作。

3. 澳门回归期间的《七子之歌》

1999年，澳门回归。《七子之歌》是近代爱国主义诗人闻一多于1925年3月在美国留学期间创作的组诗作品。诗人在这组诗作里以拟人化手法，将我国的澳门、香港、台湾、威海卫、广州湾、九龙岛、旅顺和大连等七个被割让、租借的地方，比作祖国母亲被夺走的七个孩子，通过掷地有声的文字倾诉了"失养于祖国、受虐于异类"的悲哀之情。全诗整体构架整齐、各节匀称、富于韵律美，一唱三叹饶有深意。其中，《七子之歌·澳门》被大型电视纪录片《澳门岁月》改编并选作主题曲，后来这首歌曲成为迎接1999年12月20日澳门回归的主题曲。

这首歌曲的演唱者既包括成人，还包括一群可爱的孩子。容韵琳作为领唱，身穿粉色裙子，头戴一支白色发夹，操着不太标准的普通话演唱这首歌曲，让观众深深地将这首歌曲印在了心里，这首歌曲以其独特的表现形式活跃于流行歌坛。

4. 北京奥运会的主题歌《我和你》

时间进入21世纪，2008年北京成功举办了第29届夏季奥林匹克运动会。对于中国人来说，北京奥运会是我国历史上最重要的体育盛事。自1990年开始,我国开始承接各种大型赛事,在北京举办奥运会,标志着中国人几百年的梦想终于实现了。但2008年也是多灾多难的一年,从年初的雨雪冰冻到5·12汶川地震,中国人民在众志成城的钢铁意志下坚强地走到了2008年8月8日。2008年北京奥运会开幕式由我国著名导演张艺谋执导,一场视觉盛宴拉开了奥运会大幕,其中最精彩的演绎当属中国歌手刘欢和英国歌手莎拉·布莱曼共同演唱的那首《我和你》。2009年,此曲荣获第十一届精神文明建设"五个一工程奖"(2007—2009)优秀歌曲奖。2022年2月20日晚,北京第二十四届冬季奥林匹克运动会闭幕式在鸟巢欢乐举行,《我和你》再度响起。

第四节 从传播学视角解析中国流行音乐发展之路

纵观中国流行音乐四十余年发展之路,我们发现中国流行音乐走过的风雨历程也是一条经济制度、文化伦理、审美趣味、艺术观念的变迁之路。从传播学视角解析中国流行音乐发展,我们发现它的传承与发展离不开"传播",也只有经过"传播",流行音乐才能行于现世、传以后人,也才能真正流行下去。传播学是研究社会信息系统及其运行规律的科学,流行音乐的发展正好契合了传播过程的所有要素。

第一,传播主体。流行音乐的发出者虽然是音乐制作人,但不可否认,它的制作要受到当时的社会背景和政治、经济、文化等许多因素的制约,甚至还有官方话语和市场因素的介入,因此流行音乐负载的意识形态也将被打上时代的烙印,承载特殊的意识形态传播功能。

第二,传播媒介。流行音乐的传播和流行离不开媒介的承载,承载流行音乐的媒介的发展和科技进步息息相关。从最初的唱片到后来的磁带、VCD、数字通用光盘(DVD)、动态影像专家压缩标准音频层面3(MP3)、动态影像专家压缩标准音频层面4(MP4),再到现在的增强现实(AR)、虚拟现实(VR)等,几乎每一阶段传播媒介的技术进步都反映在流行音乐的传播过程中。

第三,传播客体。在流行音乐的发展进程中,听众不再是单纯的信息接收者,随着多元传播媒介的发展,听众不仅可以任意选择音乐作品,还可以变被动为主动,成为传播音乐作品的人。在大众传播媒介还没有实现数字传输技术时,听众只能被动接收信息,看完报纸上的预告时间,提前守在电视机或收音机前。现在有了数字传输技术,观众可以选择任意收看时间。大众传媒曾经大一统的"指挥棒"作用,随着新媒体的介入,被削弱不少。伴随选择权的转移,我们看到受众群体也日益成熟起来,他们发挥了更多主观能动性,也更愿意主动赋予音乐作品以新的传播意义。

　　第四,传播效果。在魔弹论兴盛时期,广播是最主要的传播媒介,在第一次世界大战和第二次世界大战中,广播媒介曾起到重要作用,甚至不需花费一兵一卒,就可完成攻城略地。随着电视及互联网络的兴起,传播不再是单向的,受众也不再是被动的,传播效果自然也发生了天翻地覆的变化。媒介的"议程设置"可以成为一段时间内流行音乐的主题,流行音乐有了这样的渲染,又会以沉默的螺旋形式形成更强大的传播效果,个体受众在接收流行音乐时也会因个体差异形成各不相同的传播效果。

　　最后,借用一段美好的旋律结束本节内容。"幸福的花儿心中开放,爱情的歌儿随风飘荡,我们的心儿飞向远方,憧憬那美好的革命理想。啊!亲爱的人啊携手前进,携手前进,我们的生活充满阳光,充满阳光。"

第十九章 "十七年"抗战文学文化传播现象探究

1919年的五四运动拉开了新文化运动的序幕,国人开始呼唤人的意识觉醒,开始关注人的主体性生成。于是鲁迅先生在《狂人日记》中借半癫半醒的狂人之口追问人的过去、现在与未来;在《阿Q正传》中又开始对沉睡多年的文明古国的国民性展开思考。"文学史,就是在创作主体、创作对象(文学形象)、接受主体(阅读与批评)的三个层面上,实践与表现着对人的不断发现。"从《彷徨》到《呐喊》,"这是左翼文学对人的新发现,也为中国文学开拓了一个新的视角,展示了一个人与社会关系的新的天地"。从特定的时间反观特定的文学,"'人性'特质的人类情感的花朵在'红色革命战争'的保护色下仍然得到了应有的绽放"。"十七年"间涌现出的表现抗战题材的文学作品更为着力地关注了人在战火中成长的艰辛之路。

第一节 "十七年"抗战文学中人的成长现象出现的原因

随着"十七年"抗战文学关于"战斗里人的成长"问题的提出,"十七年"抗战文学中人的成长现象出现的原因成为人们试图深入探究的话题。成长是人类行进的脚步,作家遵循现实主义创作原则,通过文本真实地展现了"战争中的人生",诠释了战时环境中人的成长这一真实存在的文化传播现象。

"十七年"抗战文学的大多数作家都是战争的亲历者,可以说书写抗战文学就是在书写他们自己的生命体验。如何把这场"人生中的战争"融入"战争中的人生"来深化抗战文学主题,是中华人民共和国成立后这些作家在红色意识形态规约下首先要思考的问题。1949年,中华全国文学艺术工作者代表大会召开,"文艺为政治服务"核心的确立使得刻画"战斗中人的成长"成为当时无产阶级革命文学的任务。作为革命事业的重要组成部分——"十七年"抗战文学在一定程度上承载着强化文学教化功能的重任,这就对作家们提出了更高的要求,即人的成长不仅要出现在文本中,更要通过文本传播让这一论题在社会上引起一定反响。与此同时,苏联战争文学《毁灭》《铁流》等作品相继传入我国,对"十七年"抗战文学中有关于人的成长的创作也产生了较大影响。

1. 战火中人的成长

从魏晋时期开始,我国在政治、经济、文化等方面就开始了一场全新变革;到了"五四"时期,人作为自由的主体,开始关注自身发展,迫切需要个体的成长与历练。于是"五四"文学开始了对《阿Q正传》中"阿Q"满身腐朽之气的思考,开始了对《狂人日记》中介于清醒与疯癫之间的"狂人"的过去与未来的追问。20世纪30年代,左翼文学开始"关注被压迫者和被侮辱者,为被压迫者、被侮辱者的不幸命运与被压迫地位呼喊"。

"十七年"抗战文学中对于人在战斗中的成长问题的关注从一个特殊的历史时期着眼,展现了特殊历史环境下人的成长历程。成长是人类永恒的话题,经历着抗日战争的作家们在进行文学创作时遵循现实主义的创作原则,自觉地把战争中人的成长这一事实收入文本中。所谓置之死地而后生,当人面临生死绝境时,不免要对自身如何生存产生积极思考。国的即将覆灭、人的尊严的即将丧失,生不如死,民不聊生,在这生死边缘,战争中人的全新的成长,伴随着动荡逐渐开始。在硝烟中人生的意义开始了新的书写,在死亡边缘爬行、在黑暗中游走的人们迅速成长起来,找寻着通往光明、获得新生的道路。

(1)战时文化的启蒙。

众所周知,日本军国主义对中国的侵略是全方位的,他们妄图在沦陷区给中国人民洗脑,妄图彻底改变中国人民的价值观念。在中国共产党的领导下,广大人民群众先后组织起多个抗日救亡文化团体,并且创作了大量的抗日爱国作品,最大限度地消除了战争给人们身体上和心灵上带来的伤害。

毛泽东曾指出:"民族的科学的大众的文化,就是人民大众反帝反封建的文化,就是新民主主义的文化,就是新三民主义的文化,就是中华民族的新文化。"中国共产党除了在抗战边区及根据地广泛推进战时民主建设,还不断总结抗日战争实战经验,最终形成了代表这一时期战时文化纲领的论著——《新民主主义论》。在这一论著中,中国共产党人用平实的语言,详尽论述了在抗日战争这一特殊的历史时期,整个中华民族所应坚持的文化方向。同时,通过组织夜校学习、出版通俗读物、张贴宣传海报和开设识字扫盲班等,运用多种行之有效的方法对战时文化进行广泛宣传,让越来越多的人民理解"救亡"与"觉醒"的意义。中国共产党作为抗战文化的主要宣传者,根据当时的国情把"救亡"与"觉醒"作为这一时期文化宣传的主题。从当时全国人民积极抗日的情况来看,"救亡"与"觉醒"的确成为一种代表着特定时期文化的主题,并且初步具有了大众性。

中国共产党在不断唤起人民群众"救亡"与"觉醒"意识的同时,还十分注重自身队伍的文化建设。中国共产党领导下的八路军,是一支特殊的部队,说它特殊是因为组成这支部队的大部分成员是昔日在田间挥舞镰刀辛勤耕作的农民,靠天吃饭和与世无争是他们祖祖辈辈沿袭下来的生活习惯。日出而作,日落而息,对于中国农民来说生活的唯一追求就是能够吃饱穿暖,但是当日本侵略者的铁蹄残忍践踏他们的家园时,作为人的最基本的生存权利也无法得到保障,温饱也成为一种奢望,广大农民时刻生活在死亡的边缘上。

哪里有压迫哪里就有反抗,中国共产党的出现犹如黑暗中的一道生命之光,为人们送来了新鲜氧气。于是越来越多的农民从黑暗中苏醒,加入抗日战争的队伍中来,在抗日战场上与敌人进行着顽强的战斗。可以说,在战火中形成的战时文化是集国仇家恨于一体的,能够充分激发民族情绪,使广大人民群众救亡的斗志史无前例地彰显,进而最大限度地调动全民抗战意志,燃起捍卫民族独立的火把,在一片团结声中翻开战争中人的成长的新篇。于是,在这种战时文化熏陶之下,广大农民的政治觉悟和文化水平有了迅速提高,彻底摆脱了封建守旧思想,成长为可以改造社会的新人。

(2)独立意识的增强。

1937年,卢沟桥事变爆发,中国从此开始了全面抗日战争,整个中华民族经历着一场空前的浩劫,整个民族也时刻面临着危亡。于是,在这暗无天日的岁月里,中华民族开始了为了尊严、为了生存、为了独立的全民抗战,中国人民用坚强的生命意志和顽强的斗争精神与日本侵略者进行殊死战斗。面对侵略者的铁蹄,已经觉醒的中国人民不再保持沉默,更不会任人摆布,人们在战火的洗礼中获得成长,团结一心共同争取民族革命胜利。

全国性抗日战争开始后,中国共产党在抗日根据地展开了卓有成效的大规模的政治活动,广大人民的政治觉悟有了很大提高,民族独立意识和反抗意识也在不断增强。中国人民表现出空前的团结,对于生命尊严和生存空间的极力维护,充分彰显了整个民族对于独立和自由的无限渴望。正如毛泽东所说:"这个战争促进中国人民的觉悟和团结的程度,是近百年来中国人民的一切伟大的斗争没有一次比得上的。"

中国共产党领导下的抗日战争,使中国人民在屈辱的硝烟中渐渐意识到,如果一个民族缺少抵御外敌入侵的勇气和斗志,那么这个民族将永远生活在水深火热的沼泽当中。恰是在这一时期,中国共产党不断推进根据地民主建设,边区和根据地的广大群众对于"反抗侵略""争取独立""自由平等"等有了更深层次的理解和认识。

民族危亡关头,中国人民的民族凝聚力和民族自尊心有了显著增强。战争令中国人民深刻体会到,民族独立对于整个民族来说有着怎样不同寻常的意义。于是在中华大地上,民族救亡运动的大潮一浪高过一浪,充分说明了广大人民的主人翁意识在不断提高,人民在争取自由、民主的同时,在精神层面上日渐成熟,在团结一心进行抗战的大熔炉中,每一个参与战争的人都在不断地经历淬炼和成长。

人总是在经历遭遇与挫败之后,才能在心理和精神层面获得相对完整的成熟,在经历理性层面上量的积累之后,才能达到各个层面质的成长与蜕变。于是,"十七年"抗战文学的作家们把人在战斗里的成长提升到了一个相当的高度并通过文本呈现了出来。战争唤醒了中国人民保家卫国的民族独立意识和民族凝聚力,中国人民在一片团结的抗战声中展现出万众一心和自强不息的民族精神,这种民族精神使得在战火中人的成长,成为战争环境中普遍存在的文化现象。

2. 苏联战争文学对"十七年"抗战文学的影响

20 世纪 20 年代开始,我国一批心怀祖国命运的知识分子,如鲁迅、郑振铎、茅盾等,把苏联战争文学的优秀作品翻译到了中国。从早期鲁迅先生把《毁灭》带到中国,而后又有了《铁流》的中译本,中苏战争小说开始有了交流,苏联战争文学对中国抗战文学的发展起到了积极的推动作用。

硝烟弥漫的战场,锤炼了军魂铸就的队伍;逐渐成熟的人们,肩负起拯救民族危亡的重任。虽然身处不同的地域和时空,但战火中人们所经历的从肉体到精神的考验却是极为相近的。苏联战争文学以其独特的视角和对战争中人的独到关照,对于我国"十七年"抗战文学创作产生了深刻影响。这一时期苏联战争文学,如绥拉菲莫维奇的《铁流》和法捷耶夫的《毁灭》等,创作重点都是积极探寻人在战争中的作用,高扬爱国主义,歌唱战争环境中人类顽强的生存意志和英勇的战斗精神。

苏联战争文学一个突出的特征是具有十分鲜明的民族特色,而且不同程度上深刻展现了那一时期苏联遭受的动荡。绥拉菲莫维奇的《铁流》以 1918 年苏联内战为题材,叙述了当时红军的一个分支——达曼军,队长郭如鹤带领富农、红军家属及被迫害的群众,突破重重包围,实现成功转移的故事。小说真实地描绘出苏联国内战争时期一支由少数士兵和群众组成的队伍,是如何在战火中由一群"散乱杂人"最终成长为一支"铁流"——一股纪律严明、作战顽强的部队的过程。在作品中,绥拉菲莫维奇成功地塑造了共产党员郭如鹤这一人物形象。鲁迅先生认为《铁流》是表现了"铁的人物和血的战斗"的成功之作。

法捷耶夫的《毁灭》同样是当时苏联革命文学中不可多得的优秀作品,苏联的《真理报》曾这样评论《毁灭》:"这部描写西伯利亚游击队的溃灭的小说,是我国无产阶级文学阵线上的胜利"。在《毁灭》这部作品中,作者对游击队如何在艰苦的环境中坚持战斗进行了详尽描述,同时用饱含深情的笔墨深刻地展现出游击队员从精神上到心灵上的成长过程。"法捷耶夫曾这样概括了小说的主题思想:'在国内战争中进行着人才的精选,一切敌对分子都被革命扫除掉,一切不能从事真正革命斗争的人和偶然落到革命阵营里来的人,都要被淘汰,而一切从真正的革命根基里、从千百万人民群众里生长起来的人,都要在这个斗争中得到锻炼、成长和发展',在革命中进行着'人的最巨大的改造'。"

从《铁流》到《毁灭》,无论战争环境多么艰苦,作品中的英勇的游击队员始终保持顽强的战斗精神,即使历经磨难,在牺牲前依然赤手空拳地同敌人进行拼死斗争。这充分表明,只有人民才能够创造历史,战士们不惜流血牺牲保证革命取得胜利,同时也在斗争中受到锻炼、获得成长。

"十七年"抗战文学是特殊历史时期的特殊文学作品。随着《铁流》和《毁灭》等许多苏联战争文学作品在我国的出版和发行,"十七年"抗战文学受到巨大影响,也在创作中融入了时代因素,即在对我国传统文化继承和发扬的同时,对于战争状态下"人的成长"问题高度关注。于是,"在战斗里成长"便成为"十七年"抗战文学作家在创作过程中呈现的突出内容。

(1)参战队伍的成长。

战争打破了家园平静,战争文学作家们用笔生动描写了人民在面对生死大逃亡的关键时刻,一支支有着顽强意志和勇敢斗争精神的队伍怎样带领广大人民突破重重包围,最终取得胜利的战争场景。

苏联作家绥拉菲莫维奇的《铁流》记录的是一个充满血腥和离别的故事,透过这场生死大营救和千里大转移,读者真切地感受到在苏联大地上,经历着战争的人们,在身体上和精神上经受着硝烟的洗礼。

法捷耶夫的《毁灭》同样真实地展现了当时苏联远东地区,一支游击队为了保存实力进行的艰苦的战略转移的故事。从150人的部队到最后仅剩19人的队伍,士兵遭到了毁灭性的打击,实际上也经历了凤凰涅槃式的成长。在小说的结尾,作者为读者展现了一幅意义深刻的画卷——在幸存者眼中,蓝天白云笼罩着金色麦田,远处打麦场上人们在劳作,以此揭示革命必将胜利的前景,因为打麦场上的人们必将是革命队伍中新的生力军。毛泽东曾在《在延安文艺座谈会上的讲话》里高度赞扬了《毁灭》的成就:"《毁灭》,只写了一支很小的游击队,它并没有想去投合旧世界读者的口味,但是却产生了全世界的影响,至少在中国,像大家所知道的,产生了很大的影响。"

在《铁流》和《毁灭》传入我国后,许多中国作家在苏联文学作品中读到了战争中人性的红与黑,并意识到战争并不是让人们在苦痛中学会屈服,而是在动荡中学会用血和泪在心灵与意识中铸起新的长城,拿起手中的武器进行生死抵抗。于是,从事"十七年"抗战文学创作的作家们也纷纷拿起了手中的笔,开始发愤图强的心灵之旅。

在冯志的《敌后武工队》中有这样一群人,他们出身于地地道道的农民家庭,但是当侵略者开始践踏他们的家园,打破原本宁静的生活时,这群人开始寻找光明的道路。1942年的冀中平原,到处是日本侵略者屠城的硝烟,由杨子曾、魏强带领的一支武工队深入敌后,利用游击战与敌人展开殊死搏斗。队员们从最初不知该如何掩护自己的队伍,到能够成功地偷袭敌人的据点,并干净地消灭敌人的夜袭队,肃清队伍中的叛徒,机智解救落入敌人手中的同志,直至最后完全打开对敌作战新局面。

这支敌后武工队在战时环境中逐渐成长为一支有着超强应战能力的队伍,并且深受群众爱戴。"武工队在村北集合,群众也提着篮子抬着开水地跟了来。他们把武工队围了个风雨不透,都愿意把和自己同甘苦,共呼吸的子弟兵——武工队——多看上两眼,看着他们从胜利再朝新的胜利迈进。"在经历了一系列挫折和考验后,这支队伍从年轻走向成熟,这支队伍中的同志也如同《铁流》中的人物一样,成为战争中不可缺少的中流砥柱。

刘知侠的《铁道游击队》也展现了一支经历着战争考验并不断成长的队伍。当时正值抗日战争初期,一支由八路军组成的队伍深入敌后,开始进行游击战争。由李正和老洪领导的铁道游击队佩带短枪、身着便衣,战斗在敌人据点林立的铁道线上。这支英勇的队伍在敌人的据点里摸敌岗,在铁路线上袭击火车,在客车上打击敌人。他们克服了重重困难,机智勇敢地消灭了敌人,歼灭了日寇。最后,在老洪和李正的带领下,这支队伍成功地牵制了敌人的兵力,配合山区主力作战,成功夺取了敌人的军用物资用以支援前线。

在哈华的《"夜莺"部队》中,作者用独特的"电影闪回式镜头",生动展现了由新闻记者、青年诗人、平津流亡的学生等组成的一支活跃在敌后的战时文化宣传部队。作品讲述了他们是如何经历坎坷的流亡、内部意见的分歧而最终团结一心、排除万难获得成长,并承担起用文字唤起民众民族意识觉醒的文化重任的故事。作品从另一个侧面对抗日战争进行了全景式描写。

纵观"十七年"抗战文学作品,我们发现,绝大多数作家的创作理念都不同程度地受到苏联作家和作品的深刻影响,参战队伍的成长模式大都印刻着《铁流》和《毁灭》的成长烙印。

（2）参战队员的成长。

"十七年"抗战文学作家们这一时期的抗战作品，除了在参战队伍的成长模式上对苏联战争文学有所借鉴，他们笔下的主人公也借鉴了苏联作家笔下鲜活的人物形象。作家在准确把握人物成长阶段的同时不失时机地挖掘蕴含在人物内心深处的精神活动，并以此展现参战队员的成长经历。

从20世纪20年代初到第二次世界大战期间，苏联小说侧重塑造英雄形象，即将人在战争中的积极作用作为重点进行描写，人伴随战争日渐成熟。担任游击队队长的莱奋生是《毁灭》的主人公，在他的身上充分体现出一名共产党员的优秀品质和在游击战争中的领导作用。对于这个人物的刻画，作家法捷耶夫并没有一味地将其描写为一名传奇英雄，而是从一名生活在战争中的普通人入手，用真实而且近乎白描的手法对其进行刻画。莱奋生是一名有着优秀军事才能的游击队队长，面对恶劣的作战环境，一个身材并不高大的游击队长却用钢铁般的意志和朴素的语言，以及真实而果敢的实际行动，顶住了游击队内部及风云变幻的战场上的压力。为了团结队伍，莱奋生抓住一切机会为战友肃清思想困扰，并在队伍的行进过程中争取和团结群众，增强了队伍的凝聚力和战斗力。

《毁灭》的主人公莱奋生是一名不可多得的指挥家，在部队接到大转移的命令后，他以最短的时间制订出详细而又科学的转移计划。在游击队试图通过沼泽地的危急关头，莱奋生用勇敢和智慧组织起队员，奇迹般地穿过沼泽，保住了这个在枪林弹雨中得以生还的队伍。法捷耶夫笔下的莱奋生不但是军事上的指挥天才，还是一位管理团队的高手。莫罗兹卡偷瓜事件发生后，这名游击队队长机智而又公平的解决办法不但教育了莫罗兹卡本人，也增强了整个参战队伍的纪律性。

像莱奋生这样意气风发、成长足迹清晰可见的人物，在"十七年"抗战文学作品中比比皆是。在《敌后武工队》这部作品中，冯志笔下的武工队队长魏强是个虽饱含革命热情，但在处理事情方面又十分粗心的人物。在刚刚带领这支敌后武工队时，魏强还是个充满鲁莽气的青年，作战经验不足。"昨天，是回到冀中的第七天，也是行军较远的一天。部队停在村边站住休息的时候，就稀里哗啦都小便起来，四十多人，四十来泡小便，都摆在道边上。今天，清乡队没有来。要是真的来了，根据这些小便，就会发现有部队过往或住下。魏强想到这，觉得后脊梁骨直冒凉气，暗暗地责备自己：'谁麻痹？自己就是麻痹的一个。'"紧接着作家用四组时间对魏强从军以来的生活做了简短梳理：1939年作为十八团侦察班长，为了配合其他部队歼灭敌人，他不得不冒着大雨参加急行军，"三天水米没打牙,任务完成回来,饿得真是前心贴了后心"。1940年,在战斗中"遭到敌人重重包围,那次战斗打了个天昏地暗,日月无光。末了,他也负了伤,躺在阵亡同志的尸体堆里,肚子没食,伤口又流着血。他纹丝不动地待了十多个小时,等敌人走了才悄悄地爬出来"。1941年负伤的魏强赶上了敌人秋季大扫荡,被敌人从黑山口逼到了白石山,"半个月过去了,人们只能在拂晓吸吮那草叶上的露珠;天明,找点山蒜充饥。轻伤号慢慢地躺倒了,重伤员再也不能动弹了"。1942年赶上敌人五一大扫荡,"部队一天打三仗,三天吃不上一顿饭"。正是在这种艰苦的战争环境中,"十七年"抗战文学作家笔下的主人公完成了从普通战士到游击队队长的成长经历,人物塑造方式与法捷耶夫《毁灭》中的莱奋生一样,成长轨迹清晰可见。

在《铁道游击队》中作家同样精心刻画了两位个性坚毅果敢、临危不惧的英雄人物——政委李正、队长老洪,两个人一文一武、一静一动。在带领队伍进行一次又一次"票车上的战斗"的过程中,两个人在配合中越来越默契;他们从失败中吸取教训,纠正了队伍内部个别同志的落后思想,总结了战斗的经验教训。在一次又一次战胜敌人的战斗中,作者着重表现了两个人的成长进程。

在《铁道游击队》中,李正是个极为全面的人物,"他不但熟读了毛主席有关游击战略战术的著作,而且在指挥作战时能够熟练地运用。他们在敌占区进行分散的隐蔽活动的时候,他把一个连化整为零分成班、排,甚至化成战斗小组。部队虽然四分五散,可是都在他紧紧掌握之中。如同渔人打鱼一样,掌住了网的绳头,散得开,又收得拢。他善于利用敌人的空隙,在林立的敌据点之间,穿来穿去,打击敌人"。在带领游击队开展游击战争的过程中,李正还组织队员朝着正规化部队迈进,每天出操、跑步,定期学习党的思想理论,让队伍在战争中百炼成钢。

铁道游击队队长老洪则是一个既有胆识又有谋略的当家人。他带领这支队伍在艰苦的环境中,在漫长的铁道线上,截获敌人的枪支弹药。他身手敏捷,大口喝酒、大口吃饭,豪放中充满真诚。在对待政委李正和队员们的态度上充分显现出老洪的细心之处。在这样一个粗中有细的人物身上,我们可以清楚地看到在战火中人物的成长历程。

在李晓明、韩安庆创作的《平原枪声》这部作品中,我们可以看到马英这名出色的革命战士。从最初背负着家仇加入抗日队伍,到回到故乡带领全镇人民与当地的日军和与日军勾结的地主进行斗争,从最初的感情用事为了打败敌人行事鲁莽,到最后运用斗争经验逐一排除困难带领部队取得对敌战争胜利,在马英身上充分显现出一个具有较强军事才能和领导才能的中国式"郭如鹤"形象。

可以说在"十七年"抗战文学中，无论是表现深入敌后克服困难最终完成任务的《铁道游击队》《敌后武工队》《"夜莺"部队》，还是表现在战时环境下主人公从幼稚到成熟的《战斗的青春》《吕梁英雄传》《平原烈火》，这些作品及其人物刻画都清晰可见地显现出《铁流》和《毁灭》的影子。

3. 红色意识形态对文学创作规约的结果

成长是一个富有磁性的语义场。在"十七年"抗战文学中，人物不但经历着生理层面的成长，更经历着心理和精神层面的成长。文学作品通过文字积极宣扬战斗中人的成长，是中华人民共和国成立之初无产阶级革命文学赋予其的特殊使命。因此，"十七年"抗战文学也被视为革命文学的一部分。在这样的历史背景下，对战争中人的成长的关注，不仅成为文学作品中人物发展的主要脉络，更成为当时作家进行文本创作的政治立场。

（1）红色话语权下的政治制度表现。

毛泽东同志的《在延安文艺座谈会上的讲话》，成为这一时期无产阶级作家们进行文学创作时必须要遵循的文艺标准，标志着中国文学进入了一个新的发展阶段，同时也指明了无产阶级文学创作所要坚守的发展方向——民族化、大众化，即"新鲜活泼的，为老百姓所喜闻乐见的中国作风与中国气派"。

中华人民共和国成立之初，刚刚经历过战争，人民的物质生活水平较低，精神文化生活也处于不发达的发展状态，这就要求广大文艺工作者要从实际出发，在文学创作中严格遵循新中国文学审美标准和政治要求。在这样的政治背景和文化氛围下，"十七年"抗战文学创作开始了不同于"五四"以来展现在中国文坛的文学之旅。这一时期的作家在进行文学创作时，总是力图把自己的创作融入一个全新的社会背景，不仅要体现时代需要，还要时刻遵循"文学为大众服务"的政治要求。于是作家们在红色政治话语规约下，自觉或不自觉地改造着自己的世界观，并确立了一种新的文学价值观。

与此同时，刚刚经历过战争灾难之苦的人民群众在意志高昂地进行社会主义建设的同时，无法忘却战火的残酷和在战火中失去的亲人。抗日战争在广大人民群众心中刻下了太沉的烙印，对这场战争的回顾也自然而然地占据着这一时期人民群众的主流意识，同时也为抗战文学深入发展提供了广阔的发展空间。

基于此，"十七年"抗战文学期间一些作家拿起手中的笔，开始回忆刚刚过去的抗日战争，并试图用文学作品更好地展现"战争中的人生"这一宏大的历史主题。在鲜明的红色政治话语权统领下，从事"十七年"抗战文学创作的作家们用文学作品作为映照过去的铜镜，将那些鲜明的人物形象放归到硝烟弥漫的战场上，用他们的成长经历验证人在战争中的成长是一个普遍现象，并用这一普遍现象点亮抗战文学人物的成长之灯，以此映射"十七年"抗战文学的独特光芒。

于是，我们看到了许多像嘎子、雨来、牛大水、许凤、陈四敏、杨晓冬等这样的英雄人物。他们有着"敢为天下先"的实践精神，为了革命，为了生存，无论是小小少年，还是在战火中觉醒的青年，抑或是为了抗战甘愿献出生命的老人，战争改写着他们的人生，他们也因为在战争中成长而获得光明的新生。所以"十七年"抗战文学在梳理旷日持久的抗日战争烽烟的同时，也为读者展开了一幅战火中人的成长画卷，并通过这一画卷深刻体现了中华人民共和国成立之初，无产阶级文学作为无产阶级革命事业的一个重要组成部分，发挥着文学创作在不同时期所肩负的重要职能。

（2）红色话语权下的政治信仰。

1949年，中华人民共和国成立，中国当代文学在展示历史行进过程中不同时期的社会风貌的同时，也在探寻中国当代文学新的独特的发展方向。"十七年"抗战文学在回顾左翼文学与解放区文学的同时，更加鲜明地彰显了中华人民共和国成立之初广大文艺工作者普遍的政治信仰，即在中国共产党的领导下，对中国人民自强不息的民族战争进行肯定，并在回顾战争过程中展现中华民族强悍民族力量和优秀民族精神的革命意义。

"十七年"抗战文学除具备上述特点，还具备自身的独特价值，"从那一时期作品所领略的绝非生活平庸的原貌，而是经过了作家对新社会浪漫的想象的。……因此，走进这段历史所看到的，主要不是作家怎样去顺应批评，迎合政治，当然不是没有这种情况，而更多的是作家对新中国真挚的信任和热情的想象，并通过怎样的艺术手段，使新的社会风尚与传统意绪达到有机的融合；是对令他们心仪的一种生活的理想图景的绘制"。

总之，中华人民共和国的诞生开启了中国历史新纪元，刚刚从战争和苦难中走出来的广大文艺工作者已经开始秉承《在延安文艺座谈会上的讲话》的精神实质，自觉地把自身的文学创作与时代需求相结合，在改造自身世界观的同时创作大众文艺作品，即体现着"新鲜活泼的，为老百姓所喜闻乐见的中国作风与中国气派"的文学作品。

在中华人民共和国成立后的十七年间，许多作家深刻反思刚刚经历过的抗日战争，带着满腔爱国热情，书写战争中的人们是如何在困难中获得成长。透过这些作家的笔已经看不到此前文学作品中展现出来的为了摆脱物质和精神困惑而进行的消极斗争的灰暗气氛，作品中处处洋溢光明和希望！毋庸置疑，这种充满激情的红色话语权下的政治信仰对"十七年"抗战文学创作产生了重要推动作用。"十七年"抗战文学作家们在作品中把创作的重点放在了轰轰烈烈的抗日战场,把战争融入人的个体生命中,同时更加注重展现战争状态下人的成长历程。

"十七年"抗战文学作为第二次世界大战后世界反法西斯文学的一个重要组成部分,关注着战火中人的成长问题。不同的民族文化背景使得"十七年"抗战文学展现的人的成长,被作家们打上了鲜明的阶级烙印,其成长规律多遵循从民族主义视角展现战火中的"人"如何通过反抗侵略战争逐渐成长为革命战士。其他国家的反法西斯文学却着重从人道主义视角出发,站在反对战争的高度展现普通人的成长经历。虽然我国这一时期的抗战文学与第二次世界大战后其他国家的反法西斯文学在呈现人的成长过程存在着诸多创作层面的差异,但是从历史行进的角度回望这段文学发展历程,我们发现其中的人物特征与战争风貌同样值得读者珍视。

第二节 "十七年"抗战文学中人的成长模式

人在战斗里成长是"十七年"抗战文学的突出内容。在战火中不同类型的人物成长的历程不尽相同,也形成了几类不同的成长模式。接下来将对"从自发反抗到自觉革命——农民的成长""从个人理想到集体主义——知识分子的成长""从徘徊不定到弃暗投明——中间人物的成长"这三种成长模式进行详细解析,希望可以有力揭示在生死边缘爬行的人们是如何在血与泪的艰辛中成长的。

1. 从自发反抗到自觉革命——农民的成长

在"十七年"抗战文学作品中,作家们不遗余力地塑造了一个又一个从莽撞急躁变得坚毅睿智的农民形象。当"面朝黄土背朝天",一日三餐但求温饱的农民亲历了战争的残酷,看到了身边人的惨死,以及侵略者的嚣张,如何争取生的权利成为他们心中唯一的信念。于是,他们自发地拿起锄头、犁杖与侵略者进行原始反抗。随着战争发展,越来越多的中国农民在硝烟中逐渐成长为革命战士,他们也在争取战争胜利的漫漫长路上发挥着属于中国农民的独特力量。

(1)加入革命队伍。

发生在我国的这场轰轰烈烈的抗日战争激发起了中国人民强烈的爱国热情,尝尽战争苦难的中国农民为这段强烈的爱国热情付出了很多。日本侵略者的战争硝烟燃遍了大半个中国,农民在屈辱和苦难中摸索出只有奋起反抗才能重新获得新生的希望。

李英儒在《战斗在滹沱河上》这部作品中塑造的青年农民二青,就是在"大扫荡"中迅速由普通农民转变为革命战士的人物形象。生活在冀中农村的二青从小便失去了父亲,在生活的痛苦煎熬中,他很早就养成了忠厚诚恳、沉默稳重,而又富于反抗的性格。也正是凭借着身上的这种沉稳而又富于反抗的性格,二青较早地意识到只有进入一支从人民根本利益出发的先进队伍,并且依靠团体的力量,才能打败侵略者。于是他积极加入党组织,并连续读了几年夜校,"他的眼界扩大了,精神领域伸长了,童年受的痛苦委屈,变成了斗争的智慧和力量,这些特点使他在沿河村青年群里,成为最有威望的同志"。

在敌人疯狂的大扫荡中,二青与村中的其他党员同志共同掩护群众撤离。为了与敌人进一步作战,他和同志们又悄悄回到了沿河村。在作战队伍敌强我弱的情况下,张老东、赵三庆等汉奸与敌人里应外合,使得留在村中的二青和其他党员同志的抗敌工作经受极大考验。面对伪军与敌人的轮番搜查,看到自己的领路人赵成儿惨遭敌人杀害,正在壮大的革命队伍遭受敌人一轮又一轮大规模重创暂时失去了领导力,身边的同志又开始有所动摇,二青没有被恶劣的战争环境压垮,他与村民们一同设置新的地道,并在村民的帮助下及时发现为敌人通风报信的张老东并将其擒获,在对敌战争取得阶段性胜利后他们终于等来了自己的队伍……

虽然在敌人的大扫荡中,二青为了掩护其他党员撤离险些牺牲,但正是经历了这一次生死考验,才使他意识到只有把革命热情真正植根于心底,才能在战斗中不断成熟。在这样一个抗战条件十分艰苦的环境中,二青由一个普通的农民逐渐成长为具有顽强的革命意志的战士,他与身边的许多同志一起经历人生中这场布满黑暗的革命战争。从最初无法接受家园破败,不再沉默选择反抗,到自觉投身革命队伍,以正确的人生目标为指引,在战争中选择正确的人生道路,这个青年完成了破茧成蝶的深刻转变。

在孙犁的《风云初记》中也有这样一个人物。他从在地主家干活的小长工成长为成熟老练的革命战士,芒种的成长经历也充分体现出抗战时期中国农民的成长轨迹。芒种在一次为当家的送信的途中偶遇已经成为红军战士的本村人高庆山,在与高庆山的谈话中芒种心中燃起了革命的火苗,很快他就参了军,摆脱了原来那种做牛做马的生活环境,并开始奔向充满希望的新生活。在以往的生活环境中,像芒种一样的农民们,他们只知道沿袭祖辈留下来的脚印重复老路。当这种延续了几千年的宁静的生活状态被打乱,不甘于再次经历苦难的农民们突然意识到要想过上有尊严的好日子,必须摆脱原有的生活状态,投身到一个先进的集体中,用科学的理论武装自己的头脑,于是,越来越多的像芒种一样的青年人走进革命队伍。

如果说一个代表广大人民根本利益的先进集体是中国农民成长过程中必不可少的精神家园,那么《苦菜花》这部作品中的冯德强、冯德刚和秀子便是在这个精神家园中迅速成长起来的中国农民的代表。在姐姐娟子的影响下,冯德强、冯德刚和秀子从小便加入了儿童团,由于他们优异的表现,冯德强成长为八路军团长的警卫员,冯德刚成长为优秀的八路军战士,秀子成长为村里儿童团的团长,他们一起为民族解放做出了积极贡献。

通过一系列"十七年"抗战文学作品,我们看到在抗日战争的烈火中,中国农民从以往的靠天吃饭、与世无争的生活状态中猛醒,纷纷放下手中的犁杖,背起枪杆,成长为战斗在抗日战场上的革命战士。虽然这场战争使得他们失去了家园,可也使得他们在战争中获得成长,并完成了身份的转变——由农民到革命者。

(2)带领队伍战斗。

持续了十四年的抗日战争的硝烟几乎蔓延到了我国所有乡村,战争过后,乡村失掉了它原有的郁郁葱葱,田野里不再有漫山遍野的果实,触目所及都是烧杀抢掠过后留下的断壁颓垣。

从抗战之初自觉加入革命队伍成为革命的一员,到独立带领队伍与敌人开展殊死搏斗;从自发反抗日本帝国主义侵略到自觉革命争取战争胜利,中国农民在抗日战场上得到了全新成长。雪克在《战斗的青春》中塑造了许凤这一人物,她就是千百万在战争中成长的中国农民的代表。许凤是枣庄妇女抗日救国会主任,她是一位将群众利益放在心里,并以此为出发点开展革命工作的女干部。在与区委书记胡文玉就如何开展对敌工作产生分歧后,许凤以村民的利益为出发点据理力争,毫不给身为领导的胡文玉留情面,她一心带领本村村民为了保卫家园而尽心竭力地工作着。在敌人突袭的当晚,许凤带领侥幸存活下来的同志,苦苦寻找可能还生还的其他同志,同时也在不断掩埋已经牺牲了的同志。在这一找一埋的过程中,作品表达出战争对生命摧残的最有力的控诉,也验证着经历生死考验的人们必将置之死地而后生的转变。虽然找不到大部队,四处还受到敌人伏击,许凤依然坚定地带领村民小心翼翼地开展战争。如果作为队伍的领导"任凭人们走散,这不是明看着自己的队伍瓦解吗?这样胆怯还革什么命……自己是共产党员,是党的区委委员……宁可在战斗中死去,绝不能后退"。在经历一次又一次失败的突围后,许凤意识到在战争环境下,只有依靠党的先进思想作为指导,才能使队员的思想变得纯洁统一,也才能在最短的时间里提高队伍的战斗力。从一个在硝烟中学会反抗的农民,到一名带领着同志们出生入死进行成功突围的区委会主任,许凤虽然多次与生死擦肩而过,但她依然坚持在黑暗中摸索前行。她与身边的同志们一起经历战争的考验,他们始终坚信黑暗过后必将是一片光明。

当发觉自己的爱人发生转变,她毫不犹豫地与其划清界限;当身边的同志因为伤病不断牺牲,她表现出女性特有的柔情;当自己的队伍遭受挫折,她没有气馁,依然坚持理智思维,有勇有谋地制订作战计划。战争让这位生长在农村的女性迅速成长为一名坚强的革命战士,是战火照亮了她前行的道路。在保卫家园的战斗中她逐渐坚定信仰,从无意识地参加战斗,到有意识地领导战斗;从最初的迟疑不决,到面对生死时的果敢坚强,战争给予许风的除了苦难和离别,还有炼狱般的洗礼。

在徐光耀的《平原烈火》这部作品中,我们看到了一位具有出色指挥才能的农民形象——游击队长周铁汉。在冀中抗日根据地遭到敌人大扫荡时,由周铁汉带领的一支中队成功突围。作品一开篇就用一场突围战表现了周铁汉出色的指挥才能。为了躲避敌人的扫荡,队伍需要保存实力,周铁汉将游击队分成小组分头行动。周铁汉带领十几名队员,成功破坏了敌人的几次扫荡。通过这几场战斗,周铁汉逐渐克服了自身急躁的毛病,队伍的作战能力也在不断增强。后来,周铁汉不幸被捕入狱,他面对酷刑依然立场坚定。在狱中他组织狱友秘密成立党小组,并组织狱友成功越狱,最终与其他小分队配合,成功地端掉了敌人的岗楼。从最初性格急躁,不顾自身实力,期望带领队伍一举歼灭敌人;到被捕入狱后,信念从未动摇,顽强抵御敌人的酷刑;再到最后制订周密的计划,组织狱友成功越狱,与其他小分队配合成功消灭敌人。周铁汉在带领队伍进行战斗的过程中,不断克服自己的缺点,并最终成长为一名优秀的游击队长。

牛大水是袁静、孔厥创作的《新儿女英雄传》中的主人公。在作品开篇,作家笔下的牛大水是一个整天闷头干活,只想要多挣些钱快点儿娶上媳妇的普通农民。他的想法和他的祖辈一样,在年复一年的耕种中依靠自己的劳动攒些积蓄过简单生活。一场旷日持久的抗日战争在中华大地蔓延,这场战争改变了无数个牛大水式农民的命运。于是,从庄稼地里干活的好把式,到县上训练班里的优秀学员,再到最后成为申家庄村长兼农会主任,牛大水在战争的"催促"下,从一个不识字的农民迅速成长为抗日游击队中的中坚力量,他带领队伍英勇作战,取得了一次又一次胜利。战争让这个普通的农民逐渐意识到,这是一个不同于以往的年代,国家正在面临前所未有的灾难,广大农民只有在动荡的年代中学会正视战争、正视人生,用满腔热血摸索寻找新生的道路,并在战斗实践中共同携手跟随队伍进行反抗,才能够寻找到救治国家的良方,看到新生活的希望。

战火让刚刚觉醒的中国农民看到,在战争中人应当如何学会生存,抗日战争又是怎样一场改写中国农民命运的人生战争。于是,在战争中成长起来的中国农民学会了用科学的理论武装头脑,用平实的话语感召身边群众,用朴实的行动改变未知命运,用顽强的意志带领队伍与敌人进行生死较量。经历了战火洗礼的中国农民,对于这场抗日战争的认识也由最初的自发反抗深化为自觉地投身战斗,他们用自己的实际行动诠释着从中国农民成长为革命战士的时代意义。

2. 从个人理想到集体主义——知识分子的成长

与农民不同,知识分子在"十七年"抗战文学中扮演着一类特殊角色。五四运动之后,知识分子被定义为先进思想的传播者,勤于思考、理性选择是他们身上特有的品质。也正是因为中国知识分子具备了这些优点,才决定了在民族危亡的关键时刻,他们能够放弃个人理想,自觉投身革命,并遵循集体主义原则,与农民一起争取民族独立、国家解放。

(1)摒除个人主义。

在"十七年"抗战文学作品中有这样一类知识分子,他们对革命事业激情无限、对党的领导忠心耿耿、对革命前途坚信不疑,但是在他们身上也有一个较为显著的缺点,即在政治上还不太成熟。

何剑平是高云览的《小城春秋》中的一个年轻知识分子。他的成长轨迹可以概括为:最初被身边的思想先进者李悦吸引,而后凭借自身的聪慧才智受到先进文化熏陶,最终走上革命道路。在这部作品中,何剑平十岁的时候,亲历乡里不同姓氏族亲械斗场景,他眼见父亲在此次械斗中死去,于是一颗复仇的种子埋在了小小的何剑平心里。初中还没有毕业,何剑平就因为交不起学费辍学了,在其与共产党员吴坚的接触中,何剑平渐渐对唯物论和辩证法有了初步了解。儿时的对头李悦如今已成长为一名优秀的共产党员。在吴坚的引荐下何剑平与李悦意外相逢,此时这个年轻的知识分子——何剑平,内心的复仇欲望已经逐渐消失。正如何剑平在写给李悦的信中提到的那样:"在我接受无产阶级真理的时候,我好容易明白过来,离开阶级的恨或爱,是愚蠢而且没有意义的。不爱不憎的人是永远不会有的。我从恨你到不恨你,又从不恨你到向你伸出友谊的手,这中间不知经过多少扰乱和矛盾。说起来道理也很简单。然而就是这么一个简单的道理,要打通它却不是一件简单的事。正因为打通它不简单,我们家乡才有年年不息的械斗,农民也才流着受愚和受害的血。他们被迫互相残杀,却不知道杀那骑在他们头上的人。谁假借善良的手去杀害善良的人?谁使我父亲枉死和使你父亲流亡异乡?我现在是把这真正的'凶手'认出来了。父的一代已经过去,现在应该是子的一代来的时候了。让我们手拉着手,把旧世界装到棺材里去吧。"

从小说中,我们看到,虽然像何剑平这类知识分子,他们在政治上还不太成熟,但是他们心中存有对信仰的执着追求。所以一旦他们接触到了先进的思想观念,并把这些先进的思想观念融入自身成长中,那么他们很快就会认识到自身存在的"个人主义"是不可取的。于是,他们才会自觉摒弃这种个人理想,进而投身到先进的革命集体中。就小说中的这个人物形象而言,何剑平无论是在刑场上,还是在监狱中,抑或是在掩护同志们越狱的行动中,始终怀揣理想,坚守信仰,经得起各种考验。此外,在他身上,我们还看到了属于知识分子的独特个性,即固执、偏激、聪明,而又桀骜不驯,有时在与人相处的过程中有些鲁莽,在处理爱情时不够自信,更为重要的是他们不善于运用策略争取身边的群众。

综观何剑平身上的这些优缺点,我们看到知识分子在战争环境中的成长空间还是十分巨大的。作家笔下的何剑平对于革命的最初认识更多的是期望实现自己心中报效国家的志愿,个人理想主义色彩十分浓烈。但是经过学生运动失败、被捕、越狱不成,无奈重新回到监狱,意外地和四敏同处一室,"心情一变,牢狱有形的墙壁和无形的墙壁似乎都同时消失了"。"现在剑平已不再考虑他是不是个死刑犯这问题了。他觉得,他活着还能跟同志们一起过着集体奋斗的日子,这日子即使摆着千难万险,甚至最后必须拿出生命来交换,也总比单独一个人白白活着强。"狱中生活,让何剑平逐渐意识到自己曾经存有的个人主义理想是多么不成熟,并且明白了只有通过集体的力量才能够战胜困难、争取胜利。

最后,当他与吴坚、李悦、吴七等人成功越狱,面对战友的牺牲,何剑平真正从炼狱中走了出来,他也在磨难中获得了新生。这种成长光靠书本是体会不到的,只能用血和泪来换。四敏用生命的终结向何剑平诠释了在随时可能献出生命的动荡年代里,只有依靠集体的力量才能化险为夷。

在《野火春风斗古城》中,我们同样看到了一个在革命洪流中迅速成长起来的知识分子——银环。银环是古城一家医院的护士,同时也是中国共产党在古城的一名地下通讯员。她的主要任务是为在古城进行地下工作的高氏叔侄进行通讯联系,并协助刚刚被派驻到此地的杨晓冬政委开展地下工作。"长脸型,高鼻梁,清秀的眉毛,乌光晶亮的眼睛",从作品中对她的外貌描写可以看出,银环是一个十分聪慧的姑娘。

在作品开篇,作者首先交代了银环机敏地与杨晓冬接头,并且积极地与高自萍联络,为古城地下工作尽心奔走的情节。但是在配合杨晓冬开展地下工作之初,银环也表现出一些不够成熟的方面,主要体现在她对高自萍的态度上。高自萍是中国共产党设置在古城的内线,在伪市政府工作。由于受到出身、工作环境等影响,高自萍与他的叔叔在古城的内线工作流于表面,还处处显现出小资情调。虽然，银环在与高自萍的接触中已经有所察觉，但她却未向杨晓冬及时进行说明，也疏忽了对高自萍的提醒和教育，为后来高自萍叛变留下了隐患。

人往往会在经历打击之后产生一股莫名的力量，并以此来支撑不断成长和前行的脚步。银环在经历了姐姐被捕入狱、壮烈牺牲后，从姐姐留给自己的信件中明白了一个共产党员的真正使命与意义，她体会到只有取得革命的最终胜利，才能够使广大人民群众彻底摆脱欺辱与痛苦。为了争取更多的革命力量，银环果敢地与关敬陶会面，无所畏惧地对其进行争取和劝说，并与韩燕来兄妹一起积极配合杨晓冬开展各种宣传工作。

从作品中我们看到，高自萍的叛变、杨晓冬的被捕是银环工作方法和革命意志获得质的飞跃的关键节点。为了营救杨晓冬，她多次来到关敬陶家中对其进行说服教育；而当杨晓冬成功越狱之后，银环又机敏地运用智慧争取到关敬陶的帮助，躲过了搜查，还成功地掩护了受伤的杨晓冬。随着工作经验的不断丰富，银环在革命洪流中历练得坚定而又果敢，她联合关敬陶的太太，又说服了几名伪军军官太太，成功地把这几名军官家属带出古城，转移到我军驻扎地，为从"后方"有力支持杨晓冬对关敬陶等人的争取工作，为我党在伪军内部进行"起义"工作奠定了坚实基础。

在作品的结尾，银环根据上级指示同杨晓冬一起奔赴北京，继续为抗战胜利做"地下尖兵"。纵观银环的成长轨迹，我们可以清晰地看到，从一名单纯的联络员，成长为一名在失去亲人之后化悲痛为力量，用更加坚定的信念和果敢的行动投身工作的革命战士，银环在艰苦的斗争中磨炼了自己的革命意志，摒除了个人的理想主义，完成了从知识分子到优秀革命战士的成长历程。

（2）信守集体力量。

高云览创作的长篇小说《小城春秋》，以中共地下组织成功开展厦门劫狱斗争为中心事件，真实反映了1927—1936年厦门地区艰苦卓绝的革命斗争。作品生动地刻画了许多不同类型的知识分子形象，其中，吴坚与陈四敏的人物形象尤其鲜明突出。

吴坚是十分理性且又具有敏锐洞察力的知识分子，当他初次见到何剑平时便觉得，这个孩子有一种能够舍弃小家而顾全大局的心胸，于是他耐心地把何剑平引导到革命队伍中来。吴坚心中始终坚持着集体主义原则，即使当他被捕入狱后偶遇自己以前的恋人林书茵，他也能够保持高度的自制能力，十分警觉。当敌人软硬兼施地对他进行劝降工作时，吴坚表现得既机智又老练，心思还十分细腻，让敌人的劝降工作无功而返。吴坚怀揣对革命的一腔热情，即便在狱中也秘密开展地下工作，一刻不敢松懈。

与吴坚相比，陈四敏既存有高度的警觉性和随机应变的工作能力，又懂得不失时机地运用耐心教导与细心观察相结合的方法，争取身边可能被争取的新成员。例如，他在对待林书茵的态度上便十分理智，在他深入辩证地分析了林书茵的种种动机后，果断排除了她是特务的可能性，于是他积极争取一切可以利用的资源为越狱做准备。

与吴坚和陈四敏相比，李英儒在《野火春风斗古城》中塑造的杨晓冬形象更加突出地表现了知识分子在革命事业中舍小家为大家的集体主义精神。当接到组织的调令后，杨晓冬马上来到了古城，因为杨晓冬深知"现在，当古城和她善良的人民陷入水深火热的时候，党派他只身先期来这里领导地下斗争"，此刻他的心情十分激动，"一种渴望和受难同胞会晤的心情，只身闯入龙潭虎穴的豪迈感情，浪涛般地撞击着他的胸膛""我决不辜负党的委托，我要在敌人的心脏里大干一场"。

面对陌生的环境和陌生的同志，杨晓冬没有泄气，反而积极地开展地下工作。从结识金环，到与银环接头，杨晓冬运用自己的智慧为古城地下工作精心制订计划。从了解高自萍叔侄的地下工作不尽如人意，到找到韩燕来兄妹，杨晓冬用他的果敢与睿智点燃了这个沉睡的古城里的星星之火。从孤掌难鸣到渐入佳境，杨晓冬用他饱满的革命热情和知识分子特有的耐心、细致，与古城人民一起战斗。即便不幸被捕入狱，与自己的母亲进行了生死诀别，杨晓冬的革命信念始终如一，不曾改变。他没有因为母亲的死而沉湎于悲伤，反而将悲伤化作了战斗力量，最终成功争取到伪军军官关敬陶与中共地下党同志的里应外合，一举消灭了古城敌人。

无论是在对待同志的态度上，还是在处理爱情的方式上，抑或是在对待亲情的生死离别上，杨晓冬始终保持知识分子沉稳内敛的性格，不以物喜，不以己悲，永远从革命立场看待和解决问题，是一个真正摒弃了个人主义，并坚守集体主义的革命工作者。

在哈华创作的《"夜莺"部队》中我们看到的是一群用手中的笔，记录八路军"胜利的欢歌"的勇敢的知识分子。这群活跃在后方的知识分子，用手中的笔作为武器，用乐观积极的态度克服了许多难以想象的困难，在一个特殊的阵地上呈现着知识分子的成长经历。

通过以上阐述，我们不难看出，"十七年"抗战文学中知识分子的成长轨迹主要经历了"摒除个人理想主义"和"信守集体力量"两个发展阶段。在面对抗战与投身抗战的过程中，先进知识分子完成了由"说"到"做"的全过程。这些先进知识分子运用自己理解和掌握的知识在革命斗争实践中不断摸索前行，寻找拯救民族危亡的光明大道,他们在羁绊中成长、前行,并最终完成自身蜕变,成长为抗日战争的中坚力量。

3. 从徘徊不定到弃暗投明——中间人物的成长

在"十七年"抗战文学中有这样一类人物,他们由于种种原因曾经身处非正义的一端,但是他们并没有因此丧失良知,在他们的内心深处始终保有对善恶是非理性公正的判断,来自内心的冲突与痛苦时常煎熬着这类人物的灵魂。最终他们通过与共产党人不断接触,良知和道义战胜了非人道,他们或放弃了丰厚家资,或舍弃了高官厚禄,抑或摆脱了封建思想的束缚,成长为"冲出敌营重重帷幕,成功地迎来新生的智者",抑或是"辨明善恶美丑,最终迈向光明生活的勇者"。从最初的徘徊不定到最终的弃暗投明,这类中间人物逐渐成长为抗日战争生力军。与前两类人物相比,中间人物的成长模式更加曲折、艰辛,也更能体现出"在战斗里成长"的可贵之处。

(1)冲出敌营迎接新生。

在"十七年"抗战文学中有这样一类中间人物,他们出身于富贵之家,接受过良好教育,虽然因为某种原因身处"魔窟",但良知和正义在他们心中未曾泯灭。他们心中希望走出困境,向往"重生"。经过与共产党人的接触,他们消除了残留于自身的小资个性或利己主义思想,最终勇敢地向新生活迈出了关键性一步。正是在这种经历了犹豫不决、内心挣扎到最后成长为弃暗投明的智者的心路历程中,中间人物完成了由生到死、由死到生的一个"生命"轮回,开启了人生中新的成长历程。

在《野火春风斗古城》这部作品中,李英儒成功塑造了关敬陶这样一个特殊的中间人物。这类中间人物不曾经受过战争时期中国农民遭受的生活苦难,他们无法体会下层劳动者眼中的战乱;他们中的绝大多数都接受过良好教育,有着较强的评判是非的能力,当个人利益与祖国发展发生冲突的时候,他们能够舍弃个人利益,以国家利益为重。关敬陶就是这样一个人物,他明白像高大成这样的官员是始终把个人利益摆在第一位的,自己只不过是高大成手中的一个棋子。

起初,当听到妻子小陶讲起有共产党员来过自己家中,并且要妻子劝说他投奔八路军的时候,关敬陶十分惊慌且感到非常害怕,而银环的亲自登门拜访却出乎所有人预料。在与银环的第一次正面接触中,关敬陶并没有表现出敌意,一向守口如瓶的他竟说出了平日里不轻易说出的话:"说良心话,就是没有贵方的影响,我对日本人和高大成也是痛恨的。"接着,他马上又表示:"但是像我这样的人,在这种社会待久了,也只能在这里混。我掏良心说,对共产党我没有什么感情,你们那边的生活习惯,我也服不了。"在两人即将结束第一次谈话时,关敬陶又向银环透露伪军将要抢夺农民粮食的消息。这一次简短的见面,这一次"针锋相对"的谈话,虽然从表面上看,银环并没有达到预期目的,也没有争取到关敬陶的信任和帮助,但是从两个人的交谈中,我们觉察到关敬陶并非是高大成式的纯粹的刽子手,他的内心中正在进行一场拔河比赛,一方是自己效力多年的亲日伪军,另一方则是自己刚刚认识的共产党人,双方力量的对抗像极了民族尊严和国家危亡在中心线上激烈角逐。多年的从军经历使关敬陶看淡了生死,但是眼见金环为了救自己而壮烈牺牲,看到身边的士兵充满匪气,为了钱财失掉做人的本性,更主要的是他亲身经历了杨晓冬母子壮烈的生死离别。还没有完全失掉正义和善恶评判标准的关敬陶,受到了巨大冲击,他开始重新思索自己的人生道路究竟应该怎样走。

后来,当关敬陶接到部下的报告,说抓到了一名女八路,他的内心活动开始有了新的变化。"关敬陶的脑子里萦绕着捕人这件事,突然大吃一惊",他开始担心被捕的人会不会是前几天刚刚到过他家的银环。当他确认被抓的女八路不是银环时,他"松心地出了口气"。此时的关敬陶似乎已经开始寻找内心深处潜藏已久的正义感了。

关敬陶这个中间人物在《野火春风斗古城》中有着独特的地位。从金环的被捕引出关敬陶,到杨晓冬被捕后关敬陶传递消息,再到最后带领起义部队与成功越狱的杨晓冬形成内外夹攻阵势,消灭古城敌人与八路军大部队会合,关敬陶成功地完成了华美"转身"。"关敬陶纵马在盘山道上,看着正前方巍峨耸立的眺山。眺山披挂着夏季特有的浓绿盛装……关敬陶过去不是没进过眺山,他来过,不止一次。那是他当伪军团长的时候,那时候他没有心情欣赏自然风景。那时的眺山,对他来说是阴森可怕的,每一块石头每一棵草都埋伏着灾难和死亡。今天,眺山在他眼里变了,变得庄严而肃穆,生动而活泼,既美丽且调和,既甜蜜又温暖。他和他的部队拉着长长的行列,挺起胸膛踏在祖国的土地上,这是多少年来的第一次,对于这种新生活,一时感到难以抑制的喜悦。"

(2)辨明善恶选择光明。

在"十七年"抗战文学中还有这样一类中间人物,他们虽出身草莽,但却一身正气。因为没有受过良好的教育和胆小怕事,他们曾受到挑唆而被敌人利用。但是他们能够在艰苦的生活中,体味世间冷暖,从炎凉百态中分辨善恶美丑。这一类中间人物最主要的特点是一旦他们接触到了能够从人民疾苦出发、处处维护广大人民利益的群体,他们就会义无反顾地投入其中,把匪气变成勇气,让仁义变成忠心,彻底摒弃落后和自私的思想,成长为革命队伍中忠实的一员。

在《小城春秋》这部作品中,就有这样一个特殊的人物——吴七,这是一位充满匪气与侠义的好汉。吴七当过撑夫,当过接骨治伤的土师傅,后来又教拳练武,徒弟半天下。本地陈、吴、纪三大姓服他,角头好汉怕他,地痞流氓恨他,但又都朝他扮笑脸。他生性鲁莽,但却不畏强权,眼中既有金刚怒目的杀气,也有弥勒慈祥的笑容。

最初,吴七曾试图通过组织全城起义的方式攻打司令部仗义疏财,但没想到全盘计划落空。吴七意识到自己的知识太少,旧有的思想观念已经不能适应新的战争环境了。总体来看,吴七虽然行事鲁莽,但是心中始终充满正义,他经常伸出援手,救人于危难之中,还为当地的党小组活动提供过地点,帮助李悦等人摆渡接送过重要的"朋友"。

吴七的匪气中充满着霸气,霸气中又有着十足的豪情。当越狱的何剑平来到他船上时,吴七非但没有觉得何剑平是累赘,反而积极为何剑平脱身尽心筹谋,甚至以自己的被捕入狱作为掩护何剑平的手段。当吴坚、四敏在狱中精心策划越狱步骤时,吴七是监狱之外最重要的接应力量。为了朋友,吴七可以不顾自己的安危,不计较自己的得失,甘愿牺牲。而面对憎恶的敌人,吴七又霸性十足,在匪气中不失绿林侠气,从未屈服于金鳄和赵雄等人。后来,即使被捕入狱,身受酷刑,他依然从容面对。他笑吴坚、何剑平这类人物缺少敢打敢拼的勇气,但遇事又常常征求他们的意见。获救后,吴七果断地选择加入革命队伍,成为吴坚等人的同志。这样一位活跃在动荡年代中的中间人物,毅然决然地选择通往光明的共产主义道路,勇敢地挣脱枷锁的束缚,开启新的人生。

在《吕梁英雄传》中作家塑造了康有富这样一个中间人物,出身于康家寨贫民家庭的他,在地主桦林霸家做工。1942年,日本侵略者的战火几乎燃遍了大半个中国,吕梁山脉下的康家寨虽然地处偏远,但侵略的战火也打乱了这里平静的生活。村民们在共产党员的带领下纷纷组成民兵团,配合八路军积极抗日。民兵团的组建在有力打击日军的同时,还威胁到当地地主的利益,于是被日军收买的桦林霸便利用已经加入民兵团的康有富,教唆康有富挑拨民兵与村里其他群众的关系,伺机破坏革命。但是经过"老虎山一战",康有富被战友坚强的意志和真诚的友谊,以及八路军的及时相救感动,令他彻底分清了敌友,于是在战友的理解与宽容的感召下,他勇敢地承认了自己的错误,并成长为一名坚定的民兵战士。

在《苦菜花》中,作者塑造的人物王长锁的经历与康有富颇相似。王长锁与汉奸特务王柬芝的妻子产生感情,并被王柬芝利用。敌人血洗王官庄、偷袭兵工厂,一次又一次地包围八路军埋伏的地方,让王长锁和王柬芝的妻子意识到自己犯下的错误令八路军遭受到了巨大损失,他们内心备受煎熬。"他们刚上来希望这样偷生下去,然而良心又使他们不能安于这种在阴暗处的伤天害理的生存,那些被敌人残害的人的血淋淋的尸体时常出现在他们面前,他们的心就颤悸起来,越发觉得王柬芝像只狼一样时刻张大血嘴在等着他们,就像等待一只绵羊一样。"于是两人设计把娟子的母亲从监狱中救出,接着王长锁又勇敢地揭发王柬芝汉奸的身份,彻底结束了与汉奸狼狈为奸的"魔窟"生活,真正与人民走在一起!

从康有富到王长锁,虽然因为最初的利己私欲,他们被迫走过一段弯路,但是经历战争的生死洗礼后,他们重新被正义感召,摒弃了利己主义思想,自觉融入抗日队伍中来。这几个中间人物勇敢地告别炼狱般的生活,积极投身到抗日战斗中来,他们成长的轨迹虽然波折,但却十分鲜明地展现着战争年代里人物成长的独特视角。

第三节　比较视野中人的成长问题

发生在中国的抗日战争是世界反法西斯战争的重要组成部分,中国"十七年"抗战文学也并不是孤立的存在,而是世界反法西斯文学宝库的重要组成部分。同样一场战争,各个国家的文学作品表现着不同的民族观念和特有的文学价值。不同国家的传统文化、战争特点及政治背景等不同,这就决定了虽然作家们同样关注"人的成长",但在创作上却表现出不同的风貌。在这里,笔者试图将我国"十七年"抗战文学与世界反法西斯文学中肖洛霍夫的《一个人的遭遇》、瓦西里耶夫的《这里的黎明静悄悄》、蒂尔克的《奥斯维辛的爱情》、斯普尔曼的《钢琴师》等作品从不同的角度展开对比,从而更好地展现我国"十七年"抗战文学与世界反法西斯文学对于"战斗中人的成长"这一论题的不同观点。

1. 民族主义与人道主义的差异

朱向前曾在其著作《中国军旅文学 50 年:1949—1999》中提出战争最起码可以从三个层面来观察和认知:一是功利主义,即从某一个党或某一个阶级看待战争的性质,评判其正义或者非正义;二是历史主义,即从社会的行进脚步判定战争的意义,评判其是推动了社会的进步,还是阻碍了社会的发展;三是人道主义,即从人性的角度看待战争,战争既可以展现人性善良的光辉,也可以暴露人性丑恶的本性。我国"十七年"抗战文学中的大多数作品都将视角放在了"维护民族利益"这一宏大话语权下,于是,这一时期抗战文学中的人更多地体现了人的"社会属性",而且社会属性似乎成为他们唯一的属性,这类人群没有了自我存在的意识,随时准备为共产主义奋斗终生。

于是，在这种红色意识形态规约下，"十七年"抗战文学通常站在解决民族矛盾这一立场讲述战争，在这样一个大的背景下，个人的命运同整个民族的生存和发展紧密相连，作家用英雄人物映射伟大的民族。作家笔下的战争和战争中的人，时刻以民族矛盾为出发点和立足点完成自己的成长转变。

我国作家笔下的"十七年"抗战文学，对于战争中人的描写大多采用的是一种英雄主义情怀的表现方式。列宁曾指出："爱国主义是千百年巩固起来的对自己祖国的一种最深厚的感情。"这个伟大的概念既包涵着对于自己民族的无限热爱，也包含着对为这个民族提供着养分的土地、历史，以及和代表民族精髓的传统与文化的热爱。

在我国"十七年"抗战文学作品中，作家满含深情地塑造了一个又一个在民族危难之时甘于奉献的英雄模范人物。例如，《铁道游击队》中的李正、老洪，《新儿女英雄传》中的牛大水、杨小梅，《风云初记》中的芒种，《平原枪声》中的马英，还有《平原烈火》中的周铁汉，等等。在这些鲜活的人物身上我们可以清晰地看到人们对革命事业执着的信念、对阶级弟兄真挚的情感、为争取战争胜利勇于献身的情操，还有时刻以民族利益为出发点的报国之情。作品通过一次又一次对战争场景的渲染，在一次又一次战役的胜利中反映了我国人民在抗击日本法西斯斗争中的勇敢与决心。

在这种特殊的生存环境下，作家把自身的审美追求、民族情感和政治立场同祖国的命运联系起来进行创作，并且通过作品中的人物所展现出的把民族利益放在第一位的政治觉悟说明中国抗日战争的重要性与正义性，作家将"维护民族利益"作为战争中人的成长的动因。由此，不难想象，从民族利益角度出发，塑造的主人公其精神世界一定是单一的，其成长轨迹也一定是相近的。无论是李正还是牛大水，抑或是马英、周铁汉，虽然他们所处的地域环境不同，但他们面对的是同一伙敌人，他们所追求的也自然是同一个目标，所以"民族主义"这面大旗便成为贯穿我国"十七年"抗战文学始终的文化背景。而对于战争中人的更为深刻的精神领域的探寻，作家和作品却没有过多的关注。

与我国"十七年"抗战文学不同，世界反法西斯文学更为丰富地体现了朱向前的观点，即不但展现了战争的功利色彩、剖析了战争的历史意义，而且更加注重从人性的角度看待战争，对"人道主义"的挖掘更为深刻，能够把读者带回到当时真实而残酷的场景之中，真实而又丰富地刻画了战争环境下人的特殊成长经历，使得作品中的人物的成长有血有肉，立体且丰满。

这一时期，苏联作家肖洛霍夫的《一个人的遭遇》和德国作家蒂尔克的《奥斯维辛的爱情》等作品，在深刻地反映反法西斯战争给广大人民带来的无边苦难的同时,还透视出浓厚的爱国之情和炙热的人道主义情怀。人道主义具有十分复杂的内涵,对于人道主义本质的挖掘,在不同的历史时期和政治话语权下存在较大差异。在世界反法西斯文学宝库中,苏联作家对战争状态下人道主义的挖掘更具时代性。

在《一个人的遭遇》这部作品中,主人公索科洛夫面对悲惨境遇表现出坚强的意志品格。作品没有用过多的笔墨渲染战争的宏大场面,也没有着力描写参加这场战争的索科洛夫是如何在战场上竭力厮杀,而是从一个普通贫民告别家人参军参战,再到战争过后他的凄凉境遇入手,真实地再现了战争给索科洛夫这一类人物带来的沉重灾难,以及苏联人民面对战争所体现出的坚强的品格和强烈的爱国主义精神。

战争让索科洛夫离开了亲爱的妻子和可爱的孩子,在战场上九死一生,终于成功逃出德军战俘营,但他也永远地失去了家人。他复员后收养了一个孤儿,于是父子两人在战后开始了平凡而又幸福的生活,就像书中所写的:"两个失去亲人的人,两颗被空前强烈的战争风暴抛到异乡的砂子……什么东西在前面等着他们呢?我希望:这个俄罗斯人,这个具有不屈不挠的意志的人,能经受一切,而那个孩子,将在父亲的身边成长,等到他长大了,也能经受一切,并且克服自己路上的各种障碍。"在战争年代对于人道主义的深入挖掘并不等同于对同情主义及投降主义的认同。

在世界反法西斯文学中,作家为我们展现出的人道主义带有强烈的阶级色彩,它不同于传统意义上的人道主义,而是在维护社会主义国家根本利益的前提下用革命者的眼光从战争正义性的角度所提出的一个全新的带有革命性的人道主义课题。肖洛霍夫笔下的索科洛夫不但是战争的亲历者,同时还是一个坚守正义的革命战士,也正是凭借着索科洛夫对战争的理性看待,他能够在悲惨的境遇中把炽热的爱国之情升华为对人类生存意义的思考,把这种人道主义的思考与对国家的热爱融为一体,作为取得战争胜利的动力。

肖洛霍夫开启了一个普通人眼中的战争视角,这场战争不但毁掉了普通人的家园,同时还在他们的心灵深处激起了对在战争中人的种种不幸命运的抒怀。而在德国作家蒂尔克的《奥斯维辛的爱情》这部作品中,我们读到了残酷的战争之中一段特殊而又凄美的爱情故事:在奥斯维辛集中营,毕莱茨基与希拉两个分别来自波兰和犹太的陌生人在时刻与死亡相伴的集中营中相识并相爱了,于是在毕莱茨基精心的安排下两人成功地逃出了死亡集中营,但终因种族不同而被迫分离,三十九年后再次重逢。一场战争让本来素不相识的两个人相遇、相知,但最终却没能生活在一起。蒂尔克用满含真情的笔再现了这个真实的故事,同时用这个凄美的故事真实地展现了战争给人们带来的悲惨境遇及浓烈的人道主义情怀。

透过世界反法西斯文学长廊中的文学作品我们深刻地了解到,作家非但没有用大篇幅来渲染参加这场战争的人物是如何经过激烈的战争赢得了一次又一次阶段性的胜利,而是另辟蹊径把战争中的"英雄"生活化,从人物的悲惨境遇入手,用主人公的真实经历讲述"自己的故事",真实而又富于人道主义情怀地展现了战争给人类造成的苦难,从而使作品在浓浓的抒情氛围中更加强有力地批判了法西斯的滔天罪行。

2. 反抗侵略与反对战争的差异

战争的来袭带给所有人的是痛苦,是离别,是不寒而栗。亲人的离散,家园的破败,尊严的丧失,在血与泪的交织中反抗侵略,是期盼着和平的人们义不容辞的选择。

在"十七年"抗战文学中我们可以看到"反抗侵略"是文本中人物成长的动因,是作家进行创作的立足点,更是判定战争性质的切入点。雪克的《战斗的青春》、刘流的《烈火金刚》、徐光耀的《平原烈火》及刘知侠的《铁道游击队》都是"十七年"抗战文学的代表作品。这些作品饱含着作家强烈的情感体验和战斗热情,传达出了强烈的爱国主义情感。在《战斗的青春》中许凤和李铁是中国千百万普通农民的代表,战争打破了他们宁静的生活。为了获得生的自由与尊严,他们勇敢地奋起反抗侵略,带领着身边的同志在敌强我弱的情况之下,与敌人展开了激烈的斗争。冯志的《敌后武工队》以"五一大扫荡"为背景,描写了在队长魏强的带领下冀中根据地的军民联合起来组成了一支精湛的敌后武工队,炸炮楼、除汉奸,为抗战的胜利做出了贡献。这支队伍中的大部分成员来自普通百姓,他们不畏牺牲、不怕困难,并且在战斗中表现得十分勇敢,这一切都说明他们心中有坚定的信念,那就是用斗争的方式来解决战争,团结起来勇敢抵御外敌的侵略。同样,刘知侠的《铁道游击队》这部作品同样讲述了在临枣铁路沿线,在李正和刘洪的带领下一群生活在铁路沿线的煤矿工人和铁路工人在无法承受日本侵略者残酷的折磨之下,与敌人进行的一次又一次精彩而又传奇的"票车上的战斗",最后令一列列车的鬼子缴枪投降的故事。

对于这场抗日战争,"十七年"抗战文学的作家立足于在描写人民反抗侵略的过程中展现出中华民族强大的凝聚力。而在第二次世界大战后世界反法西斯文学中,对于反抗、侵略等词语的使用频率很少,《奥斯维辛的爱情》《钢琴师》等作品主要展现的是通过战争中人的"个体遭遇"来宣泄整个人类应当建立起"反对战争"的意识,应当站在反战的高度来看待战争即便是正义一方获得了胜利,那么战争也无法避免地给予人从肉体到心灵的戕害。

在德国小说家蒂尔克的《奥斯维辛集中营》这部作品中,我们读到的是在死亡笼罩下的奥斯维辛集中营中一对悲情的恋人,用自己的真实的经历讲述了战争的残酷,从而令读者由衷地发出感叹:战争不但摧毁着人们居住的家园,而且在不断地伤害着人们的内心。经历过战争的人们无法抹去这段痛苦的记忆,所以站在人类前行的旅途中反对战争,这便是对战争最为有力的控诉。

波兰钢琴家斯普尔曼根据自己的遭遇创作的自传体小说《钢琴师》这部作品,讲述了生活在波兰的年轻钢琴家犹太人斯普尔曼在第二次世界大战期间所遭受的非人的生死考验。在惨无人道的大屠杀中,德国军人手中的武器似乎没有停歇过,在其所建的犹太人聚集区内大概有五十万人遭到了屠杀。斯普尔曼就是在这样恐怖的环境下用自己超强的意志力和机智的头脑在这座空城中生存了下来。在斯普尔曼获救后走在曾经繁华的大街上,他看到"在一栋楼房的墙根底下,在反抗者设置的路障旁边,有一副人的骸骨",由此他联想到早已死去的家人:"我的妹妹——漂亮的里贾娜和年轻严肃的哈丽娜——连这样的骸骨都没有留下;我永远无法找到她们的葬身之地。"一段顺其自然的联想,字字句句都饱含着一个战争的幸存者和无辜者对于那些枉死亲人的追思与哀念。接着书中写道:"明天我必须开始新的生活。我的身后除了死亡一无所有,怎么能开始新的生活呢?我从死亡里能汲取什么样的生命力呢?"

斯普尔曼面对眼前的新生想到了过去的死亡,而正是那死亡的威胁带给了自己生存的勇气和力量。在这部作品中作者并没有大段描写德国军队在犹太人聚居区用如何残忍的手段进行屠杀,甚至对于华沙城内战争场面的描写也很有限,相反作者通过大段的旁白来展现主人公面对死亡的心里抗争,并且在作品的结尾再次用"我的身后除了死亡一无所有,怎么能开始新的生活呢?""我从死亡里能汲取什么样的生命力呢?"两个反问真实地展现了一个在死亡边缘获得重生的人面对刚刚过去的战争,心中充满了无奈与茫然。

作品中写到主人公在废弃的司令部的阁楼里藏身之时遇到了一个德国军官,这个军官并没有将其击毙,而是在不同的时间给他送来了食物和棉衣。这位德国军官以自己是一名德国人而感到羞耻。在为斯普尔曼第一次送来食物的时候,德国军官告诉了他"苏联军队已经到了华沙地区……再坚持几个星期,战争最迟到明年春天就结束了。"并用听似严厉的话语告诉斯普尔曼一定要坚持下去。一个是饱经战乱的犹太人,而另一个则是屠杀犹太人的德国军官,本应是站在对立面的两个人,此时却因为在意外的地点意外地相见,而变成了彼此心照不宣的难友。对于作品中的主人公来说他正在经历着由死到生的蜕变,而对于这个德国军官来说则是经历着由生到死的煎熬。斯普尔曼满含着深情,不但记录着战争的行进,而且也深入地剖析着战争中所有人的内心,反对战争是正反双方共同的心声。

3. 革命战士与普通人的差异

对于抗战文学来说,战争的延续过程同时也是把战争中的人从一个普通人变成革命战士的过程。对于"十七年"抗战文学来说,作家着力想要表达的是"战火与硝烟是如何把普通的人变成了勇敢的革命战士"这一主题。从《烈火金刚》到《平原枪声》,从《吕梁英雄传》到《新儿女英雄传》,作家无一例外地描写着在一场又一场战役取得胜利之时,战斗的参加者是如何成长为革命战士,同时我们的军队也正是由千百万这样的革命战士而组成的神勇之师。在抗日战争的历史风云之中,革命战士是战争的主体,战争是通过这些人物的成长、成熟而构成了一幕幕为赢得民族独立和争取民族尊严的壮美画面。

对于我国"十七年"抗战文学来说,战争中的人是充满了民族仇恨的战士,是时刻准备为了争取战争的胜利而付出生命的勇士,是具有一段段传奇经历的英雄。生命对他们来说是承载着获得革命胜利重任的工具。人的成长经历了由普通的人到革命战士这一成功的蜕变,但是这种成长蜕变主要是停留在精神层面的,战争使人成为经得起磨砺的战士,他们经受着战争的洗礼,承受着血泪相伴,随时迎接着死亡,也时刻准备着新生。

刘流的《烈火金刚》中描写了警卫员白山在一次与敌人激烈的战斗中为了掩护县委书记田耕而牺牲的场景。他的死在田耕的眼中被看作是"为了让首长更好地指挥战斗,更多地消灭敌人,为革命做出更大的贡献",田耕的这种观点是从民族利益的角度出发,把战争中的人视为革命战士。而《野火春风斗古城》中的金环在被捕后凭借自己坚强的意志在与敌人做着抗争,光荣地牺牲。《战斗的青春》中的许凤也是在斗争即将取得胜利的时候献出了自己的生命,在面对敌人的枪口之时,流露出的是视死如归的从容和毫无畏惧的目光。而在《苦菜花》中的星梅在就义之时"苍白的脸上浮现出朝霞般的红晕,骄傲无畏的神采",潇洒地迎接着即将到来的死亡。此时的她们已经是一名富有革命品质的战士,是不畏死亡的优秀革命者典范,更是战争中不可或缺的助力器。即便是女性,在她们的脑海中已经没有了恐惧,而是充满着为祖国献身的渴望。"十七年"抗战文学作品中的人物大多是在爱国主义激情的感染下把自己融入战争中,从而失去了对个体生命的关注,用悲壮和崇高的牺牲淹没了作为普通人对生的渴望、对死的畏惧。

然而第二次世界大战后世界反法西斯文学中提到的"人"虽然也经历了战

争的磨炼,亲见了生死离别,但是此时人的成长已经远远超出了"精神层面",而是在战争背后,对于人、社会、战争有了全新的深刻体悟。这里的人有着比革命战士更为坚定的信念,那就是用自己曾经经历过战争的苦痛的心来告诉所有的人,战争本身就是存在着悖论的矛盾体,不应当出现和存在。不再有战争,人才能本真地、平静地活着,以平常人的身份活着才是最大的幸福。把革命战士及英雄人物当作普通人来写,是世界反法西斯文学中的独特现象。

战争中的人,无论是对生的渴望还是对死的恐惧都是正常现象,对战争中的人灵魂深处的复杂性做进一步的挖掘,是世界反法西斯文学关注的话题。例如,在苏联作家瓦西里耶夫的《这里的黎明静悄悄》这部作品中,作者从普通人的角度关注一群可爱而又坚强的女兵和瓦斯科夫准尉。五个年轻的女兵,有的在与德国伞兵进行搏斗的过程中死在了敌人的枪下,有的因缺乏经验而莽撞地死在沼泽中,有的由于不想连累其他人而对自己扣动了扳机。在瓦斯科夫的眼中,她们是最英勇的战士,是最富有冒险精神的女性,她们的死是令人惋惜的。作为战士,女兵们牺牲得高尚,因为她们用生命诠释了战争的无情与残酷。在这部作品中,瓦西里耶夫更注重把这五位女性和她们的中尉塑造成平凡的人。在这群人物身上我们可以看到在面对战争和困难的时候,一个普通人身上所流露出的为难情绪;看到了即便是在战争的环境之下,女人依然有着对于爱恋的激情;看到了若干年后瓦斯科夫带着他的孩子再一次来到故地时,眼中流露出对亲人的悼念与哀伤。

尽管在《这里的黎明静悄悄》这部作品中,作者在极力地表现爱国主义情怀,但是并没有从革命战士的角度关注战争中人的成长,而是充分关注战争中的普通人,还有这群普通人身上折射出的人性之光。

战争和人有着不可分割的联系,在反法西斯战争文学的作家的笔下,我们看到了战中人的基本的生活样态,看到了战争中人真实的精神面貌、心理状态和内心情感,还有印刻着强烈的民族情感的历史情结和文化因素。在肖洛霍夫《一个人的遭遇》这部作品中,作者用一个普通人的视角讲述了索科洛夫从一个幸福的男主人,到战争中遭受苦难,在战后又是如何开始新生活的过程。战争打破了索科洛夫平静的生活,夺走了他所有的亲人,但是在战争结束后索科洛夫又重新当起了父亲,他的心中经历了战争的苦痛,于是作者在结尾写道:"在战争几年中白了头发、上了年纪的男人,不仅仅在梦中流泪;他们在清醒的时候也会流泪。这时重要的是能及时转过脸去。这时最重要的是不要伤害孩子的心,不要让他看到,在你的脸颊上怎样滚动着吝啬而伤心的男人的眼泪……"

毋庸置疑,瓦西里耶夫、肖洛霍夫等作家在构筑他们的战争文学的同时并没有否认战争对人类无论是肉体上还是精神上的摧残,但他们关注的视角已经超越了阶级性和民族性,而是更加敏锐地对战争中人的命运、精神和道德等做了更深层次的探寻。在这一基础上,作家们有意规避了人作为革命战士的阶级意义,而是从普通人的视角关注人性与人情,这也是反法西斯小说主题的必然深化。

第四节　对"十七年"抗战文学中人的成长问题的评价

抗战文学是一个庞大的枝蔓,从抗战爆发至今,抗战文学从未间断过。而"十七年"抗战文学作为中国抗战文学的一段,以其独有的对战争的描绘、对战争中人的成长的大力刻画显现出特有的生机与魅力。这一时期的文学作品,没有单纯地像《第七连》那样刻画战场上双方战士血拼厮杀的场景,也没有像《八月的乡村》和《生死场》那样淳朴地展现战争状态下中国底层民众生存空间的苦不堪言和最初觉醒,而是从一个全新的角度来观照战争及战争中人的成长。

当然我们不应当忽视"十七年"抗战文学中对人的成长问题的探寻还存在着自身的局限性。例如,人物成长类型的单一化,"十七年"抗战文学作品中的人物成长存在着单线条发展模式,即从一个普通的人——逐渐认识到战争的重要性——成长为革命战士——成为革命队伍中的英雄人物。在对这些人物进行塑造的同时,作家普遍站在国家和集体的角度,着力彰显主要人物的社会属性,而忽略了人的自然属性。总体来说,"十七年"抗战文学突出"斗争"这一主要题材,着力彰显出我国广大人民群众在这场战斗中是如何历练自己、逐渐获得成长的。

1. 战斗中人的成长增强了文学的教育功能

朱晓进曾经发表了一篇名为《重新进入"十七年文学"的几点思考》的文章,文中提出了"政治文化"这一概念。这里所提到的"政治文化"不同于明确的政治理念和现实的政治决策,而主要是指人们在一定文化环境下形成的政治心理、政治意识、政治态度、政治价值观、政治信仰和政治感情等。也就是说,"政治文化研究中更关注的是政治上的心理方面的集体表现形式以及政治体系中成员对政治的个人态度与价值取向模式,因而进入其研究视野的就不再是纯客观的'活动',而且包括甚至主要关注政治行为的心理因素,如信念、情感及评价意向等等"。"十七年"抗战文学中人物苦难的成长经历的背后,便有这种"政治文化"的存在。正是在这种"政治文化"的背景下,"十七年"抗战文学的创作采取了一种通过对战争中人的成长问题的探索,来传达这一时期政治体系中的作家十分想通过文本中的人物在战争环境下的成长展现个人态度及传达文学的教育功能,在强化文学的教育功能的同时传达着共产主义思想教育人和引导人的目的。儒家文化始终强调政治与文学相辅相成,"文以载道"的文学功用性被这一时期的抗战文学作家沿袭着,遵循着这一时期特殊的"政治文化"立场。

"十七年"抗战文学正是在这一特殊的"政治文化"立场中产生的。相对于其他阶段的抗战文学来说,"十七年"抗战文学为政治服务的功能十分强大,而文学作品中描写的主要人物在战斗中的成长则更加具有教育意义。在文艺为工农兵服务的口号下,"十七年"抗战文学中不断成长的人物有意具有文学的政治化色彩,同时政治影响下的抗战文学已经扩展到社会生活许多方面,这就使文学的政治功能不断得到强化,文学的教育意义也随之不断增强。

在孙犁的《风云初记》中,年纪轻轻的春儿就已经懂得了革命的道理:"八路军来了,给我们宣传讲解,我的心才安定下来,才觉得眼前有了活路。"作为地主家的长工,芒种是觉醒得比较早的农民,他勇敢地参加了革命队伍,较早地与地主决裂。在革命队伍中芒种从一个普通的士兵历练成革命战士,这一鲜明的人物形象通过文本的光辉向读者展示出无论在何等艰苦的条件下,只要选对了人生前进的方向,就会获得成长的道理。

同样,在《野火春风斗古城》中作者塑造了杨晓冬的母亲——杨妈妈这个人物。面对着母子身处险境,杨妈妈依然能够从大局出发,舍生取义。从一开始支持儿子投身革命到作为临时联络点的联络员,最终被伪军抓进碉堡,面对敌人对儿子杨晓冬的逼问,这位母亲"飞跑几步,跨过平台的栏杆,低头猛扎,从三楼跳了下去"。就是这样一位平凡的母亲,在战争的洗礼下,深明大义,用自己的死亡了却了儿子最大的牵挂。死亡是每一个人所要面对的痛苦,选择死亡需要莫大的勇气。一位母亲,当她的儿女在特殊的环境下遭受着非人的礼遇,当她的家园遭受着野蛮者无理的践踏,如果可以用自己的生命换来孩子生存的尊严,如果可以用死亡来阻断侵略者卑劣的算盘,那么选择死亡在此刻是给正义者生的力量,死亡恰恰成为给亲人们点亮革命道路的希望。

在这一时期同样受到读者喜爱的另一部作品《苦菜花》中,读者不但认识了娟子、纪铁功、星梅、王东海等为了革命的胜利献出了自己生命的革命战士,还有娟子的母亲这位甘愿为革命奉献全部的伟大女性。她的丈夫在几年前为了躲避地主的黑手而在一个风雨之夜离开了家,当时"身边围着最大的孩子娟子才十六岁,德强十三岁,秀子九岁,德刚四岁,还有刚出世几天的婴儿"。"她是一家人唯一的支撑者。大孩子少衣服叫妈妈,小孩子饿了哭妈妈,她是他们的一切。"正是在这样一个极为艰难的生存环境下,这位母亲看着自己的孩子和别人的孩子都在为了争取光明的出路而努力,便自觉地支持起了女儿的工作。面对女儿成功地处决了村里的恶霸王唯一,母亲力排众议,给了女儿很大的信心;当时机成熟之时,支持儿女们去参军。

人们常说,天底下母爱是最伟大的,娟子的母亲为了能够让更多的人过上安稳的日子舍弃了小爱,释放出的是对国家命运挂心、担忧的大爱。当母亲被抓进大牢后,严刑拷打并没有摧毁她坚强的意志,相反这让母亲更加坚定了要继续为八路军服务的决心。"虽然东方在放亮,可是这阴沉的山峦,却还是相当的黑暗。"把儿子送上战场,为参军的女儿照看孩子,照顾受伤的八路军战士,做临时收发消息的联络员,伟大的母亲在用自己全部的生命热情为这场正义的事业默默做着贡献。"她的相貌是女人、是母亲,她的行动是战士,是勇敢大义的化身。"在作品的结尾,母亲虽然身负重伤,但是依然用她那顽强的生命意志战胜了死亡。

品读"十七年"抗战文学,作品所展现的是战争中的人从最初的麻木到面对战争的无知和恐慌,再到逐渐觉醒进而奋起反抗的全过程,读者从中体会到在正确的价值观的引领下应当选择怎样的人生道路。这一时期的抗战文学伴随着人物的成长,也在不断地教育着读者,"谁是我们的敌人,谁是我们的朋友"。读者在进行阅读的过程中,不但明晰了人生观与价值观,同时还能够感受到那个特殊时代所赋予文学的特殊的政治功用,增强了文学的教化功能。

对于"十七年"抗战文学来说,人物的成长是一个不可忽视的话题。当一个人面对民族的危亡,面对家园的破败,他的人生观与价值观也必须经得起战火的锤炼,把自己的命运融入国家的命运中,拿起手中的武器来保家卫国,在战争年代成为革命军队中的一名战士是一种至高无上的荣誉。"十七年"抗战文学正是在战火与硝烟的磨砺中展现着人物从小到大,从幼稚到成熟,从懵懂到坚毅的成长之路,从而更加有力地增强了文学的教育功能。

当然在"十七年"抗战文学中作者们不单单用正面人物来增强文学的教化功能,同时还在作品中添加了反面的人物形象,从另一个角度来展现抗战文学的教育性。在《野火春风斗古城》中,作者塑造了高自萍这一人物。富家子弟高自萍,是杨晓冬依据上级领导的指示来到古城首先进行接头的人物。在这部作品中,高自萍还未出场便已经在杨晓冬的心中留下了不好的印象。"从银环的简要汇报里,完全证实了肖部长信中的话。高家叔侄的工作架空浮浅,停留在给伪上层人物拉扯关系上。特别是高自萍,自从他叔父高参议卧病后,多把力量放在给外面运输物品。"于是杨晓冬"心里已经放弃了原来想在高家做掩护居住下来的打算"。高自萍一出场便给读者留下了一个萎靡不振的印象,"一个身材瘦小、头戴皮帽、项缠围巾、看不见嘴脸的后生跳下车来",还"有一对不断动的杏核般小眼睛"。在银环说明来意,希望他能与杨晓冬见面的时候,高自萍却表现得十分冷淡,"任凭是谁,都得按着内线的规矩办事,需要见面的话,可以约定时间地点,不能到我家里来接头"。最终,高自萍没有经得起伪军的酷刑,成为出卖杨晓冬的罪魁祸首,他所换来的是作为杨晓冬的替死鬼被敌人实施了枪决。

同样,在《平原枪声》这部作品中,有一个出身于地主之家的苏建才,从最初听从家人的意见投到了伪军的部队中,到经过反复思虑勇敢地冲破家庭的阻力,与妹妹苏建梅一起成为八路军战士,但最终却成了人民军队中的叛徒而得到了应有的惩罚。战争在磨炼着人们肉体的同时,也在时刻考验着人们的意志。对苏建才个人来说,他参加八路军的动机是在学校中受到了西方先进文化的影响,幼稚地希望通过战争磨炼自己,展现自己的人生价值。而在实际的八路军军旅生活中,苏建才不能完全地适应部队作战条件的艰苦、物质生活的贫乏,在物质利益的诱惑之下,选择了与侵略者同流合污,走上了一条既损害人民利益,也断送了自己光明前程的道路,结局必将是受到人民的正法。

"十七年"抗战文学的作家通过立场鲜明的人物来展现文学的政治功用,在好人与坏人之间树立起了一面大墙,令读者能够界限分明地划清谁是朋友、谁是敌人,从而更好地展现出应该以什么样的人物成长经历作为树立正确的人生观与价值观的参照。

2. 规避复杂的生活样态,追求人物成长的单一化

在"红色意识形态"规约中生成的"政治文化"的大背景下,"十七年"抗战文学在发挥着它独有的教化功能。伴随着这种"教化"式的文学样态的普及,"十七年"抗战文学作品中的人物成长类型出现了单一化,使本来真实而复杂的生活显得成规化、简单化,人物被统一的"政治文化"塑造成了统一的存在类型。在"十七年"抗战文学作品中,无论是农民,还是知识分子,或是弃暗投明的中间人物,摆在其面前的成长道路是相似的,即首先作为无产阶级投身到抗战的洪流中,接受战争的洗礼,最终由普通的人成长为革命战士,为争取民族的独立而无怨无悔地贡献着自己的力量。

生活是复杂多样的,生活的色彩也应当有明有暗,但是"十七年"抗战文学作品中的人物,却被输送到一条成长道路上来。"十七年"抗战文学的广大文艺工作者一直秉承着"文艺为政治服务"这一宗旨在进行着文学创作。不可否认,作家的这种文学价值取向对于文学创作产生了诸多影响,同时也左右着这一时期文学的时代风貌。

"十七年"抗战文学作家笔下无论是饱受灾难的农民,还是肩负传播先进思想的知识分子,"英雄化脸谱"成为在战斗中获得成长的人的代名词。"英雄"是我国古典文化中极为常见的人物,例如,《三国演义》中的刘备、关羽、张飞;《水浒传》中的林冲、武松等。作为我国民间文化形态的一种,"英雄"和他们书写着的"传奇"共同演绎着"绿林好汉"的传说。"十七年"抗战文学的作家立足于对民间文化的创作形态的发掘,吸取民间文学中特有的蕴含原始生命力的养分,用朴实而又充满着生命激情的方式展现着此时抗战文学中人物成长过程中所体现出的英雄主义和爱国情怀。于是"十七年"抗战文学呈现给我们的是规避了复杂的生活样态,追求的是人物成长类型的单一化。

在"十七年"抗战文学作品中,战斗中人的成长历程大多开始于"复仇"。当日本的战火烧遍了大半个中国,当地主、土匪趁机对普通百姓进行残忍的欺压,生活在底层的广大群众在战火中逐渐萌生了复仇的想法。绝大多数作品中的主要人物在战火中要么是家人族亲惨遭日本人的杀害,要么是身边的兄弟姐妹遭到了地主和土匪的蛮横欺压,这些主要人物大多把这种个人的复仇化作了阶级仇、民族恨,于是选择投身到革命队伍中,同身边的革命战友一起为了国家的利益而战。

在《吕梁英雄传》这部作品中,作者开篇便以"日本鬼兴兵作乱康家寨全村遭劫"和"康顺风勾结敌伪桦林霸施展阴谋"两回,交代了晋绥解放区正在与敌人进行着艰苦的抗战,吕梁山区的人民在与敌人进行抗争的同时,还需时刻提防地主恶霸的压榨,背负着沉重的包袱,黑暗的生活让这里的人们意识到只有积极投身革命才能够有新的出路。在描写冀中平原"五一大扫荡"时期的作品《烈火金刚》中,第一个出场的八路军是排长史更新,史更新所在的营,营长正是赵连荣的儿子赵保中。在掩护史更新免遭敌人抓捕的过程中赵连荣老汉献出了自己的生命。刚刚在战斗中经历了战友们的离别,如今又看到曾经熟悉的老人失去了生命,史更新"跪在老人的脚下,恭恭敬敬地连着磕了三个头",并用低沉的声音说道:"大伯,您老人家放心吧,我一定要让您的儿子和更多的人知道您是怎么牺牲的!""史更新一定要对得起您——只要敌人存在一天,我就战斗一天,直到敌人断根绝种为止!"对于军人来说,战争是一个能够展现其使命的舞台,投身于这样一个广大的舞台之上,不但考验着军人的战斗能力,同时还在洗礼着军人的心灵,不断增强着他们的国家荣誉感和使命感。

从《吕梁英雄传》中的雷石柱、武德民到《烈火金刚》中的史更新、赵保中,"十七年"抗战文学呈现在读者面前的是一群摆脱了狭隘的个人复仇主义的军人,他们能够从国家利益出发,在民族危亡之际投身到革命的洪流中,接受战场上生死的洗礼,进而在战斗中获得成长。

如果说"十七年"抗战文学中的人物大多秉承的是从"投身革命接受洗礼"

到成为"传奇英雄",又总是能够在危难之时"化险为夷"的成长路线,那么成为"传奇英雄",进而处处能够"化险为夷",则是这一时期抗战文学作品中人物成长的主要模式。

在《吕梁英雄传》这部作品中,便有这样一个传奇情节:敌人原本已经决定处决抓到的康明理、武二娃、孙二愣和康有富四人,就在马上执行死刑的那一刻,打入敌人内部的我军同志辛在汉施以计谋,便延缓了刑期,这是四位同志命运开始传奇般改变的第一步;接下来,在与内线同志商议后,四个人决定寻找时机越狱,敌人又恰巧要把这四位同志转移,这便为我军营救同志创造了充分的条件,这是四位同志化险为夷的第二步;在转移的途中,八路军早早地得到消息,布置好周边的火力,顺利地将其四人救回,至此实现了置之死地而后生的传奇经历。从入狱、受刑,到与死亡线擦肩而过、酝酿越狱、最终获救,康明理四位英雄在短短的时间内传奇般地经历了人生的大起大落、大悲大喜,最终化险为夷,成功获救。

而《烈火金刚》这部作品中史更新的传奇经历与康明理等人也十分相似,在作品的第一回,史更新便是从死人堆里爬出来的幸存者。虽然身负重伤,但却凭借手中仅有的一枚手榴弹突出了重围,在经历了几次巧合之后,化险为夷、劫后重生。同样,在作品《苦菜花》中,娟子的母亲为了掩护儿子的撤离,虽然是初次握枪,敌众我寡,但依然奇迹般地活了下来,这位充满英雄气概的母亲在"十七年"抗战文学作家的笔下继续着能够化险为夷的传奇模式。同样,《铁道游击队》中的小坡在被捕后依然能够传奇般地逃脱,与老洪、王强等人继续进行着带有传奇色彩的"票车上的战斗"。

不可否认,"十七年"抗战文学在展现战斗中人物的成长经历的过程中,普遍追求的是人物成长轨迹的相似性、单一化,但是在对英雄加传奇这一中国民间传统的小说结构进行继承和发展的同时,在追求人物从幼稚到成熟的过程中,更为突出地展现了作品的趣味性。在人物化险为夷的经历中,伴随着大团圆的结局,精彩地呈现了战争中的人从贫民到英雄的成长过程。总体来看,中国"十七年"抗战文学在充满爱国主义的时代背景下,在积极地追求着英雄人物高、大、全的形象。

3. 集体存在与个人的缺失

中华人民共和国成立后,人民从战争状态进入了和平时期,从事"十七年"抗战文学创作的作家们以一种胜利者的姿态开始回顾这场旷日持久的中日战争。在这些作家的笔下,充分记录着战斗中的英雄、英雄的传奇故事,并通过一个又一个故事展现出人民群众具有不可战胜的爱国情怀和中华民族崇高的精神力量,从而在宏大的话语叙事中淹没了对战争中个体命运遭遇的关照。人性是一个十分复杂的话题,无论是农民还是知识分子,无论是对人生道路的选择,或是对人生伴侣的期待,都应当是从不同阶层的不同个体出发,充分体现出人性的丰富。

但是"十七年"抗战文学作品中的人物,作为"人"的自然属性在一定程度上被忽视。于是这一时期的文学创作简化了人的丰富性,用集体存在取代个人话语权,这就使得战争中的人成为"单向度的人"。从 20 世纪初,中国文学便以"呐喊"的姿态开始呼唤"人"和"自我"的复苏,而"十七年"抗战文学中,却伴随着自我的失落,这是一个不容忽视的文学现象。

丁帆、王世城在 1999 年出版的名为《"十七年"文学:"人"和"自我"的失落》的著作中指出:"可以说 20 世纪 40 年代的解放区文学是 17 年文学的直接源头和范本——全面地看,就是一个规范逐渐产生、作家逐渐向规范认同、看齐并且在此过程中抛弃了自身'思'与'在'的过程。"不可否认,虽然在"十七年"抗战文学中作家对于人的塑造和把握存在着上述现象,但是这无法掩饰"十七年"抗战文学中"人的成长"问题这一客观存在的独特的魅力,以及在这种魅力背后存在的值得我们继续深入探究的文学空间。

"中国的先哲历来认为群体高于个体,个体利益必须服从群体利益。从价值论的角度说,群体价值重于个体价值,个体只有在社会或群体那里才能实现和展示自我存在的意义。""十七年"抗战文学,以无产阶级革命价值观为指导思想。作家在文本创作的过程中不再关注个体的存在空间,而是把视角放在了红色意识形态规约下的集体存在上,作品中普遍透视着集体主义和英雄主义的情结。这一情结早在中华人民共和国成立前便已经成为文学创作所遵循的标准。"过去走的那一条路是达到两个目标的:一个是革命,是社会主义;还有另一个,是个人主义,这个个人主义穿上革命衣裳,同时也穿上颇不庸俗的英雄思想,时隐时现。但到陕北来了以后,就不能走两条路了,只能走一条路,而且只有一个目标。即使是英雄主义,也只是集体的英雄主义,也只是打倒了个人英雄主义以后的英雄主义。"

中华人民共和国成立之初,作家们开始选择用怎样的方式来对重新获得和平生活进行言说。对于"十七年"抗战文学的作家来说,20 世纪 40 年代的解放区文学无疑成为创作的蓝本,而《在延安文艺座谈会上的讲话》则成为中华人民共和国成立之初作家们所遵循的创作原则。这些作家大多亲身经历了抗日战争,面对着眼前宁静的家园,他们大多选择回顾昔日战争的艰辛,对中国共产党领导下的这支精锐的作战集体进行讴歌。

作为进行"十七年"抗战文学创作的作家来说,这种"书写集体"首先体现在对文学作品创作意识的规约上。作为抗日战争的亲历者,战场、硝烟、鲜血,伴随作家们走过了黑暗的年代;中华人民共和国成立后,人民真正成为国家的主人,"胜利的欢歌"自然成为这一时期作家创作的主旋律。在"十七年"抗战文学作品中作家们积极宣扬无产阶级的世界观,并且在民族独立的大旗之下,高唱展现战争生活和文学为工农兵服务的欢歌。从事"十七年"抗战文学创作的作家们有意识地将文学作品当作生动的教科书,通过对一系列革命者的书写,有力地证明着中国共产党领导下的革命团体是一支经得起战争考验的精锐之师;是一个从小到大、从弱到强,能够始终保持优良传统的优秀集体,在"文学为革命服务"的创作理念的指引下,展现着这样一个优秀集体。

　　冯志的《敌后武工队》表现了冀中平原苦斗鏖战的场景。这部作品从一个由十几人组成的敌后小分队入手,展现了队员们克服种种困难,深入敌占区,躲过重重警戒,在敌人力量强大、革命力量稍弱的情况下,这支敌后小分队运用团体的智慧坚持开展抗日工作,并最终取得了胜利。在这部作品中,读者能够看到的不是一个或者两个主要人物,而是一幅对敌战斗的"群像图"。

　　所以在"十七年"抗战文学作品中,对于集体荣誉的书写以及对于英雄形象的塑造无疑成为创作的中心。作品中我们可以看到《敌后武工队》的勇猛,《铁道游击队》的神速,还可以看到《吕梁英雄传》中英勇的吕梁儿女,还有《"夜莺"部队》的新闻记者们的矫健与智慧,以及《新儿女英雄传》中参战人员不屈不挠的爱国之情。

　　在"十七年"抗战文学作品中,运用模式化的形式来歌颂或是批判人物成为作家创作的主要原则。如果说要在这一时期的文学作品中找出几类人物,可以说有两类——好人与坏人。正因为存在这样鲜明的两类人物,所以"十七年"抗战文学成为当时社会具有教化意义的样板。高大光辉的人物形象缺乏着人的"自然属性",而被强大的"社会属性"笼罩。于是,"英雄"被脸谱化、定式化,人的失落成为必然。其实在现代社会中,真正的英雄来自普通人,妄想超越普通人的英雄必然会换来悲剧人生。

　　虽然"十七年"抗战文学存在着这样或那样的不足,但是不可否认,这一时期作家的大量作品都紧跟时代的脚步,通过主要人物在战斗中成长的经历来进一步抒发特定时代背景下特定的政治信仰和政治价值观,以此来增强文学的教化功能。

　　"十七年"抗战文学的作家在塑造战争中人的成长经历的同时,对抗日战争时期人民悲惨的境遇也有着深入的描写。文学毕竟是人学,作家们深情地把祖国的命运和人民的安危作为文学创作的出发点,对战争和战争中的人给予了关注与思考,在无产阶级爱国主义情怀的指引下,强烈地抒发着反抗侵略战争的必然性,同时在保卫民族利益的反抗战争中极力控诉着发动这场战争的非正义一方,并且讴歌了在战争中不断成长的伟大的中国人民。

在"十七年"抗战文学作品中,透过一组组人物的成长轨迹,我们可以找寻到体现中华民族伟大精神的力量。这一时期的抗战文学展现的是发生在中华大地上的一场真实的战争,这场战争在充当着试金石的同时,还真实地考验着经历这场战争的每一个个体。"十七年"抗战文学中的大部分作品透过人在战争中的成长,从一个侧面展现了中华民族不畏强暴、活出骨气的民族品格和民族气节,还有那种牺牲小我、保全大我的献身精神。也许正是在这种看似单一的人物成长的轨迹中,越来越多的研究者学会了运用辩证的方法来看待我们这个民族的品格和气节,从而用辩证的烛照之光点亮之后文学作品中人物的成长之路,使其能够更为真实而完美地展现华夏古国的民族精神之美。

第二十章　新、旧革命历史小说中英雄人物形象的传播技巧

这一章是对上一章内容的接续，我们从"十七年"抗战文学中提取一个横断面，运用传播学方法，将新、旧革命历史小说进行对比，在看似矛盾甚至完全不同的两类小说中寻找塑造英雄人物形象的传播技巧和方法。

第一节　有关"革命历史小说"和"新革命历史小说"的界定

"革命历史小说"在中国当代文学史话语体系中，专指1942年《在延安文艺座谈会上的讲话》以后创作的，以1921年中国共产党建党至1949年中华人民共和国成立这段历史时期的事件为背景的小说作品。中国共产党领导的革命历史，在文艺创作领域占有非常重要的位置。革命历史小说主要讲述革命的起源，以及革命在经历了百般曲折后如何走向胜利的故事。

20世纪末，又出现了一类"新革命历史小说"，它的盛行使一度沉寂的"红色记忆"重新浮现，并清晰地展现在文化研究视野里。"新革命历史小说"是指20世纪90年代后期出现的一批对革命历史进行重新书写的通俗小说。这类小说一经出现便在社会上引起较大反响，它们是在后革命氛围中对"十七年"抗战文学和"革命历史小说"（相较于"新革命历史小说"，我们称之为"旧革命历史小说"）的继承与重构。

第二节　新、旧革命历史小说中英雄人物的传播技巧分析

中华人民共和国成立以后，文艺创作提倡塑造英雄人物，于是中国当代文学史上留下了许多令人印象深刻的英雄人物形象。这些英雄人物男性形象居多，但也存在不少女中豪杰，他们坚强的意志品质、非凡的勇气毅力，引领了那个年代的劳动者奋发图强，加快建设社会主义。

1. "革命历史小说"中英雄人物的塑造方法

革命历史题材在"十七年"抗战文学的小说创作中占有重要地位。20世纪50—70年代，革命历史题材作品主要反映的是中国共产党领导的革命斗争史，作家群体以执着的艺术信念和塑造精品的文化意识，带有特定的时代印记和政治色彩进行文学创作。这一时期的革命历史小说多体现宏大的叙事倾向，"史诗性""历史感"成为这批红色经典长篇巨著的主要价值支撑点。这方面的代表作主要有梁斌的《红旗谱》、罗广斌和杨益言的《红岩》、吴强的《红日》、杨沫的《青春之歌》、曲波的《林海雪原》、杜鹏程的《保卫延安》等。

综观"革命历史小说"的叙事模式，笔者发现，以苦大仇深，遭受阶级压迫，或者革命处于低潮或失败为起点，英雄人物在残酷、不懈、曲折的革命斗争中，坚持正义，坚守信念，最后打倒敌人，革命取得成功，主人公自己也成长为坚强的革命战士，仿佛成为一套通用模式。当时，在刚刚成立的中华人民共和国里，广大中国人民从这些英雄人物身上受到了极大的鼓舞，英雄人物的事迹和光辉形象也督促人民加紧建设社会主义国家，因此在特定的历史年代里，英雄人物以榜样的力量参与了中国革命的历史进程。

在这些"革命历史小说"里，英雄人物普遍具有勇敢、坚定、顽强的性格，能游刃有余地开展各项革命工作，即使遭到敌人的严刑拷打也绝不恐惧、绝不动摇。这类"高大全"式的英雄人物在20世纪五六十年代被搬上电影银幕后，清一色是浓眉大眼、高大挺拔的形象。当时的大众传播媒介，利用书籍、电影、舞台剧等多种大众传播方式，以大范围、长时间的传播方式，深刻浸润着当时人们的精神文化生活。

2. "新革命历史小说"中英雄人物的塑造方法

20世纪末，我国进入经济快速发展、社会进步、人民生活水平得到极大提高的时代。在这个市场经济横行、文化艺术形态五彩斑斓的社会环境里，似乎也不再需要"高大全"式的英雄人物了。因此，当"红色经典"之风再次刮起时，人们在灯红酒绿、觥筹交错间突然看到了一道曙光，这道虽不强烈但十分耀眼的曙光把人们的记忆一下带回到"祖国山河一片红"的革命岁月，让人们重新燃起对那段革命历史的向往之情。

和这股潮流相适应的是，一些军旅作家推出了大量的"新革命历史小说"，如姜安的《走出硝烟的女神》，项小米的《英雄无语》，徐贵祥的《历史的天空》，石钟山的《父亲进城》《父亲和他的警卫员》《父亲和他的儿女们》《军歌嘹亮》等。这些小说仍以上一代的革命历史故事为创作背景，创作者以子辈的身份回顾父辈的革命历程，用现代人的眼光重视昨天的革命战争，为这些战争年代里的光辉事迹注入了更多的价值观念和人文思考。

在这些"新革命历史小说"中,我们看到了经历人性考验的英雄人物,看到了更加丰富多彩的英雄人物,看到了有血有肉的英雄人物。他们上得了战场,更能积极参与社会主义建设;他们指挥得了革命,更能将自己的小家安排得妥妥当当;他们身经百战、百炼成钢,如今即使老迈,仍能积极地发挥余热。似乎这样的英雄永远不会老,岁月在他们身上只是留下了更多的美好回忆。

"新革命历史小说"火爆的同时还伴随着同名影视剧的热播和畅销书的大卖,一个好故事,多管齐下,利用多种传播方式和传播手段,为当代受众奉上了一场精神的饕餮盛宴。

3. 新、旧革命历史小说中英雄人物塑造方法的相同点和不同点

"革命历史小说"是体现文学的社会政治效用(功能)的范本,"革命历史小说"通过宏大的历史叙述、理想的英雄人物和通俗的小说品质等角度,得以实现文学和政治的统一。作家笔下的英雄,不约而同地具有优秀的人格特性、坚韧不拔的革命信念、舍生取义的英雄精神。小说通过塑造理想的英雄人物以期最大限度地发挥政治宣传功能,小说又以白话语言、转型的侠义主题、曲折的故事情节实现了自身的文学功用。在这一点上,新、旧革命历史小说都能很好地贯彻始终。

但是,"新革命历史小说"塑造的英雄形象与"革命历史小说"塑造的英雄形象,就个体而言迥然不同。传统的英雄形象走的是"神化—人化"的艰辛漫长之路,"新革命历史小说"却一直秉承探索的脚步,活跃于其中的英雄人物不仅是血肉丰满、真实可信的"人化英雄",更是具有厚重的时代感和丰富的精神内涵的英雄人物,他们同时呈示出古典化的外在表征与现代性的精神实质相融合的特质。

在 20 世纪五六十年代特定的历史环境下,人们曾希冀英雄人物具有"神化"特性。但是新的文化语境又呼唤英雄具有极强的个性化、感染力和视觉冲击力,他们既可能是敢爱敢恨、敢作敢当的男子汉,也可能是冲破传统清规戒律束缚、肉体与心理自由发展的创世英雄。

第三节　新、旧革命历史小说积极传播的时代美学意义

关于革命历史题材创作在文学史和现实社会生活中的意义,很多批评家曾指出:"现在我们需要去补足文学史上的这段空白,使我们的人民能够历史地去认识革命过程和当前现实的联系,从那些可歌可泣的斗争的感召中获得对社会

主义建设的更大信心和热情。"

　　"新革命历史小说"虽非战场上的纪实表述,但实质上仍坚持了英雄书写。"新革命历史小说"创作者将目光聚焦在英雄人物不同的气质和丰富的内涵上,赋予了他们更加丰富的人性光辉。英雄岂止在战场?正是这种生活层面的突破,造成了"新革命历史小说"在塑造英雄人物时对"革命历史小说"的全面超越和全新发展,也带来了英雄形象、英雄观念、英雄内涵等一系列美学观念的根本转变。

参考文献

图书：

[1] 巴尔特. 罗兰·巴尔特文集 符号学原理[M]. 李幼蒸,译. 北京：中国人民大学出版社,2008.

[2] 莫林虎. 大众文化新论[M]. 北京：清华大学出版社,2011.

[3] 奥康诺. 艺术与创意产业[M]. 王斌,张良丛,译. 北京：中央编译出版社,2013.

[4] 李萌萌. 视觉传达设计新观念与多元实践[M]. 长春：吉林美术出版社,2020.

[5] 陈茉. 思维的碰撞：视觉传达设计与创意表现[M]. 北京：中国水利水电出版社,2020.

[6] 范玉洁,陈艳梅. 新媒体时代设计艺术与文化研究[M]. 西安：西北工业大学出版社,2019.

[7] 姚武. 大众文化视野中的审美疲劳研究[M]. 长春：吉林教育出版社,2019.

[8] 陈丽. 新媒体时代下视觉传达设计发展趋势研究[M]. 长春：吉林美术出版社,2019.

[9] 曾智安. 中国传统文化精神[M]. 北京：清华大学出版社,2020.

[10] 徐桂权. 从群众到公众：中国受众研究的话语变迁[M]. 北京：人民日报出版社,2016.

[11] 格里芬. 初识传播学[M]. 展江,译. 北京：北京联合出版公司,2016.

[12] 陈旭辉. 互联网情境下的传播机制研究[M]. 北京：人民邮电出版社,2014.

[13] 王建强. 传播学原来这么有趣：颠覆传统教学的18堂传播学课[M]. 北京：化学工业出版社,2016.

[14] 张云,聂清凯,李亚娟. 文化发展与繁荣[M]. 北京：人民出版社,2012.

[15] 董璐. 传播学核心理论与概念[M]. 2版. 北京：北京大学出版社,2016.

[16] 褚建勋. 中外传播政策[M]. 北京：科学出版社,2009.

[17] 中璋. 效应[M]. 北京：中信出版集团,2020.

[18] 陈刚,沈虹,马澈,等. 创意传播管理：数字时代的营销革命[M]. 北京：机械工业出版社,2012.

[19]许小可,胡海波,张伦,等.社交网络上的计算传播学[M].北京:高等教育出版社,2015.

[20]刘梦溪.中国文化的张力:传统解故[M].北京:中信出版集团,2019.

[21]赵春华.时尚传播学[M].北京:中国纺织出版社,2018.

[22]何威.网众传播:一种关于数字媒体、网络化用户和中国社会的新范式[M].北京:清华大学出版社,2011.

[23]邓庄.城市传播:媒介与城市互动的视角[M].北京:中国书籍出版社,2017.

[24]周宇豪,韩冬梅.危机传播理论与实务[M].武汉:武汉大学出版社,2015.

[25]王一川.大众文化导论[M].3版.北京:高等教育出版社,2015.

期刊:

[1]李微.数字时代大学生们怎么读书[J].价值工程,2014,33(6):325-326.

[2]李微.浅析新时期我国女性科技工作者发展道路[J].社科纵横(新理论版),2013,28(2):70-71.

[3]李微.高等院校新闻美育现状分析与改革途径探索[J].黑龙江教育(新理论版)(高教研究与评估),2008(3):64-65.

[4]李微.中国传统美学在当代新闻实践中的影响与应用[J].黑龙江科技信息,2008(19):84.

[5]李微."传播学"教学感谈[J].科技创新导报,2008(2):248-249.

[6]李微.《心理学与文学》解析[J].黑龙江教育(理论与实践),2018(12):89-90.

[7]李微.论新旧革命历史小说中英雄人物的塑造方法[J].艺术科技,2017,30(9):180.

[8]李璐,王骏飞,刘书惠,等.如何对高校视频课程改革项目进行规范化管理[J].黑龙江教育(理论与实践),2016(9):65-66.

[9]李璐,刘秀玲,郭小璐.工科院校应用型人才培养模式下大学语文课程教学改革初探[J].黑龙江教育(理论与实践),2014(2):95-96.

[10]李璐,陈连军,张海娜,等.提升在线开放课程教师思想政治工作胜任力[J].黑龙江教育(理论与实践),2019(6):14-15.

[11]李璐,于文秀.试析中国现当代文学作品中原始生命力的呈现[J].东北农业大学学报(社会科学版),2013(6):83-86.

[12]李璐,高旭.试析中国抗战文学与世界反法西斯文学的创作差异[J].衡阳师范学院学报,2015,36(1):87-90.

[13] 李璐.诉说与倾听:以《鲁豫有约》为例浅析电视访谈类节目的时代化[J].北方经贸,2012(6):150-151.

[14] 李璐,于文秀."十七年"抗战文学中中国人成长现象成因探究[J].赣南师范学院学报,2014,35(4):42-45.

[15] 陈连军,王立云.加强法制建设 构建诚信社会[J].法制与经济(下半月),2007(10):24-25.

[16] 陈连军.关于提高大学生人文素质教育的再思考[J].赣南师范学院学报,2013,34(1):102-104.

[17] 赖雄麟,陈连军.文化治理现代化的四重维度研究[J].行政论坛,2018,25(6):130-135.

[18] 陈连军,张海娜.新时代法治乡村建设的路径探究[J].河北科技师范学院学报(社会科学版),2022,21(4):42-45.

[19] 陈连军.加强法制建设 构建诚信政府[J].黑龙江对外经贸,2008(2):92-93,105.

[20] 陈连军,赖雄麟.法家"法治"思想对现代法治中国建设的启示[J].学术交流,2018(3):85-91.

学位论文:

[1] 李微.论电影艺术的时空美[D].哈尔滨:哈尔滨师范大学,2009.

[2] 李璐."战斗里成长":论"十七年"抗战文学中人的成长问题[D].哈尔滨:黑龙江大学,2010.

后 记

《人类信息传播与社会大众文化研究》是黑龙江省高等学校课程思政示范课程"传播学概论"和黑龙江科技大学校级一流课程"传播学概论"教学团队集体科研的结晶。同时也是黑龙江省教育厅2022年度本科高校教育教学改革研究重点委托项目"从'思政课程'到'课程思政'再到'全课程育人'建设实践与探索"（SJGZ20220142）、黑龙江省教育科学"十四五"规划2022年度专项重点课题"以龙江高质量课程思政建设推动为党育人为国育才研究"（GJE1422108）、黑龙江省教育科学"十四五"规划2023年度重点课题"新闻传播类课程思政建设研究"（GJB1423090）的阶段性科研成果。

本书的写作分工如下：

上编，由李微撰写；下编，第八、九、十、十一、十五、二十章，由李微撰写，第十四、十六、十七、十八、十九章，由李璐撰写；第十二、十三、二十一章，由陈连军撰写。

在撰写本书的过程中，参阅了许多国内外相关论著，充分吸收了相关学者的研究成果，限于篇幅，恕不一一说明，在此向各位学者表示衷心的感谢。

由于著者学识有限，本书难免有不足之处，敬请各位专家和读者批评指正。

著　者
2023年5月